KB066195

「empathy」を「共感」と訳すのは間違いではないか。その疑問がこの本を書いた動機でした。SNSの「いいね」ボタンのように共感、共鳴することではなく、むしろ自分とは異なる立場や意見を持つ他者の靴をこそ履いてみること。容易く他者と同化して自分の靴を見失わずに。「empathy」の本来の意味に、個人も社会も立ち返るべき時が来ているように思えます。

ブレイディみかこ

'empathy'를 '공감'으로 번역하는 것은 잘못된 것이 아닐까. 그 의문이 이 책을 쓴 동기였습니다. SNS의 '좋아요' 버튼처럼 공감·공명하는 것이 아니라, 오히려 자신과는 다른 입장이나 의견을 가진 타인의 신발을 신어보는 것. 타인에게 동화되어 쉽게 자신의 신발을 잃어버리지 않도록.
'empathy'의 본래 의미로, 개인도 사회도 돌아가야 할 때가 왔다고 생각합니다.

브래디 미카코

타인의
신발을
신어보다

타인의 신발을 신어보다

공감을 넘어선 상상력
'엠퍼시'의 발견

브래디 미카코 지음

정수윤 옮김

은행나무

* 이 책은 《분가쿠카이文学界》(2020년 4월호~2021년 4월호)에 연재한 글을 모아 출간한 것입니다.
* 원저자의 주는 괄호 안에 글씨 크기를 줄여 표기했고, 옮긴이의 주는 각주로 표기했습니다.

들어가며

2019년에 《나는 옐로에 화이트에 약간 블루》라는 책을 썼다. 자타공인 안 팔리는 작가였던 나도 이 책만큼은 많은 독자들에게 사랑받았다. 그것만으로도 놀라운데 한층 더 놀라운 일이 일어났다. 겨우 4쪽에 걸쳐 다루었던 '엠퍼시empathy'라는 단어가 홀로 걷기 시작해, 많은 사람들이 이 단어로 이야기를 나누었던 것이다. 인터뷰를 하거나 라디오나 텔레비전에 나가면 늘 엠퍼시에 관한 질문을 받았다. 서평이나 트위터에서도 대부분의 사람들이 엠퍼시를 언급했다.

출간 당시 나와 관계자들은 전혀 예상하지 못한 일이었다. 엠퍼시라는 단어가 사람들에게 강한 인상을 남긴 모양이었다. 책이 나오고 난 뒤 나는 "이 책의 주제는 엠퍼시입니다"라고 말하기 시작했지만, 원고를 쓸 때는 전혀 생각하지 못했다.

252쪽의 책에서 단 4쪽밖에 나오지 않는 단어가 어째서 사람들에게 이토록 특별한 인상을 주었는지는 여전히 수수께끼다. 나름대로 추리하자면 '엠퍼시'를 다룬 책이나 기사는 전부터 일본에 많이 소개되었지만 대부분 '엠퍼시'를 '공감'이라는 단어로 번역했고, 사람들이 이에 위화감을 느껴왔던 게 아닐까. 다들 오래전부터 '공감하지는 않지만 타인을 이해하는 일'을 표현할 말을 찾지 못하다가, '타인의 신발을 신어보는 일'이라고 간단하게 설명한 '엠퍼시'라는 단어에 고개를 끄덕이게 된 것은 아닐까.

내 추측이 맞든 틀리든《나는 옐로에 화이트에 약간 블루》는 '엠퍼시의 책'이라고 불리게 되었다. 그러나 이 책이 '엠퍼시만 있으면 뭐든 해결된다'는 '엠퍼시 만능론'으로 귀결되는 것은 저자로서 바라는 바가 아니었다. 미국과 유럽에는 엠퍼시를 둘러싼 다양한 논의가 있어서 엠퍼시가 가져올 위험성과 독성을 주장하는 사람들도 있다. 세상만사가 그렇듯 엠퍼시에도 양면성·다면성이 있으며 단순하게 접근해서는 안 된다. 그렇기에 겨우 4쪽에 걸쳐 엠퍼시를 '건드리기만' 했던 저자로서, 그런 논쟁을 솔직하게 밝히고 엠퍼시를 더 깊이 파고드는 글을 써야 하지 않을까 판단했다.

이 책은 그렇게 완성되었다. 그러므로《타인의 신발을 신어보다》라는 책은《나는 옐로에 화이트에 약간 블루》를 보완한다고 말할 수도 있겠다. 한편으로는 '엄마'가 아닌 '나'라는 인간으로서(때로는 여성으로서) '타인의 신발을 신어보는 일'을 사색하는 여정을 담은 '어른들의 속편'이기도 하다.

아울러 내가 '나'로 사고하기 시작하면 어디선가 반드시 나타나는 아나키즘[1] 사상이, 당연하다는 듯 내 곁으로 다가와 엠퍼시와 함께 걷게 된 여정의 기록이라고도 할 수 있다. '있는 그대로의 나로 사는' 아나키즘과 '타인의 신발을 신어보는' 엠퍼시가 어떻게 통하겠냐고 할지도 모르겠다. 하지만 이 둘은 마치 오랜 친구처럼 자연스럽게 만나 조화를 이루고 하나로 녹아들었다. 그 풍경을 펼쳐 보였다는 사실이 이 여정에서 얻은 최대의 수확이었다.

이 사색의 여정에서 내가 얻은 깨달음이 여러분에게도 어떤 길을 제시할 수 있기를 바란다.

1 저자는 아나키즘 사상가의 견해 중에서도 '내 삶의 주권은 나에게 있다'는 전제 아래 부당한 권력의 지배를 거부하는 개인들이 서로를 돕는, '자립'과 '상호부조'에 주목한다.

차례

제 4 장 그녀에게는 엠퍼시가 없었다

제 5 장 얽매이지 않고, 포기하지 않는다

제 6 장 그것은 깊은가 얕은가

제 7 장 민폐와 연대

제 8 장 빠른 심퍼시, 느린 엠퍼시

제 9 장 인간을 인간화하자

제10장 엠퍼시의 '흑화'를 막기 위하여

제11장 발밑에 초록색 담요를 깔다

제1장

벗어나서,
넓히다

엠퍼시를 '공감'으로 번역해도 좋은가

아이가 영국 브라이턴 앤 호브 시에 있는 공립중학교를 다닐 때의 일이다. 영국 중학교에는 '시민교육citizenship education'이라는 커리큘럼이 있는데, 아이가 다니는 학교에서는 '삶의 기술life skills'라는 수업에 포함되어 있다. 의회 정치에 대한 기초 지식, 자유의 개념, 법의 본질, 사법제도, 시민 활동 등을 배운다. 그런데 이 과목 시험에 '엠퍼시란 무엇인가?'라는 문제가 나왔다고 한다.

아이는 이 질문에 '스스로 누군가의 신발을 신어보는 일'이라고 답했다. 'To put yourself in someone's shoes'라는 '남의 입장이 되어본다'는 뜻의 관용 표현이다. 어쩌면 아이가 직접 생각한 게 아니라 수업 시간에 선생님이 엠퍼시를 설명하면서 쓴 표현인지도 모른다.

'엠퍼시'라는 단어를 들은 나는 곧장 '심퍼시sympathy'를, 엠퍼시와 심퍼시의 차이를 떠올렸다. 나처럼 성인이 되어 영국의 어학원에 다니며 영어 능력 시험을 치른 사람이라면 잘 알겠지만, 엠퍼시와 심퍼시가 어떻게 다른지는 수업 시간에 반드시 배우는 내용이다. 그러나 발음까지 비슷해서 영국인 중에서도 그 차이를 제대로 설명하는 사람이 드물다(다들 미묘하게 틀리곤 한다). 그런 까닭에 영어 능력 시험에 종종 함정 문제로 출제된다. 어학원에 다닌 지 어언 20년이 된 나는 다시금 사전에서 잊고 있었던 두 단어의 뜻을 확인해보았다.

> **empathy** 타인의 감정이나 경험을 이해하는 능력
> **sympathy** 1. 누군가를 가엾게 여기는 감정, 누군가의 문제를 이해하고 걱정하고 있음을 드러냄
> 2. 어떤 사상이나 이념, 조직 등에 지지나 동의를 표하는 행위
> 3. 비슷한 의견이나 관심을 가진 사람들 사이의 우정이나 이해
>
> 《옥스퍼드 영영사전》 사이트 oxfordlearnersdictionaries.com

영어는 일본어와 어순이 반대여서 엠퍼시의 뜻을 영문으로 읽으면 능력the ability이라는 단어가 제일 먼저 온다. 한편 심퍼

시는 감정the feeling, 드러냄showing, 행위the act, 우정friendship, 이해understanding 같은 명사가 맨 앞에 온다. 엠퍼시는 능력이 므로 배워서 익히는 것이고, 심퍼시는 감정·행위·우정·이해처럼 내면에서 자연스럽게 우러나오거나 차오르는 것이다.

엠퍼시와 심퍼시가 다루는 대상의 정의만 보더라도 두 단어의 차이는 뚜렷하다. 엠퍼시의 대상인 '타인'에는 지정된 조건이나 제한이 없다. 하지만 심퍼시의 대상에는 가엾거나 문제가 있는 사람, 지지나 동의를 표할 사상·이념을 지녔거나 그러한 조직 등에 속한 사람, 비슷한 의견이나 관심을 가진 사람이라는 제약이 붙는다. 심퍼시는 가여운 사람이나 나와 비슷한 견해를 가진 사람에게 품는 감정과 이해를 바탕으로 나오는 행동이고, 엠퍼시는 딱히 가엾지는 않고 나와 의견이나 생각이 다른 누군가의 입장에서 나라면 어떻게 했을지 상상해보는 지적知的 작업이라 하겠다. 아이는 학교에서 이렇게 배웠다고 한다.

"테러와 EU 탈퇴, 극심한 빈부격차로 사람들이 점점 더 분열되어가는 지금이야말로 엠퍼시가 중요합니다. 세상에는 엠퍼시가 필요합니다."

여기까지가 《나는 옐로에 화이트에 약간 블루》에 나오는 내용이다. 앞서 말한 대로 이 책이 나오고 많은 사람들이 '엠퍼시'를 논하기 시작했는데, 나는 그런 반응이 솔직히 놀라웠다.

영국이나 미국 등 영어를 모국어로 쓰는 나라에서는 오래전부터 엠퍼시에 주목하고 있었고, 오바마 전 대통령이 즐겨 쓰던 말이라 각종 미디어에 자주 노출되어 질렸다는 사람들이 나올 정도로 사회 저변에 침투해 있기 때문이다(그렇기에 학교에서도 가르친 것이고).

그래서 이런 생각이 들었다. 일본에는 '공감'이라는 말이 널리 통용되어 있지만 그 뿌리인 엠퍼시는 잘 알려지지 않은 게 아닐까. 또 하나의 골칫거리는 엠퍼시를 번역하면 공감인데 심퍼시도 공감으로 번역할 수 있다는 사실이다. 심퍼시는 '동정, 배려, 지지'로도 번역할 수도 있고, 엠퍼시는 '감정이입, 자기이입'으로 번역하기도 한다.[1]

엠퍼시와 심퍼시를 번역하면 어느 쪽이든 감정적·정서적 느낌이 강해져 단순한 감정 문제라는 인상을 준다. '습득하는 능력'이라기보다 '내면에서 우러나오는 무언가'처럼 들리는 것이다. 이는 영영사전에 수록된 뜻과는 거리가 멀다. 특히 엠퍼시의 역어인 공감에는 능력ability이라는 뜻이 전혀 반영되어 있지 않아 이질적이다(일본에서 어째서 그렇게 정착되었는지는 흥미로운 지점이다).

---

1 우리나라의 영한사전에서도 empathy는 주로 '공감'이나 '감정이입'으로, sympathy는 '동정, 연민, 동조, 공감' 등으로 번역된다.

단어의 뜻을 올바로 알기 위해서라도 엠퍼시를 공감으로 번역하는 문제를 다시 고민해야 하지 않을까. 엠퍼시를 다룬 영어권 글을 읽고 이해하기 위해서라도 변화가 필요하다. 최근 일본 SNS에 떠도는 '공감은 위험하다', '공감은 이제 지겹다'와 같은 논조에서도, 엠퍼시와 심퍼시 모두를 공감으로 번역하는 한 둘 중 무엇을 가리키는지 알 수 없어진다.

엠퍼시의 종류와 역사

일본만 엠퍼시의 의미가 애매해진 것은 아니다. 사실 영어권 나라에서도 엠퍼시의 정의는 제각각이다. 그 단어를 쓰는 사람 수만큼이나 다양한 뜻이 있다는 말이 있을 정도다. 그럼에도 엠퍼시에는 몇 가지 종류가 있다는 것이 정설이며, 다음과 같이 정리할 수 있다.

인지적 엠퍼시Cognitive Empathy

미국 매사추세츠 주 레슬리대학 공식 홈페이지에 게재된 「감정적·인지적 엠퍼시의 심리학」이라는 글에 따르면 인지적 엠퍼시는 일종의 기술이다. 심리학에서는 '엠퍼시적 정확도empathic accuracy'라고도 하는데, '타인이 어떻게 느끼고 생각하는지에 대해 전면적이고 정확한 지식을 갖는 일'이다. 이는《사회심리학 백과사전Encyclopedia of Social Psychology》에 실린 사라 호지스와 마이클 마이어스의 말을 인용한 것으로,《옥스퍼드 영영사전》의 뜻과 부합한다. 아이가 시험지에 쓴 답처럼 '타인의 신발을 신고' 그 사람의 생각과 감정을 상상하는 힘이며, 심리학에서는 상상의 정확도를 기준으로 이 능력을 측정한다.

감정적 엠퍼시Emotional Empathy

앞서 말한 호지스와 마이어스에 따르면 감정적 엠퍼시는 몇 가지로 분류할 수 있다. 첫째는 '타인과 같은 감정을 느끼는 일'이다. 이것이 바로 일본에서 말하는 '공감'이리라. 둘째는 '타인의 고통을 본 리액션으로서 개인이 느끼는 고뇌', 셋째는 '타인을 향한 연민의 감정'이다. 이는《옥스퍼드 영영사전》에 실린 '심퍼시'의 뜻과 상당히 비슷하다.

신체적 엠퍼시Somatic Empathy

감정적 엠퍼시의 두 번째 정의인 '타인의 고통을 본 리액션으로서 개인이 느끼는 고뇌'를 확장한 개념으로, 타인의 아픔이나 고통을 상상하는 것만으로도 물리적 통증을 느끼는 일이다. 예를 들어 다리를 크게 다친 사람을 보면 자기도 다리가 아프다고 느끼는 경우다.

동정적 엠퍼시Compassionate Empathy

최근 자주 사용되는 말이다. 타인의 생각을 상상·이해하고 타인의 감정을 느끼는 엠퍼시에서 더 나아가, 어떤 행동·행위를 불러일으키는 엠퍼시를 말한다. '동정심compassion'도 심퍼시나 엠퍼시와 비슷하게 쓰이는 경우가 많은데,《옥스퍼드 영영사전》에는 '고통받는 사람이나 동물에게 느끼는 강한 연민으로 그들을 돕고 싶다고 느끼는 바람'이라고 정의되어 있다.

감정적 엠퍼시는 '정서적 엠퍼시Affectionate Empathy'라고도 하며, 동정적 엠퍼시는 '엠퍼시적 배려Empathic Concern'라고도 한다. 이렇듯 엠퍼시의 정의는 매우 다양하다. 찾아볼수록 다 비슷한데 굳이 나눌 필요가 있나 싶기도 하고 '이건 엠퍼시가 아니라 심퍼시잖아?' 같은 의문도 생긴다. 목소리 큰 사람이 이기는 무질서한 상태로 보이기도 하는데 그도 그럴 것이 엠퍼시의 역사가 아직 대단히 짧다.

미국 시사지 〈애틀랜틱Atlantic〉 인터넷 판에 게재된 기사 「엠퍼시의 짧은 역사」(2015년 10월 16일)를 보면 심리학자 수전 란초니 박사는 'empathy'라는 영어 단어가 등장한 것이 고작 100년밖에 되지 않았다고 주장한다. 엠퍼시는 독일어 'Einfühlung'에서 온 말로, 'feeling-in'으로 직역할 수 있다. 일본어로는 '감정이입' 혹은 '감동하다' 정도일까. 헤이본샤에서 출간한《세계대백과사전》에는 'Einfühlung'의 역어인 감정이입을 '타인이나 예술 작품, 자연을 마주할 때 이들 대상에 자기 감정을 투사하고 이 감정을 대상에 속한 것으로서 체험하는 작용을 말한다'라고 정의되어 있다.

영어권 국가의 심리학자들은 당초 'Einfühlung'의 역어로 'animation(생생하게 그려내는 일)', 'play(~인 척하다, 행동하다)', 'aesthetic sympathy(미학적 심퍼시)', 'semblance(외관, 겉보기, 유사)'와 같은 단어들을 고민했다고 한다. 그러다가 1908년 두 명의 심리학자가 'in'을 그리스어 'em'으로 바꾸고, 'feeling(느낌)' 대신 'pathos(연민을 자아냄)'를 활용해 새말을 만들자고 제안하여 'empathy'라는 단어가 탄생했다.

《세계대백과사전》에 나오는 감정이입(Einfühlung) 해설과 마찬가지로 1900년대에는 엠퍼시도 '타인의 기분을 헤아리다'라는 뜻이 아니었다. 오히려 정반대로 자기 외부에 있는 무언가에 자신의 감정이나 기분을 투영한다는 뜻이었다. 어떤 물체에 생명을 불어넣거나 세상에 자신의 상상과 감정을 투영시키는 일을 의미했던 것이다. 예를 들어 과일 정물화를 보며 '맛있겠다', '시원하겠다'와 같이 자신의 상상력에서 우러난 감정을 투사시켜 작품을 생생하게 감상하는 것이었다.

그러다가 20세기 중반 엠퍼시라는 단어가 급부상했다. 1948년 미국의 임상심리학자 로잘린드 카트라이트는 스승 레

너드 코트렐과 함께 대인관계에서의 엠퍼시를 조사했다. 이 과정에서 로잘린드는 대상을 향한 '상상의 투사'라는 초기 엠퍼시의 뜻을 부정하며 사람과 사람 사이의 관계성이 엠퍼시 개념의 중심에 와야 한다고 주장했다.

그 후로도 심리학 분야에서는 실험적인 연구가 계속되었고, 이윽고 심리학자들은 '진짜' 엠퍼시(타인의 생각이나 감정을 정확하게 알기)와 '투사'를 구별하게 되었다. 1955년 〈리더스 다이제스트Reader's Digest〉에서는 엠퍼시를 '자기감정에 휘말리지 않고 판단력을 유지한 채 타인의 감정을 이해하는 능력'이라고 정의했다. 이는 현재《옥스퍼드 영영사전》의 정의나 인지적 엠퍼시의 정의와 같다.

'엠퍼시가 문제다'론과 '엠퍼시가 중요하다'론

1950년대 엠퍼시의 정의를 훑어보다가 심리학자 폴 블룸의《공감의 배신》이라는 책이 생각났다. 폴 블룸은 타인에게 감정적으로 몰입하면 이성적인 상황 판단이 어려워지므로 엠퍼시는 '선善'이 아니라는 엠퍼시 반대론을 주장한 사람이다.

이 책의 원제는《AGAINST EMPATHY: The Case for Rational Compassion》이다. 직역하면《엠퍼시에 맞서: 이성적인 자비에 대한 옹호론》정도일까. 동정심Compassion이라는 단어가 나오니 동정적 엠퍼시와의 관련성도 고려할 필요가 있겠지만, 폴 블룸은 감정적 엠퍼시와 인지적 엠퍼시의 차이를 논하며 둘 중 더 위험한 것은 감정적 엠퍼시라고 지적했다. 감정적으로 대상에 몰두하지 말라는 것인데, 이는 1950년대 심리학자들이 주장한 '타인에게 자신을 투사하는 것은 진짜 엠퍼시가 아니다'라는 주장과 맥이 닿는다.

예를 들어 영국에서 아동을 성적으로 학대하는 사건이 일어날 때마다 '피해자와 가족의 마음을 상상하면 범인을 죽여버리고 싶다'라는 극단적인 목소리가 SNS에 떠돌고, 용의자를 호송하는 차량에 계란을 던지는 사람들이 나오기 마련이다. 이런 경우에도 냉정하게 피해자와 가족의 마음이 되어본다면, 당사자들은 불행한 사건을 잊고 하루 빨리 일상으로 돌아가기를 원하여 모르는 사람들의 행동으로 자꾸 사건이 뉴스가 되는 것을 민폐라고 생각할지도 모른다. 가해자에게 복수할 마음을 먹는 것은 자신의 상상과 분노를 피해자와 그 가족에게 투사하는 것에 불과하다고도 할 수 있다. 타인의 신발을 신어보겠다며 실은 자기 신발을 신고 타인의 영역을 제멋대로 휘젓고 다니는 꼴이다.

하지만 폴 블룸은 누군가의 신발을 신어보는 일 자체도 위험한 일이 될 수 있다고 주장한다. 이는 특정 사람들에게만 초점을 맞추는 스포트라이트와 비슷하다. 결함이 있는 백신을 맞고 병에 걸려 괴로워하는 어린이 한 명을 보고 백신 접종 중지를 외친다면 백신으로 살릴 수 있는 다른 어린이 수십 명을 죽이는 꼴이 된다는 것이다. 또한 폴 블룸은 "이때 당신은 눈에 보이지 않는 어린이들에게 공감하는 일은 없으리라. 통계적인 수치에 공감하는 건 불가능하기 때문"이라고 지적한다. 숫자는 신발을 신지 않기에 없는 신발을 신을 수는 없으며, 인간은 아는 사람의 신발을 신으려 하지 모르는 사람의 신발은 신으려 하지 않는 법이다.

반면 저널리스트 니콜라스 크리스토프는 엠퍼시야말로 지금 이 사회에 꼭 필요한 개념이라고 주장했다. 〈뉴욕타임스The New York Times〉 2015년 1월 24일자에 실린 「엠퍼시는 어디로 갔는가?」라는 기사는 엠퍼시의 필요성을 주장하는 기사로 유명해졌다. 크리스토프는 미국에 '엠퍼시 갭(타인의 처지를 상상하기 어려워하는 인지적 편견)'이 존재한다면서 사람들이 빈곤에 빠지게 되는 복잡한 상황과 맥락을 이해하자고 호소했다. 빈곤에 빠진 사람의 신발을 신어본다면 '빈곤은 자기 책임이다'라거나 '사회에는 어쩔 수 없이 빈곤한 사람이 일정 수 있기 마련이다'라는 말은 편견이나 선입견에 의한 비뚤어진 인식임을 알게 되고, 그런 깨달음이 배려 있는 행동으로 이어진다는 것이다.

크리스토프에게 엠퍼시란 각자의 인지적 편견에서 벗어나 다양성을 인정하는 사회로 나아가는 길이다. 그러나 폴 블룸은 엠퍼시라는 이름으로 '서로의 기분을 헤아리는 일'이 몇몇 개인에게 지나치게 집중된 탓에, 사회 전체가 올바른 방향으로 나아가기 위한 개혁을 실현하는 데 방해만 될 뿐이라고 주장한다.

얼핏 보면 전혀 다른 주장 같지만 방향성을 일부분 공유하고 있다. '벗어나서, 넓히다'라는 지점이 겹치기 때문이다. '엠퍼시가 중요하다'라고 주장하는 사람은 인지적 편견에서 벗어나 사고를 확장시키자고 말한다. 한편 '엠퍼시가 문제다'라고 주장하는 사람은 스포트라이트를 받는 대상을 한정시키지 말고 거기서 벗어나 시야를 넓히자고 말한다.

벗어나서, 넓히다.

이 말은 앞으로 엠퍼시를 사고할 때 중요한 키워드가 될 수 있으리라.

거울 뉴런 이야기

'벗어나서, 넓히다'라는 말처럼 엠퍼시에 관한 논의도 심리학이나 문화적 논쟁에서 벗어나 뇌과학 분야로까지 확장되었다. 지난 20여 년 동안 '거울 뉴런'이라 불리는 신경세포의 발견이 엠퍼시 논쟁에 영향을 미쳤기 때문이다.

거울 뉴런은 1990년대 이탈리아 과학자들에 의해 발견되었다. 원숭이의 손과 손가락을 움직이게 하는 신경이 존재하는 뇌 부위에 전극을 꽂아 실험한 결과, 연구자가 손에 무언가를 쥐는 작업을 본 원숭이는 손을 전혀 움직이지 않았음에도 뇌에서 무언가를 쥐라고 명령하는 신경 반응을 보였다. 눈으로 본 동작을 뇌에서 '거울'처럼 재현한 것이다.

긴키대학 의학부 무라타 아키라 준교수는 거울 뉴런 발견 당시 신경과학 외의 다른 분야에서도 "인간의 마음을 읽는 뇌 기능을 발견했다"며 이에 주목했으며 미국 신경과학자 라마찬드란이 "거울 뉴런의 발견은 심리학·뇌과학 분야에서 DNA의 발견에 필적할 만한 사건이다"라고 했을 정도로 대단한 발견이었다고 말했다(〈앳홈타임at home time〉, 2013년 9월호). 원숭이와 마찬가지로 인간도 눈으로 본 움직임을 뇌가 무의식적으로 흉내 내는 기능을 갖고 있다면, 인간은 '다른 누군가가 될 수 있는' 습성을 가진 생물인지도 모른다. 남이 다친 것을 보고 자기 몸이 아플 정도로 신체적 엠퍼시가 강하다면 거울 뉴런의 운동이 활발한 사람이라고 할 수 있으리라.

〈와이어드WIRED〉 일본판 기사(2014년 7월 29일)에 따르면 거울 뉴런을 발견한 파르마대학 연구팀을 이끈 과학자 자코모 리촐라티는 2014년 7월 유럽신경과학협회 포럼에서 '나는 당신이 하는 일을 알고 있다: 타자이해의 기저에 있는 정신의 메커니즘'이라는 주제로 강연했다. 리촐라티는 거울 뉴런 시스템을 설명하기 위해 바에 앉아 있는 남성을 예로 들었다. 바에 있는 남성이 맥주잔을 손에 든다. 그가 맥주잔으로 무엇을 할지는(건배한다, 마신다, 던진다 등) 잔을 든 자세를 보면 알 수 있다. 이렇듯 순간적으로 이루어지는 타자행동이해도 거울 뉴런의 기능이라는 것이다. 이는 타인의 행위를 보면 뇌에서 거울 뉴런이 '공명'하여 그 행동을 자기가 하고 있는 것처럼 느끼기 때문이라고 한다.

위 기사에는 '신경과학자에 따르면 거울 뉴런 시스템은 주변 상황을 재빨리 파악하고 동일화하여 감정이입을 진행함으로써, 타인의 감정을 체험하거나 모방 학습하는 것을 가능하게 한다'는 구절이 있다. 뇌가 거울에 비친 것처럼 타인의 행동을 보며 자신도 유사하게 행동한다면, 인간은 좋든 싫든 타인의 신발을 신는 뇌를 가졌다는 뜻이 된다.

부부가 서로 닮아가는 것은 오랜 시간 함께 지내며 뇌가 거울 뉴런으로 서로를 모방하기 때문이라는 학설도 있다.《미러링 피플》의 저자인 신경과학자 마르코 야코보니는 뇌의 미러링[2]에 자극을 받아 대뇌 부연계의 감정 중추에 신호를 보냄으로써 '공감'이 일어난다고 주장했다. 아기는 우선 부모라는 가까운 존재에서 시작해 다양한 사람들과 접촉하고 그들을 흉내 내며 엠퍼시를 고양시킨다는 것이다.

---

2 거울에 비친 것처럼 대상을 똑같이 따라하는 일.

만약 뇌에서 미러링하는 대상이 한정되어 있거나 그 수가 적으면 타인의 행동을 이해하고 앞일을 내다보는 힘을 기르기 어려워진다. 그러니 거울 뉴런이야말로 엠퍼시 능력을 이해하기 위한 열쇠라는 것도 일리가 있다.

이 주장에 이의를 제기하는 사람도 있다. 《공감의 배신》의 저자 폴 블룸은 거울 뉴런을 과대평가하는 것이 위험하다고 지적했다. 거울 뉴런에는 원숭이가 타인의 행위를 관찰하면서 자기 신체를 움직여 사물을 다루는 법을 습득하게 만드는 기능은 있지만, '나와 타인을 구별하지 않는 신경 시스템'이므로 인간의 공감 능력을 설명하는 데는 무리가 있다는 것이다.

폴 블룸은 거울 뉴런의 기능(말하자면 시뮬레이션)이 타인이 나와 같다고 가정하는 지점에서 한계가 있음을 간파했다. 사람의 취향이나 성격은 제각기 다르므로 설령 테이블 모서리에 머리를 부딪힌 사람을 보며 자기까지 아픈 느낌이 든다고 느껴도, 부딪힌 본인은 평소 프로레슬링 같은 걸 해서 이 정도는 아픈 것도 아니라고 생각할지도 모른다. 초콜릿 케이크를 먹는 사람을 보며 자기마저 행복해졌다고 해도, 먹고 있는 본인은 차라리 치즈 케이크가 더 맛있었을 거라고 불만을 갖고 있는지도 모른다.

폴 블룸은 '자신을 모델로 타인을 이해하려 들기 때문에 세계에는 불행(과 받아도 별로 기쁘지 않은 생일 선물)이 끊이지 않는 것'이라고 했다. "남이 너희에게 해주기를 바라는 그대로 너희도 남에게 해주어라"라는 마태복음에 정면으로 도전하는 말이다.

'내가 남에게 바라는 일'과 '타인이 남에게 바라는 일'은 분명 다르므로, 그것이 늘 일치한다고 믿을 때 갖가지 불행이 일어난다는 고찰은 확실히 옳다. 제멋대로 피해자 대신 범인에게 복수하러 간다는 사람도 마찬가지다. 남들도 나와 같은 생각을 할 것이라 믿는 일이 '타인과 내가 같다고 가정'한 결과라고 한다면, 거울 뉴런은 타인의 신발을 신기는커녕 타인에게 억지로 내 신발을 신기는 결과를 낳을 수도 있다.

남의 행위를 흉내 내는 뇌 기능이 과연 엠퍼시와 관련이 있는지 의문을 제기한 사람은 적지 않다. 물건을 손가락으로 집거나 옆으로 걷는 등의 육체적 움직임은 뇌의 미러링으로 모방할 수 있겠지만, 남이 비탄에 잠기거나 기뻐하는 모습을 보면서 나도 같은 감정에 빠지기는 쉽지 않다. 슬퍼 보이는 얼굴을 하고 있지만 내심 웃고 있을 수도 있고, 기뻐하는 척하지만 속으로는 분해서 어쩔 줄 모를 수도 있다. 인간에게는 모방만으로는 알 수 없는 복잡성이 있다.

오히려 다 안다는 생각이 타인을 이용하는 방향으로 흘러갈 가능성도 있다. 남에게 나를 투사하는 일은 타인을 '자기투영을 위한 객체'로서 인식하게 만들기도 하므로, 나를 '벗어나기'는커녕 타인이라는 존재를 이용해 자신을 확대시키는 꼴이 될 수 있다.

엠퍼시의 달인, 가네코 후미코

엠퍼시의 키워드로 꼽은 '벗어나서, 넓히다'처럼 엠퍼시의 종류는 점점 확대되고 늘어나는 추세다. 사회심리학자 대니얼 뱃슨은 엠퍼시의 개념이 8가지라고 주장한다.

1. 타인의 내적 상태(사고와 감정을 포함)를 아는 일
2. 관찰 대상인 타인과 같은 태도를 취하며 같은 신경 반응을 일으키는 일
3. 타인이 느끼는 감정을 보듬는 일
4. 타인의 위치에 나를 투영시키는 일
5. 타인이 어떻게 느끼고 생각하는지 상상하는 일
6. 내가 만약 그 상황이었다면 어떻게 느끼고 생각할지 상상하는 일
7. 타인이 괴로워하는 모습을 보며 고통을 느끼는 일
8. 괴로워하는 타인에 대한 감정을 끌어안는 일

《사회신경과학으로 보는 공감》, 진 디세티

이렇게 많은 정의가 있지만 나는 인지적 엠퍼시에 관심을 쏟고 있다. 이는 누군가에게 나를 투사하여 이해하는 것이 아니라 타인을 있는 그대로 알고자 하는 것이다. 타인이 나와는 다른 존재로서 내가 받아들일 수 없는 성질을 갖고 있더라도

그 존재를 인정하고 상상해보는 일이다. 남의 신발이 아무리 냄새나고 더럽더라도 감정적이 되지 않고 이성적으로 그 신발을 신어보는 일. 인간에게 이런 일이 정말로 가능할까. 그러나 엠퍼시가 '능력ability'이라고 한다면 분명 '가능한able' 인간은 있으리라.

예를 들면 가네코 후미코. 나는 그녀가 엠퍼시의 달인이라고 생각한다. 그녀는 조선인 무정부주의자 박열의 연인이면서 함께 '무뢰한不逞者'이라는 조직을 만들어 아나키스트와 사회주의자 동료들과 잡지를 발행하고 강연회를 열었다. 그러나 관동대지진이 일어나고 이틀 뒤 경찰에 검거당해 대역죄로 기소되어 사형 판결을 받았다. 이후 특별사면을 받아 무기징역으로 감형되었지만, 천황이 내린 사면증을 찢어버리고 23살의 나이에 옥사했다.

스스로 목을 맨 것으로 알려졌으나 다양한 설이 있다. 특히 이치가야 교도소에서 우츠노미야 교도소 도치기 지소로 이송된 후 마지막 3개월은 바깥세상과 완전히 차단된 상태로 무자비하게 전향을 강요당했다고 알려졌다. 실제로 그런 상황을 짐작케 하는 단가短歌[3]가 몇 편 남아 있다.

---

3 5·7·5·7·7의 음수율로 이루어진 일본 고유의 시 '와카和歌'의 한 형식.

가죽 수갑에 다시금 독방으로 밥에는 벌레 한 소절이라
해도 거짓은 쓸 수 없네

있었던 일을 그저 있었던 대로 쓰고 있는데 투덜투덜 욕
하는 독방 감옥의 관리

입 꾹 다물고 가만히 있는 것은 싫어하면서 어찌하여 사
실을 말하지 말라 하나

아픈 사람을 밧줄로 동여매고 병실 안으로 처넣어 두는
것을 보호라고 부른다

나는 《여자들의 테러》에서도 가네코 후미코를 다루었다.
그때 그녀가 교도소에서 쓴 단가를 인용했는데 그중에서도 가
장 인상 깊은 한 수가 있다.

짭조름하게 정어리 굽는 냄새 여자 간수도 그리 부유한
삶을 사는 것은 아니네

이 여자 간수는 후미코에게 전향을 강요하며 끔찍한 짓을
저지른 사람인지도 모른다. 그게 아니더라도 국가를 적으로 돌
리고 반反천황제를 외치는 사람 입장에서 교도소 간수는 사상
전향을 강요하는 '국가의 개'이자 자신에게 고통을 주는 '적'
이다.

식사도 형편없었고 심지어 식사를 거부하여 공복이었을지도 모르는 후미코의 코에 정어리를 굽는 고소한 냄새가 감돈다. '저희들끼리만 맛있게 먹는구나' 하고 화를 낼 법도 하다. 사람을 이 꼴로 만들어놓고는 태평하게 정어리나 굽고 있네 하고.

하지만 후미코는 정어리 굽는 냄새를 맡으며 여자 간수의 식생활과 소박한 삶을 떠올린다. '아아, 저 사람도 그리 부유한 삶을 사는 것은 아니구나.'

《여자들의 테러》를 쓸 때는 후미코의 이런 성격을 '상냥함'이라고 표현했지만 나중에는 이것이야말로 엠퍼시가 아닐까 생각하게 되었다. 다른 처지에 놓인 타인의 삶을 상상하려고 노력하지 않아도 그녀는 자연스럽게 엠퍼시 스위치가 켜졌던 것이다.

'상냥함'은 전반적인 친절이기에, 상황만 허락된다면 친절을 드러내는 행위를 동반하게 된다. 하지만 교도소에 갇힌 후미코는 물리적 행위가 불가능하며, 설령 할 수 있다 해도 후미코가 여자 간수에게 우호적이고 친절한 태도를 취한다는 것은 상상하기 어렵다. 따라서 후미코의 엠퍼시 스위치는 '상냥함' 때문에 켜진 것은 아닐 것이다. 그렇다면 어째서 여자 간수의 삶을 상상했을까? 후미코가 목숨을 걸고 맞서 싸운 국가권력, 그녀를 물건처럼 다루며 죽이겠다느니 살려주겠다느니 전향하라느니 억압한 거대한 괴물의 일부인 간수의 신발을 신게 된 것은 어째서일까?

　가네코 후미코는 무국적자였기에 학교도 제대로 다니지 못했다. 어릴 때 부모에게 버림받고 친척에게 넘겨져 조선으로 건너갔지만 할머니와 숙모로부터 학대를 당했다. 후미코는 일본인 공동체 사람들보다 가난한 조선 사람들이 자신과 더 가깝다고 느꼈다. 일본으로부터의 독립을 외치는 조선 사람들의 3·1운동을 목격했을 때는 전에 느껴본 적 없는 흥분을 느꼈다. 그녀는 가족과 학교, 민족과 국가처럼 인간이 자연스럽게 '소속되었다'고 느끼는 집단으로부터 완전히 동떨어져 자랐다. 후미코는 언제나 무리에서 벗어난 아웃사이더였다. 이것이 후미코에게 사상가나 문필가로서의 특수성을 안겨주었다.

　그러므로 그녀는 사회운동에 투신할 때도 다소 냉소적으로, 외부에서 바라보는 듯한 시선을 지녔었다. 실제로 동지와 인권변호사 들에게 뜨거운 지지를 얻었던 재판이 한창 진행 중인 와중에, 연인의 실수에 휘말리기보다는 동지들 모두를 등지더라도 잘못을 빌고 빨리 자유의 몸이 되자고 생각한 적이 있다고 말했다. '혁명의 잔 다르크'가 되고자 한다면 결코 꺼낼 수 없는, 틀에서 '벗어나는' 게 가능한 후미코였기에 할 수 있는 말이었다. 후미코는 잔 다르크가 되기보다 '있는 그대로의 나로 살기'를 중요하게 생각하는 사람이었기에 그런 속마음을 당당하게 드러낼 수 있었다.

가네코 후미코를 아나키스트라고 부를 수 있다면, 그것은 '자기가 자기를 통치하는self-governed' 삶을 목표로 하는 생애를 보냈기 때문이다. 가족과 학교와 국가가 존재하는 사회에서 진정으로 이런 삶을 실행에 옮기는 사람은 아웃사이더가 된다. 외톨이가 되는 것을 두려워하지 않고 자기가 자기를 통치하는 삶을 지향하는 사람은 애초에 '아웃사이더'로 자랐거나 '아웃사이더'가 되기를 간절히 바라는 사람이다. 후미코는 전자다.

'나는 있는 그대로의 나로 살겠다'고 선언하고 자기가 자기를 통치하는 아나키스트로 살아온 사람이 타인의 신발을 신어보기 위한 엠퍼시 스위치를 자연스럽게 켤 수 있다는 사실은 역설적이다. 후미코를 떠올리면 아주 이기적인 것과 아주 이타적인 것이 어딘가에서 이어져 있다는 생각이 든다.

가네코 후미코는 세상에 '소속된belonging' 감각이 전혀 없이 성장한 사람이었기에 '친구 vs 적' 구도에서 자유롭게 떨어져 나올 수 있었다. '소속'이라는 감각에 강한 집착을 가진 사람일수록 타인의 신발을 신어보기 어렵다는 말이다. 인간은 특정한 소속이 자기를 지켜준다고 믿고 그 감각에 기댈수록 자기 신발에 얽매여 자기 세계를 좁혀간다.

이와 대조적으로 자기 신발에서 '벗어나는' 일이 가능했던 가네코 후미코의 사상은 더욱 확장되었다. 세상의 모든 부모들이 읽어주기를 바라며 쓰기 시작한 자서전도 '모든 현상은 현상 자체는 사라지더라도 영원의 실재 속에 존속한다'는 문장으로 끝낼 만큼 장대한 확장을 보였다. 훗날 철학자 쓰루미 슌스케는 이 문장을 키에르케고르에 견주었다.

가네코 후미코가 감옥에서 쓴 정어리에 관한 시는 자기 신발을 벗을 수 없다면 타인의 신발도 신을 수 없다는 사실을 보여준다. 역설적으로 자기 신발에 집착하지 않는 사람은 자주적이고 자율적인 사람이라는 말이 된다.

가네코 후미코는 언제든 자기 신발을 벗을 수 있었고, 그 신발이 자기가 지금 막 벗은 신발에 불과하다는 사실을 분명히 알고 있었다. 이런 사람은 자기가 신을 신발을 언제나 스스로 결정하고, 누구도 그 사람에게 억지로 신발을 신길 수 없다.

얼마 전 도쿄에서 생물학자 후쿠오카 신이치 씨와 만날 기회가 있었다. 〈아사히신문朝日新聞〉에서 '타인의 신발을 신어보는' 일에 대한 대담이 있었기 때문이다(2020년 1월 1일 조간).

그때 후쿠오카 씨가 한 말 가운데 나의 마음에 선명히 남은 구절이 있다.

"인간은 '자유'를 얻으면 '타인의 신발을 신어보는' 일도 가능해집니다."

아나키와 엠퍼시가 이어져 있다는 생각이 전부터 어렴풋이 들었는데, 그걸 자유라는 명쾌한 언어로 표현해주었다.

언어. 그것은 해답인 동시에 새로운 질문이다.

'스스로 자自에 말미암을 유由'의 상태가 'self-governed'이며, LEXICO(옥스퍼드 제휴 무료 사전 사이트)는 'self-governed'를 '스스로 통치하고 자기 문제를 컨트롤하는 자유를 갖는 일'이라고 정의했다.

아나키적 엠퍼시.

들어본 적 없는 말이지만 늘어가는 엠퍼시의 종류에 새로운 개념을 하나 더해도 좋겠다. 이리저리 넓혀가며 아나키와 엠퍼시의 관계를 생각해가고 싶다.

제2장

녹여서,
바꾸다

언어는 그것을 녹인다

일 때문에 일주일 정도 일본에 갔다가 영국으로 돌아왔더니, 내가 사는 브라이턴에 큰 소동이 있었다. 브라이턴 거주자 여러 명이 코로나바이러스에 감염되었고 그중 의사도 있어 진료소가 폐쇄된 일이 전국 뉴스와 신문에 대대적으로 보도되고 있었다. '브라이턴에 가는 것은 안전한가?'라는 제목의 신문 기사까지 나오며 감염 지역처럼 다루고 있었다. 당시(2020년 2월 25일) 영국에서 코로나바이러스 양성 판정을 받은 사람은 총 9명이었고, 그중 5명이 브라이턴 거주자였다.

아이가 다니는 중학교에서도 아시아계 학생을 향한 비난이 거세다고 했다. 애초에 아시아계는 '궁극의 마이너리티'라고 할 정도로 소수이며 그만큼 눈에 잘 뜨인다고 아이는 말했다. 기침을 하거나 티슈로 코라도 풀면 주위의 시선이 따가웠고, 노골적으로 멀리 돌아가는 학생들도 있다는 것이다.

"얼마 전 버스정류장에 서 있는데 지나가는 자동차에서 누가 나한테 '퍼킹 칭크!'[1]라고 소리쳤어. 코로나바이러스가 아시아인 차별을 정당화하는 느낌이야. 흑인 차별은 안 되지만 아시아인은 병균을 가지고 있으니까 차별해도 된다는 식으로."

프랑스의 한 지역신문이 '황색경보'라는 제목과 마스크를 쓴 아시아계 여성 사진을 게재해서 인종차별이라고 문제가 되었는데, 독일 주간지 〈슈피겔Der Spiegel〉(유럽에서 발행 부수가 가장 많은 잡지다)도 표지에 방호복을 입고 방독면을 쓴 사람 사진과 '메이드 인 차이나'라는 제목을 실었다. 영국 경제지 〈이코노미스트The Economist〉도 표지에 '얼마나 악화될까'라는 제목과 중국 국기가 그려진 마스크를 쓴 지구 일러스트를 실었다.

평소에는 신중하게 '정치적 올바름'[2]을 견지하던 주요 언론도 감염병과 바이러스 문제에 대해서는 궤도를 이탈하기 시작했다. 아이들에게 그런 분위기가 전해지지 않을 리가 없었다.

며칠 전에도 텔레비전에서 코로나바이러스 관련 뉴스가 흘러나오는데 아이가 이런 말을 했다.

"오늘 수업 때문에 교실을 이동하는데, 계단에서 마주친 우

1 영어권에서 중국인을 비하하는 비속어. 아시아인에게 쓰이기도 한다.
2 차별과 편견에 기반을 둔 언어 활동을 바로잡고자 하는 정신.

리 반 애가 진지한 얼굴로 '학교에 코로나 퍼트리지 마'라고 했어. 이건 좀 직설적이랄까, 너무 심한 말이라 충격으로 한동안 멍하니 서 있었어."

"대놓고 그러다니 너무했다."

"응. 하지만… 후속편이 있어. 식당에서 점심을 먹으려고 줄서 있는데 그 애가 다가와서 엄청 미안한 표정으로 '아까는 심한 말 해서 미안해' 하고 사과했어."

"그래?"

"응. 나는 코로나 어쩌고 하는 말을 듣고도 아무 소리 안 했는데, 계단에서 다른 애가 그걸 듣고 그런 말을 하면 안 된다고 했나 봐."

"…걔한테 누가 무슨 말을 했을까."

나는 진심으로 궁금했다. 그 말은 차별적이니 해서는 안 되는 말이라고 깨닫게 했을까, 아니면 외향은 아시아계지만 영국에 살고 있으니 바이러스를 확산시킬 위험은 다른 학생들과 다를 바가 없다는 사실을 지적했을까.

"무슨 말을 했든지, 생각을 언어로 꺼낸다는 건 중요하다는 걸 깨달았어. 나는 입 다물고 가만히 있었지만, 누가 그런 말을 하면 안 된다고 이야기해줬기 때문에 그 애는 자기가 한 말의 의미를 깨닫고 사과했잖아. 그래서 나, 오후는 굉장히 기분 좋게 보냈어."

언어는 사람을 불행하게도 분노하게도 만들지만, 동시에 화해시키고 행복하게 만들 수도 있다. 그 아이가 사과하지 않았더라면 아이의 마음에는 같은 반 친구에 대한 어두운 감정이 깃들었으리라. 딱딱하게 굳어가던 검고 불온한 무언가가 "미안해"라는 말 한마디로 사르르 녹아버렸다.

"실은 나도 좀 반성했어. 그 애, 자폐증이 있거든. 그래서 솔직히 내가 무슨 말을 해도 그 애가 이해하기 어려울 거라고 생각해서 가만히 있었던 거야. 그건 내 안에 있는 편견이었어."

그 소년이 코로나바이러스를 퍼뜨리는 게 아시아인이라고 믿었다면, 아이는 아이대로 자폐증 소년에게 항의해봐야 이해하지 못할 거라고 믿고 있었던 것이다.

언어는 자기가 믿고 있던 것을 녹인다. 딱딱하게 굳은 것, 얼어버린 것, 불변이라고 여겼던 것을 녹여서, 바꾼다. 누군가의 신발을 신기 위해서는 자기 신발을 벗어야 하듯, 사람이 바뀔 때는 고리타분한 나를 녹일 필요가 있다. 언어에는 그것을 녹이는 힘이 있다.

감정 공부

언어가 녹일 수 있는 것은 믿음이나 신념만이 아니다. 언어는 폭력 생성의 메커니즘을 녹일 수 있다.

이를 보여준 영화가 사카가미 가오리 감독의 다큐멘터리 〈프리즌 서클プリズン・サークル〉(2019)이다. 사카가미 감독은 카메라를 들고 '시마네 아사히 사회복귀 지원센터'라는 남성 교도소를 찾아가 수감자들이 'TC 프로그램'을 수강하는 모습을 2014년부터 2016년까지 촬영했다.

사카가미 감독은 미국 교도소의 TC 프로그램을 〈무기수들: 종신형을 넘어서Lifers ライファーズ 終身刑を超えて〉(2004)라는 다큐멘터리로 만들었다. 이를 본 일본 교도소 관계자가 일본에도 TC 프로그램을 도입하고 싶다고 연락해 시마네 아사히 교도소에서 민관합동으로 TC 프로그램을 시행하게 된 것이다.

TC란 '치료적 공동체Therapeutic Community'의 약자로 시마네 아사히 교도소는 영화 〈무기수들〉에 등장하는 미국 모델을 채택했다. 이는 스위스 심리학자 앨리스 밀러의 이념에 따라 범죄자나 의존증을 가진 사람들을 치료하고 회복시킬 목적으로 만든 심리치료 프로그램이다. 흔한 심리요법과 무엇이 다를까 싶겠지만 TC는 심리 치료사와 환자가 일대일로 진행하는 치료법이 아니다. 참가자 전원이 심리 치료사이면서 환자가 되는, 커뮤니티를 통해 당사자들이 서로를 치료하고 함께 회복해 나가는 프로그램이다.

알코홀릭 어나니머스[3]와 같은 재활 모임에서 참가자가 원 모양으로 둘러 앉아 각자의 경험을 이야기하는 장면은 영화나 드라마에 자주 나온다. TC 프로그램은 이를 포괄적이고 집중적으로 수행하는 프로그램이다. 프로그램은 기본 3개월 단위로, 매주 12시간씩 진행된다. 참가하는 수감자는 최소 6개월 동안 이를 이수해야 한다. 1년에서 1년 6개월 정도 참가하는 수감자가 가장 많다고 한다.

〈프리즌 서클〉을 보며 우선, 이것이 정말 일본 교도소인가 싶어 놀랐다. 미국이나 유럽의 교도소를 촬영한 영상이라고 착각할 정도였다. BBC 다큐멘터리에 나올 법한 분위기였다.

하지만 둘러앉은 사람들은 일본 교도소 수감자들이었고, 그들이 그토록 개인적인 이야기를 꺼낼 수 있다는 사실이 나로서는 충격이었다. '일본인은 자신을 속속들이 드러내는 행동을 하지 않는다. 특히 자신의 치부는 결코 남에게 이야기하지 않는다'라는 나의 편견을 완전히 깨부순 다큐멘터리였다. TC 구성원들은 유년기 경험이나 범죄를 저지른 경위, 현재 심경을 자기 언어로 적나라하고 진지하게 이야기하고 있었다. 사카가미 감독도 TC 프로그램이 시마네 아사히 교도소에서 미국 교도소와 같은 효과를 거두기는 어려울 거라고 예상했다. 일본이 해외에서 무언가를 가져오면 형식적으로 흉내만 내는 경우가 많아서, TC 프로그램도 수감자의 인생을 바꿀 만한 진지한 힘

---

3 미국에서 알코올 의존증 환자를 가장 많이 재활시킨 모임.

을 갖기는 어려울 거라고 판단했다.

그러나 시마네 아사히 교도소에서 TC 프로그램을 지켜본 사카가미 감독은 자신의 예상이 완전히 빗나갔음을 깨달았다. '눈시울이 뜨거워졌다. 세상에 이럴 수가. 꿈을 꾸는 기분이었다.' 사카가미 감독은 그날의 감상을 〈프리즌 서클 - 감옥에서 자유를 찾기 위한 연습〉이라는 연재 글에 썼는데, "오랜 시간 품어왔던 '침묵의 문화는 바꿀 수 없다'는 회의감이 빠르게 녹았다"고 했다(《세카이世界》, 2020년 1월호).

이 '녹았다'는 표현이 흥미롭다. 여기서도 언어가(TC 프로그램에 참가한 수감자들의 언어가) 사카가미 감독과 내가 가졌던 (해외 거주 경험이 있는 일본인이 느끼기 쉬운) '일본에서는 안 될 거다'라는 편견을 녹여버린 것이다. 나는 사카가미 감독과의 대담에서(《나미波》, 2020년 3월호) 이렇게 물었다. "영화에 나오는 청년들은 자기 생각이나 감정을 말하는 데 남다르게 뛰어난 사람들이었습니까?" 그런 사람들을 선별해서 촬영했는지 궁금했기 때문이다. 하지만 사카가미 감독은 그 사람들이 TC 프로그램을 이수하고 나서야 자기 감정을 그토록 잘 말할 수 있게 되었다고 대답했다. 물론 개인차가 있고 시간이 오래 걸리는 사람도 있지만, 어느 정도 훈련을 받으면 다들 자기 감정과 생각을 언어화하여 남에게 전달할 수 있게 된다고 한다.

나는 이것이 엠퍼시를 훈련으로 기를 수 있는 것과 비슷하다고 느꼈다. 가엾다고 느끼는 사람이나 자신과 생각이 비슷한 사람에게 발휘되는, 즉 자기 기분이 자연스럽게 상대방과 동화되어야 하는 심퍼시와 달리 엠퍼시는 의도적으로 타인의 입장에서 상상해보는 능력이며, 능력인 이상 훈련으로 향상시킬 수 있기 때문이다.

사카가미 감독이 《세카이》 연재에서 제시한 '감정적 리터러시' 개념이 언어화 능력과 엠퍼시의 관계를 푸는 하나의 힌트가 될 듯하다. 사카가미 감독은 감정적 리터러시에 대해 다음과 같이 설명했다.

직역하면 '감정의 언어화 능력'으로, 다양한 감정을 느끼고 이해하고 표현하는 능력을 말한다. 동시에 이 능력을 향상시키는 일도 포함된다. 감정에 휘둘리는 것이 아니라 감정을 자유자재로 구사하기 위한 방법이다.

《세카이》, 2020년 2월호

시마네 아사히 교도소에서는 감정적 리터러시를 '감식感識'으로 번역하여 쓰고 있는데, 사카가미 감독은 그 언어의 의미를 이렇게 해석했다.

감식(감정적 리터러시) 자기 마음의 움직임이나 감정을 느

끼고 이해하며 그것을 인식하고 표현하는 힘. 감정 능력. 감
정 근육을 강화하는 힘.

《세카이》 2020년 2월호

감정 능력이란 자기 감정을 타인에게 올바로 전달하는 능
력이다. 예를 들어 영국 공립중학교 수업에는 연극 과목이 있
는데, 이것도 '감식'을 강화하는 교육이라고 할 수 있다. 내가
영국에서 보육사 자격증을 땄을 때 자원봉사 실습을 나간 곳이
'밑바닥 보육원'(내 멋대로 붙인 이름)이었다. 영국에서 특히 실
업률·빈곤율·질병률이 높은 지역에 있는 무료 보육원이었다.
사회복지사가 개입하는 가정의 아이들이 많았고, 학대나 육아
방치가 의심되는 경우도 있었다. 그때 보육원에서 힘쓰던 것도
연극적인 교육이었다.

벽에 다양한 표정의 사람 사진을 붙이고 "이건 어떨 때 짓
는 표정일까?" 하고 묻는다. 웃는 얼굴을 보며 "행복할 때", "초
콜릿을 먹을 때"라고 대답하는 아이도 있었지만, 전혀 반응을
하지 않거나 표정에 어울리지 않는 대답을 하는 아이도 있었
다. 지금도 기억나는 건 웃는 사람 얼굴을 가리키며 "엄청 혼이
났을 때"라고 대답했던 아이다. 엉터리로 대답해서 웃기려는
것인가 싶어 "응? 혼이 났을 때 이런 표정을 지을까?" 하고 되
물었더니, 그 아이는 고개를 크게 끄덕이며 "안 웃으면 혼나"라

고 대답했다. 기쁠 때 웃고 슬플 때 운다는, 감정과 표현의 회로가 올바로 연결되지 않은 것이다.

유아기에 이런 교육을 진행하는 것이 전체주의적이라고 비난하는 사람도 있다. 그러나 '츤데레'[4]나 '냉소적' 등의 성향을 갖고 있다 해도 기본적인 감정 전달법을 알고 있는 경우라면 괜찮겠지만, 학대나 육아 방치를 겪고 있는데도 이를 다른 사람에게 제대로 전달할 줄 모른다면 아이는 자신을 위험한 상황에 내버려 두게 된다.

아울러 타인의 표정이나 말투로 대략의 감정을 상상하는 일이 불가능하다면 엠퍼시가 제대로 작동할 리가 없다. 이것은 감정의 읽기와 쓰기에서 '읽기'에 해당한다. 타인의 감정을 올바로 읽지 못하면 인간은 타인을 물리적으로, 혹은 언어나 태도로 상처 주면서 타인을 자기 생각대로 움직이려 들 것이다.

이것이 일반적으로 말하는 '폭력'이다.

'I'라는 주어를 획득하다

〈프리즌 서클〉 앞부분에는 보이스피싱 범죄로 2년 4개월 형을 살고 있는 청년이 쓴 '거짓말쟁이 소년'이라는 이야기가 나

---

4 쌀쌀맞아 보이지만 실제로는 따뜻하고 다정한 사람.

온다. 그 이야기는 이렇게 시작한다.

옛날 옛적 어느 마을에 거짓말밖에 할 줄 모르는 소년이 살았습니다. 소년은 무슨 일이 있어도 진심을 말하지 않았습니다. 외로움을 많이 타는 소년은 누군가와 함께 있고 싶었지만 마을 사람들 중 누구도 거짓말밖에 할 줄 모르는 소년을 상대하지 않았습니다. 고독해서 미칠 것 같았지만 소년은 거짓말밖에 하지 않았습니다. 소년이 거짓말밖에 할 수 없는 데는 이유가 있었습니다.

이 이야기에서 연상된 것은 마치다 고의 소설《살인의 고백》이었다. 1893년 오사카에서 일어난 10인 살인사건을 모티브로 한 소설인데, 주인공 기도 쿠마타로는 대단히 사변적인 인물로 사고와 언어가 일치하지 않는다. 자기 생각을 타인에게 올바로 전달하거나 표현하는 일이 불가능할 정도다. 생각과 언행이 따로따로라 자신이 가해자인지 피해자인지조차 헷갈려하고 어처구니없는 짓을 일삼다 결국은 살인(오사카 10인 살인사건)을 저지르고 만다. 그러고는 누구에게랄 것도 없이 "죄송합니다. 전부 거짓말이었습니다"라고 고백한 뒤 총을 들고 죽으려 하지만 방아쇠를 당기지 못하고, "아직 진심을 말하지 못한 기분이 든다"면서 마음 깊은 곳에서 자신의 진심을 찾고자 한다. 하지만 그곳은 "황무지"였다. 그의 마음속에는 어떤 말과 생각도 존재하지 않았다. 그저 눈물만 흘리던 쿠마타로는 "이제 다 틀렸어"라며 방아쇠를 당긴다.

자신의 진심을 말로 표현하지 못한다는 감각은 그리 특별하지 않다. 오히려 사회에서 타인과 공존하며 살아가는 인간이라면 많든 적든 경험하는 일이리라. 우리는 날마다 다양한 사람과 다양한 이야기를 나누지만 진짜로 하고 싶은 이야기를 하고 있을까. 자기 생각을 언어화하지 않은(혹은 못한) 채 대화가 흘러가는 경우가 대부분이 아닐까.

사카가미 감독은 〈프리즌 서클〉을 보고 '나도 저 의자에 앉고 싶다'는 반응을 보인 사람이 꽤 있었다고 한다. 물론 교도소에 들어가고 싶다는 건 아니다. TC 프로그램처럼 원형으로 둘러앉아 이야기하고 싶어 하는 사람이 많다는 것이다. 《살인의 고백》의 쿠마타로처럼 "이제 다 틀렸어"라고 말하기 전에, 자기 생각과 감정을 언어화하여 밖으로 꺼내 타인에게 전하고 싶은 사람이 많은 것이 아닐까.

시마네 아사히 교도소 TC 프로그램에서는 '방관자'가 아니라 '참가자'가 되자고 호소한다. 여기서 '방관자'란 토론이나 대화나 취미 활동 등에 참가하려 들지 않는 사람, 듣는 척하면서 무관심한 사람, 자기 존재를 드러내지 않는 사람, 거짓말을 하거나 솔직하지 않은 사람 등이라고 한다.

시마네 아사히 교도소 TC 프로그램을 보며 깨달았다. 누구든 진심을 말하지 않거나 하염없이 거짓을 말하면 인생에서 방관자 입장에 내몰리게 된다. 〈프리즌 서클〉에 등장하는 참가자 가운데 가족에게 약한 모습을 보이지 않으려고 괜찮다는 거짓말을 해온 수감자가 있었다. 그는 가족과 그렇게 관계를 맺어왔지만, 사실은 어떤 관계도 맺지 못한 것이나 다름없었으며 그런 자신이 얼마나 고독했는지를 깨닫는다. 다른 교도소에서는 친한 사람에게도 자기 범죄를 말한 적 없다는 수감자, 사귀는 사람에게도 자기 이야기를 안 했다는 수감자, 계속 거짓말을 하고 있으면 피해자는 안 보이고 판결이 어떻게 나올지 걱정만 하게 된다는 수감자도 있었다.

거짓말을 한다는 건 '나라는 개인으로서 타인과 관계를 맺지 않는다'는 뜻이며, 대화하는 것처럼 보여도 사실은 대화하는 것이 아니다. 어째서 거짓말이 방관자적 입장과 맞닿는지를, 독일 저널리스트 카롤린 엠케의 책《왜냐하면 그것은 말로 할 수 없기 때문에Weil es sagbar ist》에서 발견했다.

인간의 개인성을 빼앗는 수단은 머리 모양을 통일시키고, 같은 옷을 입히고, 전원 이름 없는 집단으로 만드는 것이 다가 아니다. 개인적으로 나누는 대화의 부재 또한 개성을 상실하게 만든다.

이는 강제수용소와 같이 극도로 자유를 억압당해 인간이 인간으로서의 존엄을 빼앗긴 채 물건 취급을 당하는 상황을 두고 한 말이다. 말을 잘못하면 고문당할지도 모른다는 공포, 언어를 끄집어낼 수 없을 만큼 쇠약해진 체력, 극도의 피로감 등 사람들이 수용소에서 입을 열고 싶지 않은 이유는 얼마든지 있다. 하지만 사람들이 대화하기를 원치 않는 이유는 무엇보다 '주체성을 잃었다'는 감각 때문이라고 엠케는 말한다.

주체성이란 'I'를 말한다. 'I(나는)'라는 주어가 없다면 사람은 무슨 글을 쓰고 어떤 말을 할 수 있을까. 엠케는 한나 아렌트의 '인간적인 연대'(타인과 대화를 나누고 서로 이해하는 일)라는 표현을 인용하면서 인간은 타인과 언어를 교환하는 행위를 통해 자기 인식에 도달하는 언어적 존재이며, 인간의 자의식은 고독 속에서 자연스럽게 피어나는 것이 아니라 타인과의 관계에서 만들어지는 것이라고 주장했다.

자신의 아이덴티티가 계속해서 증명되고, 인식되고, 추궁당하는 것은 타인과의 대화를 통해서다. 타인과의 대화를 통해 비로소 체험한 것을 이해하고, 그것을 경험으로 형식화하는 일이 가능하다. 인간의 갖가지 특색과 상이점, 유사점, 다양성(즉 개인성)은 타인의 승인 혹은 거절을 통해 비로소 뚜렷해진다.

여기서는 '개인성'이라는 단어로 아이덴티티를 표현했다. 요즘 아이덴티티라고 하면 인종, 성적 취향, 젠더 등 소위 귀속성을 가리키는 말로 쓰이고 있지만, 본디 아이덴티티는 '나를 찾는 일'이나 '나답게 사는 일'과 연관 지어 쓰이는 일이 많다. 《옥스퍼드 영영사전》사이트에는 이렇게 정의되어 있다.

identity 1. 누군가는 어떤 사람인가, 혹은 무언가는 어떤 사물인가

2. 사람들을 타인과 구분 짓는 특징, 의식, 혹은 신조

3. 누군가/무언가와 아주 비슷해서 알기 쉬운 상태, 혹은 기분

엠케는 아렌트가 말한 '인간적인 연대'를 통해서만 '자신이 누구인지 알고', '자신을 타인과 구분 짓는 특징, 의식, 신조'를 인식할 수 있다고 했다. 따라서 '인간적인 연대'에 자기 자신으로서 참가하지 않는(계속 거짓말하는) 행위는 'I'라는 아이덴티티를 구축할 기회를 잃어버리게 만들고, 결국 인생에서 일어나는 모든 일을 방관자 입장(높은 곳에서 내려다보는 시선이라고도 할 수 있다)으로 인식하게 된다. 이는 범죄에서도 마찬가지리라.

《살인의 고백》에 등장하는 쿠마타로는 자기라는 존재가 내

뱉는 생애 최후의 언어로 "전부 거짓말이었습니다"라는 말을 선택했다가, 이건 아니다 싶어서 마음 깊은 곳 어딘가에 존재할 'I(=자신)를 주어로 하는 진짜 언어'를 필사적으로 찾는다. 하지만 아무것도 없었다. 그러고는 "이제 다 틀렸어"라는 마지막 말을 남기고 죽는다. 쿠마타로의 죽음은 'I'라는 주체성을 가지고 말하는 능력은 홀로 키울 수 있는 것이 아니라 타인과 얽히고설키며(방관자가 아닌 '나'로 함께하며) 생기는 것이라는 엠케의 주장을 떠오르게 한다.

흥미롭게도 〈프리즌 서클〉의 사카가미 감독은 사기를 칠 때처럼 무의미한 말을 끝도 없이 늘어놓았던 수감자가 TC 프로그램을 수강하면 거꾸로 입을 닫고 일시적으로 말을 잃어버린 상태가 된다고 한다. 이는 자신이 지금까지 뱉어온 말의 공허함을 깨닫고 언어를 다시 습득하는 과정의 일부라고 한다. 말하지 못하는 시기를 거쳐 다시 말을 할 수 있게 되었을 때, 수감자의 언어는 이전과 완전히 다른 것이 된다. 더는 인생의 방관자가 아니라 'I'를 습득한 사람이 된 것이다.

엠퍼시와 드라마투르기, 그리고 SNS

〈프리즌 서클〉의 제6장에서 소개된 켄타로의 사연은 한 수감자가 TC 프로그램을 계기로 인생의 방관자에서 벗어나는 순간을 훌륭하게 담아내고 있다. 이 장에는 TC 구성원들의 롤플레잉 영상이 담겨 있는데, 켄타로는 인간관계가 금전을 통해서만 유지된다고 믿었다. 그래서 빚을 지면서까지 어머니와 애인에게 돈을 건넸으며, 그게 어려워지자 친척 집에 들어가 강도짓을 하고 삼촌에게 상해를 입혔다. 강도상해죄와 주거침입죄로 5년형을 받고 애인과 그녀의 배 속에 있던 아기, 친구와 직장 동료 모두를 잃어버렸다.

켄타로는 죄의식이 희박했다. 그는 속으로 자신을 피해자로 여겼다. 어째서 나만 이렇게 괴로운 상황에 처하는지 모르겠다고 느끼며 사는 일이 귀찮아 종종 죽고 싶다고 말했다. TC 참가자들 사이에서 그의 별명은 '철가면'이었다. 원형으로 늘어선 의자에 항상 무표정하게 앉아, 애초에 자기는 마음이 움직인다는 게 무엇인지 잘 모르겠다고 말했다.

그런 켄타로가 하루는 롤플레잉에 참가했다. 그는 '자기 자신'이 되어 원형으로 늘어선 의자 가운데 하나에 앉았다. 다른 참가자들은 그가 저지른 범죄의 피해자 역할을 맡았다. 삼촌 역할 참가자는 "왜 그런 짓을 했어?"라고 물었고, 숙모 역할 참가자는 "그날 이후 무서워서 잠을 잘 수가 없어"라고 말했다. 켄타로는 그 말 하나하나에 '자기 자신'으로서 대답해야 했다. 그러던 중 '철가면'이 눈물을 흘리기 시작했다. 피해자 역할을 하던 사람들 눈에도 눈물이 맺혔다. 그를 추궁하던 참가자들도 모두 어떤 범죄의 가해자이며, 그들에게도 피해자가 존재한다는 사실을 생각하면 인상 깊은 장면이다.

피해자 역할을 한 참가자들은 말 그대로 '타인의 신발을 신어보며' 켄타로가 저지른 범죄의 피해자가 느꼈을 심정을 상상했고, 동시에 자기 범죄의 피해자의 신발도 신어본 것이다. 다른 참가자들을 통해 피해자들의 분노와 공포를 대면한 켄타로는, 처음에는 자기 자신이라는 역할을 연기하는 것처럼 냉정하게 반응했지만 차츰 '철가면'이 녹아내리고 'I'가 표출되었다.

롤플레잉이란 놀이이자 연기다. 타인을 연기하는 것이 'I'의 획득으로 이어진다는 사실은 흥미롭다. 앞서 말했듯이 영국에는 중학교 교과목으로 연극이 있어서 아이들의 표현력이나 창의력을 높여준다고 하는데, 이 롤플레잉 장면을 보면서 타인을 연기하는 것이 'I'를 획득하게 만들 뿐만 아니라 엠퍼시 능력을 향상시키기도 한다는 사실을 알 수 있었다(여기서도 ⟨'I'의 획득=이기적이 되는 일⟩과 ⟨엠퍼시=이타적이 되는 일⟩의 접점이 분명하게 보인다).

지금도 많은 학교에서 과제 도서로 채택하는 하퍼 리의 《앵무새 죽이기》라는 소설이 있다. 1930년대 미국 남부에서 여성 폭행죄를 덮어쓴 흑인 청년의 재판을 통해 당시 백인들의 편견과 인종차별을 그린 작품인데, 그 책에 이런 구절이 있다.

그 사람의 시점으로 사물을 보기 전까지는 진정으로 타인을 이해하기란 불가능하다. 그 사람의 피부 안으로 들어가 그 것을 몸에 두르고 걷기 전까지는.

타인의 피부를 몸에 두르고 걷는 행위야말로 배우들이 일 상적으로 하는 일이다. 배우는 인간의 표정과 언어와 감정의 접점을 올바로 알고, 이를 자유자재로 구사하며 다양한 인물의 경험과 스토리를 관객에게 전달한다. 배우뿐만 아니라 나 같은 평범한 사람도 표정과 언어와 감정의 접점을 알지 못하면 자신 의 감정과 생각을 타인에게 전달하기 어렵다. 미국의 사회학자 어빙 고프만은 사회학 분야에서 드라마투르기[5] 개념을 처음으 로 도입한 사람으로 알려져 있다. 그는 사람들의 삶이 끝나지 않는 연극과 같으며 인간은 그 안에 사는 배우라고 주장했다.

어빙 고프만에 따르면 인간은 '일상'이라고 불리는 무대에 서 아기로 태어난다. 인간의 '사회화'란 다른 사람들로부터 자 신에게 부여된 역할을 연기하는 일이다. 우리는 타인과 함께 생 활하며 자신의 역할을 확립한다. 타인과의 관계성 속에서 자신 의 역할을 만들고 타인에게도 역할을 부여하는 것이다. 조직 내

---

5 원래는 희곡 작법을 뜻하는 말이었으나 지금은 연극 이론, 연출법 등을 포괄 적으로 가리킨다.

에서는 상사와 부하, 사장과 신입사원, 가족 내에서는 부모와 자식, 형제자매 등이고 그밖에도 선생과 제자, 의사와 환자, 손님과 점원 등 인간은 실로 다양한 역할을 연기하며 살아간다. 이런 역할들을 각각의 장면에서 연기하며 자기 캐릭터가 생겨나는 것이다. 한나 아렌트가 말한 '인간적인 연대'를 통해서만 자기 인식에 닿을 수 있다는 엠케의 주장과도 일맥상통한다.

또한 고프만은 일상이라는 우리의 연극에는 '무대 앞'과 '무대 뒤'가 존재한다고 주장했다. 사람들 앞에서 대사를 할 때는 '무대 앞'이니(직장이나 교실, 식사 테이블 등) 인간은 일상의 대부분을 연기하며 지낸다. 하지만 가끔씩 무대에서 내려와 '무대 뒤'에서 쉴 수 있다. 이 사적 영역에서는 연기를 할 필요가 없다. 인간은 '무대 뒤'에서 편안하게 휴식을 취하고 다음 무대에 올라갈 준비를 한다.

〈프리즌 서클〉에서 원형으로 늘어선 의자는 무대의 앞일까 뒤일까? 사람들 앞에서 자기 경험과 생각을 이야기하므로 '무대 앞'으로 보아야 하리라. TC 프로그램 참가자들은 그동안 '무대 앞'에서의 자기 역할을 제대로 파악하지 못했거나 역할이 제대로 주어지지 않은(아마도 양쪽 다이리라) 사람들이며, 그들이 '변하는' 때란 사회 속에서 자기 역할을 마주하는(파악하는) 상황이다. 그럴 때 인간은 비로소 타인에게도 마땅히 역할을 부여하게 된다. 이처럼 방관자와도 같이 적당한 태도로 대화를 흘려보내던 사람이 TC 프로그램에 참여하면 자기 역할을 정확히 파악하게 되어, 의미 있는 말을 하고 '대화의 언어가 바뀌는' 일이 발생한다. 어떤 의미에서는 '사회화'되었다고도 할 수 있다.

한편 원형으로 늘어선 의자는 설령 주위에 타인이 있다고 해도 '무대 뒤', 혹은 그곳에서 상당히 가까운 '무대 앞'(무대 축이라거나)으로 볼 수도 있다. 그래서 〈프리즌 서클〉을 보고 '나도 저 의자에 앉고 싶다'는 생각을 한 관객이 많았던 게 아닐까. '실은 이런 나를 연기하는 데도 나름의 이유가 있습니다'라거나 '그때는 그런 말을 했지만 사실은 그런 마음이 조금도 없었습니다'라고 안심하고 말할 수 있는 장소를 원하는 사람이 많다는 뜻이 아닐까.

달리 말하면 타인에게 그렇게 말할 수 있을 만큼 돈독한 신뢰 관계를 원하는 것이다. SNS와 '공감 버튼'으로도 '느슨한 연대'는 간단히 형성할 수 있다. 하지만 인터넷도 사실은 하나의 무대 앞에 불과하며, 일단 올라가면 내려오기 힘든 네버엔딩 스테이지였다고 깨달은 사람들이 무대 뒤처럼 안심하고 머물 수 있는 장소를 갈망하고 있는 것이 아닐까.

사카가미 감독은 이렇게 안심할 수 있는 장소를 '안식처'라고 불렀다. 자기 이야기를 하지 못하고 거짓말을 일삼던 사람이 'I'를 주어로 말할 수 있게 되려면 자기를 낱낱이 밝혀도 안전하다고 느끼는 장소가 필요하다고 한다. TC가 '안식처'로 기능했기에 사람들이 새로운 언어를 획득하는 장소가 된 것이다.

보육의 세계에도 '안전지대'라는 말이 있다. 어린이가 몸과 마음 모두를 건강하게 키우기 위해서는 바깥세계에서 안심하고 돌아올 수 있는 공간이 필요하다는 개념으로, 미국 심리학자 메리 에인스워스가 창안했다. 안전지대는 부모나 양부모처럼 곁에서 지내며 자신을 돌봐주는 어른과의 안정된 관계를 말한다. 안식처도 물리적인 공간이나 장소라기보다 그곳에 있는 사람들과의 신뢰 관계를 뜻하는 것이리라.

인터넷 상의 '공감'(=심퍼시)에 기반을 둔 관계는 안식처나 안전지대가 되지는 못한다. 어빙 고프만의 '인상관리' 개념에서 그 이유를 알 수 있다. 인상관리란 인간은 누구나 사회 곳곳에서 자기 역할을 제대로 연기하기 위해 본인의 무대 앞 이미지를 컨트롤하고 있다는 개념이다. 예를 들면 환경(집, 방, 만날 장소 등), 겉모습, 타인과 교류하는 방법 등을 통해 타인의 눈에 비치는 자기 모습을 프로듀스하는 것이다.

인상관리야말로 SNS 커뮤니케이션의 기반이다. 인스타그램에는 집 안에서 가장 멋있는 장소나 예쁜 카페에서 옷을 차려입고 가장 예쁜 표정으로 제일 잘 나온 사진을 올린다. 트위터에는 정의롭고 냉소적이며 가끔씩 유머러스한 말도 던질 줄 아는, 자기가 만들어낸 계정 이미지에 따라 140자 이내의 글을 올린다. 인터넷은 그야말로 개인 이미지에 대한 총체적인 프로듀스의 장이다. 공감의 '좋아요!'가 많을수록, 팔로워 수가 늘어날수록 그 사람의 인상관리는 성공을 거둔 것이 된다.

하지만 이와 같이 경쟁적인 자기 프로모션의 장이자, 연기하는 사람의 모체인 육체마저 사라지고 이미지만을 보여주는 궁극의 무대가 '안식처'가 될 수 있을 리 없다.

SNS에 엠퍼시가 뿌리내리기 어려운 것은 그 플랫폼이 지나치게 인상관리에 적합한 공간이기 때문이다. 그곳에서는 누군가와 직접 접촉할 때와 달리 보여주고 싶지 않은 표정은 보여주지 않아도 된다. 항상 무수한 청중이 있는 장소에서는 누군가에게 건네는 말이나 타인에 대한 말조차 인상관리의 일환이다. 이처럼 각자가 자기 인상의 총체적인 프로듀스로 바쁜 공간에서는 그 사람의 '무대 뒤' 모습에 관심을 갖는 사람은 아무도 없다.

SNS가 일상에서는 상상할 수 없을 만큼 비인간적인 언어가 소용돌이치는 장소가 되어버린 것도 익명성보다 너무나 순수하게 '보이는 것이 전부'인 '무대 앞'이기에 타인을 한 사람의 인간으로 볼 수 없어 엠퍼시가 제대로 기능하지 않기 때문은 아닐까. 심퍼시적 '좋아요!'는 많이 누르지만 엠퍼시의 황야가 되기 쉬운 공간, 그곳이 SNS가 아닐까.

소속감이나 '진정한 나'도 우리를 속박한다

한편 실제 삶에서의 인상관리는 더 어렵다. 인터넷에서는 기세 좋게 하고 싶은 말을 다 하는 사람이, 실제로 만나면 더할 나위 없이 겸손하고 소심해서 깜짝 놀라는 경우가 자주 있다. 실제 만남에서는 '인상관리 전투'라는 요소가 옅어지고 대신 고프만이 말하는 '예의로서의 상호행위'가 강렬하게 드러난다. 이에 대해 사회학자 이리에 기미야스는 《현대사회용어집》에 이렇게 썼다.

백화점에 들어가 도둑질이라도 할 것처럼 주위를 두리번두리번하며 수상하게 행동하는 사람은 없을 것이다. 누구나 물건을 사러 온 손님처럼 행동한다.

이렇게 다들 서로의 역할을 연기하며 필사적으로 일상과 사회를 지탱한다. 그렇게 하지 않으면 질서가 무너지기 때문이다. 어빙 고프만이 말하고 싶었던 것은 이렇듯 사회란 생각보다 대단히 무르고 약하다는 사실이다.

'예의로서의 상호행위'는 그 의식 버전이다. 사회란 의식으로 지탱하는 것이다. 예를 들어 인사는 사람들이 매일 아무렇지도 않게 하는 의례 행위다. "안녕하세요" 하고 인사하면 "안녕하세요, 기분 좋은 아침이네요" 하고 되받는 패턴. 거기서 "Fuck!"이라고 대답해보라. 무슨 일이 일어나겠는가.

여기서 "Fuck!"이라고 대답하는 것도 '캐릭터 파괴Breaking Character'라는 연기의 한 종류인 경우도 있다. 우리는 진짜 내가 다른 어딘가에 있다고 믿을수록, 의례적인 행동을 하며 살아가는 내가 가짜 같다는 생각이 들어서 "Fuck!" 같은 말을 내뱉고 싶어지기도 한다. 또는 사회에 존재하는 반역자의 역할을 연기하려는 것인지도 모른다.

관련하여 아민 말루프의 《아이덴티티가 인간을 죽인다Les Identités meurtrières》라는 책이 떠오른다. 우리가 소속된 아이덴티티를 고찰한 책으로, 그는 소속감이 우리 피부에 새겨진 무늬 같은 것이라고 설명한다. 나의 경우 일본인, 이민자, 여성, 어머니, 작가, 서구에 사는 아시아인 등 다양한 그룹에 속한 채 살아간다. 하지만 아민 말루프는 '나'라는 개인의 아이덴티티는 단 하나뿐이라고 주장한다. 우리가 두르고 있는 피부는 한 장밖에 없다. 여러 장의 피부를 몸에 두르고 복수의 인생을 동시에 살 수는 없기 때문이다.

즉 우리가 소속된 아이덴티티는 각자가 두르고 있는 피부에 그려진 복수의 무늬 중 하나에 불과하며, 무늬들의 조합이 한 사람 한 사람 다르기 때문에 우리는 특별하고 유일무이한 존재라는 것이다. 그 모양의 집합체를 '개인으로서의 아이덴티티'라고 부른다. 그럼에도 피부에 그려진 무늬 하나에 불과한 것을 자신의 아이덴티티라고 믿어버리거나 타인이 일방적으로 단정지어버릴 때, 우리는 사람을 죽이거나 전쟁을 벌이게 된다고 말루프는 말한다.

'무늬' 개념은 드라마투르기에도 적용할 수 있다. 우리는 다양한 얼굴(역할이라고 해도 좋다)을 가진다. 어떤 남자는 의사인 동시에 누군가의 아들이고, 아버지고, 이웃으로 구성된 럭비 팀의 일원이고, 공원을 관리하는 자원봉사자다. 그때그때 그는 의사를, 아버지를, 공원에서 잡초를 뽑는 상냥한 아저씨를 연기한다. 그 남자라는 개인은 이 얼굴들의 집합체다. 이 가운데 어느 것 하나가 '진짜 나'라고 굳게 믿을 필요도, 누군가로부터 '이게 진짜 당신의 얼굴이다'라는 말을 들을 이유도 없다.

이는 타인의 신발을 신어보기 위한 대단히 중요한 인식이리라. 특정 상태에서 누군가의 얼굴이 어떤 식으로(못생기고, 아름답고, 상냥하고, 비인도적이고, 올바르고, 악의에 가득 차) 보인다고 해도, 그것은 상대가 가진 하나의 얼굴에 불과하다. 그 사람에게 다른 얼굴(역할)이 있다는 사실을 잊어버리거나 고의로 부정해서는 안 된다. 인간은 사회 속에서 연기하는 다양한 얼굴의 집합체이므로 '이것이 진짜 그 사람'이라는 결정은 논점을 벗어날 뿐만 아니라 위험하기까지 하다. 소속된 아이덴티티를 하나로 결정짓는 것과 마찬가지로, 증오와 폭력과 비극으로 이어지는 행위이기 때문이다('저런 나쁜 놈은 죽여버려야 해'와 같은 극단적인 생각이 생겨나는 이유도 그중 하나다).

이러한 관점은 '더러운 신발이나 냄새나는 신발은 신고 싶지 않은 문제'를 해결하는 실마리가 될 수 있다. 누군가가 신고 있는 신발이 더럽고 냄새난다고 여기는 것은 그 사람의 얼굴(중 하나)을 보고 저 사람의 신발은 더럽고 냄새날 것이라 단정하는 행위일 뿐이다. 어쩌면 인간이 신는 신발(혹은 인생) 그 자체에는 냄새나거나 더럽다는 특성 자체가 없을지도 모른다.

〈프리즌 서클〉의 사카가미 감독은 요즘 트위터를 통해 '엠퍼시의 연쇄'를 넓혀가려는 모양이다. 감독의 어느 트윗에는 이런 글이 쓰여 있었다.

몇 년 전 지하철에서 왜소한 중학생 남자애 하나가 다른 학생한테 일방적으로 쿡쿡 찔리고 목을 졸리는 장면을 목격했다. 나는 괴롭히는 아이에게 "그만 둬. 나라면 너무 싫을 거야"라고 말했다. 이어서 "하지만 너도 힘들겠네. 학교에서나 집에서나 괴롭지?"라고 했더니 괴롭히던 아이가 손을 놓았고 표정에서 긴장감이 사라졌다.

전반부와 후반부가 공중제비 돌 듯 휙 뒤바뀌는 트윗인데, 별것 아닌 말 한마디가 학대와 괴롭힘을 멈추게 했다. 언어에는 그런 힘이 있다고 믿는 사카가미 감독다운 내용이다. 왜소한 학생을 괴롭히던 중학생에게 그런 말을 들려준 건, 인간이라는 생물은 여러 얼굴을 모은 집합체라는 사실을 알고 있기 때문이리라.

'진정한 나', '진정한 누군가'라는 개념에서 해방되는 일. 그것은 소속된 아이덴티티가 하나라는 생각에서 해방되는 일이다. 단 하나여야 하고 하나인 것이 훌륭하다는 믿음에서 벗어날 수 있다면 사람은 자기 신발 한 짝에 집착하지 않고 타인의 신발을 신기 위해 자기 신발을 벗을 수 있을 것이다.

언어는 그 계기가 될 수 있다. 언어에는 기존의 개념을 녹여 사람을 자유롭게 하는 힘이 숨 쉬고 있다. 언어는 사회 전체를 녹여 변용시키는, 눈에 보이지 않는 유기체가 될 수 있으리라.

제3장

경제에도
엠퍼시를

엠퍼시 이코노미

최근 미국과 유럽에서는 '엠퍼시 이코노미' 개념이 활발하게 논의되고 있다. 엠퍼시를 '공감'이라고 번역하는 일본에서는 '공감경제'라고 번역하는 듯하다. 일본 〈뉴스픽스NewsPicks〉에 게재된 이에이리 카즈마와 사이토 류타의 대담 「공감경제는 현실인가?」(2018년 12월 13일)에는 이렇게 정의되어 있다.

공감경제　타인과의 공감이나 신뢰 관계를 기초로 운영되는 경제 방식. 개인과 개인 사이나 공동체의 관계성에서 특유의 '가치'가 유통된다. 자본으로 간주되지 않았던 감정이나 평가 등 심정적 요소가 많으며, 인터넷이나 블록체인[1]과 같은 정

1　가상화폐 거래 시 해킹을 막는 기술.

보 통신 기술의 발전에 따라 적용되는 사례가 많아졌다. 고마움을 가치화한 '감사경제'라는 말도 유사하게 쓰인다.

한편 글로벌 미디어 콘텐츠 〈컴퓨터월드Computerworld〉의 미국 사이트에는 이런 설명이 있다(마이크 엘건, 「기업, 감정 그리고 '엠퍼시 이코노미'의 부흥」, 2018년 7월 7일).

엠퍼시 이코노미 인간의 감정을 인지하고 모방하는 AI에 의해 창출되는 금전적 혹은 상업적 가치관으로, 고객 서비스나 가상 비서, 로봇공학, 공장의 안전성, 건강관리, 수송 등을 완전히 바꿀 것으로 예상되는 능력.

앞선 설명은 조금 모호하지만 이 설명은 엠퍼시를 어떻게 경제에 활용할지 구체적으로 제시하고 있다. 공감이나 신뢰 관계처럼 눈에 보이지 않은 것을 측정하기 위해 AI를 이용하여 비즈니스를 한다고 직설적으로 말하고 있기 때문이다.

'타인과의 공감이나 신뢰 관계를 기초로 운영되는 경제 방식'이면 기업의 고객서비스가 곧바로 연상된다. 시장조사 회사 '프로스트 앤드 설리번'이 실시한 조사에서 응답자의 93%가 고객서비스 응대는 기업의 인상에 큰 영향을 미친다고 답했다. 고객과의 관계에서 엠퍼시가 필요하다는 건 틀림없다.

앞서 말했듯 영국의 유아 보육 시설에서는 아이들에게 다양한 표정의 사람 사진을 보여주며, "이건 어떨 때 짓는 표정일까?"라고 묻는다. 이후 보육사는 아이들에게 사진과 똑같은 표정을 짓게 해서 인간의 감정 표현을 이해하는 훈련을 진행한다. 하지만 사실 이런 방식의 이해는 인간보다 AI가 뛰어나다. 오하이오주립대학은 사진에 찍힌 인간의 21가지 표정에서 감정을 인지하는 프로그램을 개발했다. 그들이 개발한 AI 시스템은 인간보다 정확하게 타인의 감정을 인지한다고 한다.

아울러 IT 분야의 조사·자문을 담당하는 기업 '가트너'도 2022년에는 감정 AI가 누군가의 감정이나 기분을 가족이나 가까운 사람보다 정확하게 알게 될 것이라고 예측했다. 감정 정보 처리 분야에서 AI는 그만큼 눈부신 발전을 이루었다.

AI가 살아 있는 인간보다 타인의 감정을 정확하게 인식할 수 있는 것은 이상하지 않다. 우리가 타인에게 엠퍼시를 행할 때 자기 경험이나 사상의 문제를 완전히 제거할 수는 없다. 인간인 이상 '내가 그 사람 입장이었다면 이렇게 느낄 게 뻔하다'처럼 '나의 가치관'이 개입하기 쉽기에, 아무런 편견 없이 활짝 열린 사고를 하기는 어렵다. 그러나 자기를 대상에게 투사한 엠퍼시는 진짜가 아니라고, 지난 세기 중반 심리학자들은 말했다.

한편 AI에게는 인생 경험이나 사상이 없기 때문에 '나의 가치관'과 '나라면 이럴 텐데' 같은 생각에 휘둘리지 않고 중립적으로 타인의 감정을 읽을 수 있다. AI의 엠퍼시에는 '이렇게 더러운 신발은 신고 싶지 않다'는 선입관도 없다. 여러 엠퍼시 가운데 인지적 엠퍼시(감정적이 되지 않고 이성적으로 타인의 위치에서서 상상해보는 일) 분야에서는 인간보다 AI의 능력이 더 높다.

이런 점을 생각하면 폴 블룸이 《공감의 배신》에서 전개한 사이코패스 담론이 떠오른다. 블룸은 인지적 엠퍼시가 과대평가되어 있다고 주장한다. '타인의 욕망이나 동기를 정확히 읽어내는 능력은 완전범죄를 거둔 사이코패스의 특징'이라는 것이다. 엠퍼시라는 능력이 늘 선善을 추구하고 인간을 돕는 것은 아니며, 그 능력을 사용해 잔혹한 짓을 저지르거나 타인을 착취하는 인간도 있다고 말한다.

이는 엠퍼시를 경제에 도입할 때도 꼭 들어맞는 지적이다. 엠퍼시 이코노미라고 하면 선량한 경제, 인도적인 경제일 것 같지만 실제로는 타인의 마음을 정확히 읽고 조작하여 착취하는 경제가 될 수도 있기 때문이다.

영국에서 EU 탈퇴를 묻는 국민투표가 진행될 때, 탈퇴파 캠페인을 이끈 도미니크 커밍스(존슨 총리의 상급고문으로도 일했다. 총리를 뒤에서 조종하는 흑막으로 유명하며 〈가디언The Guardian〉은 그를 '영국의 비선실세'라고 불렀다)가 데이터 분석가의 협력으로 고도의 알고리즘을 사용해 SNS를 교묘히 조작함으로써 한 번도 투표한 적 없는 유권자를 타깃으로 EU 탈퇴 캠페인을 전개한 사실은 잘 알려져 있다. 인터넷에 접속하는 사람들의 취향이나 사상 등을 프로파일링하여 개개인에게 맞춤 제작된 정보를 내보내는 디지털 정보 전쟁으로 탈퇴파를 승리로 이끈 것이다. 이 사례는 타인의 신발을 신고 그 사람의 생각이나 감정을 상상하는 엠퍼시가 PR에 이용된 경우다. 아주 적절하게도 카메론 전 총리는 도미니크 커밍스를 '프로 사이코패스'라고 불렀다.

엠퍼시가 비즈니스에 악용된 사례로는 애플리케이션 '아이 시I Sea'가 있었다. 이는 지중해 섬나라 몰타공화국에 본부를 둔 이민지원조직 MOASMigrant Offshore Aid Station가 2016년에 공개한 인명 구조 앱으로, 〈로이터Reuter〉나 〈와이어드〉 같은 유명 매체에서도 다루었다. 지중해 위성사진으로 난민이 탄 배를 탐색할 수 있는, 국제적인 기업 그레이 그룹이 개발한 앱이었다. 이 앱을 켜는 것만으로도 지중해를 건너는 난민을 찾는 데 협력하는 것은 물론 목숨을 걸고 바다를 건너는 난민을 구조할 수 있다고 홍보했다. 유저들에게 지중해의 일정 지역이 분담되고 그 지역에서 찍은 최신 위성사진이 제공되어 난민이 탄 배를 탐색할 수 있다는 것이다.

2015년에 난민 보트가 전복되어 사망한 남자아이 사진이 전 세계에 충격을 안겨줬으며, 2016년 UN은 리비아의 먼 바다에서 밀항선이 전복되어 약 700명이 사망했을 가능성이 있다고 발표했다. 그즈음 발표된 '아이 시'는 그야말로 사람들의 선의에 호소하는 앱이었다. 그러나 이 앱은 가짜라는 사실이 들통 나 곧장 퇴출되었다. 사람들이 열심히 난민의 배를 찾는 화면은 지중해에서 보내온 최신 화상이 아니라 시간이 흘러도 변함없는 단순한 바다 사진이었던 것이다. 지중해 남부의 기후를 실시간으로 반영해보면 전혀 일치하지 않아 가짜임이 밝혀졌다.《인터넷의 망상: 인터넷의 자유가 지닌 어두운 면The Net Delusion: The Dark Side of Internet Freedom》의 저자이자 테크놀로지 작가인 예브게니 모로조프는 이런 케이스를 '엠퍼시 워싱 Empathy Washing'라고 부른다. 더러운 비즈니스를 엠퍼시라는 인도적인 이미지의 언어로 세척한다는 의미다.

사람들이 이렇듯 허구적인 인도주의에 끌리는 것은 '내가 나서서 세계를 변화시키고 싶다'라는 바람이나 테크놀로지가 세계 모든 문제를 마법처럼 해결해줄 거라는 순수한 기대 때문인지도 모른다. 하지만 테크놀로지는 자본과 떼려야 뗄 수 없는 관계에 놓여 있다. 사람들의 선의가 단순히 자기 뱃속을 채우는 돈벌이나 사기나 다름없는 비즈니스에 이용당해 말도 안되는 엉터리 익살극으로 끝나는 경우도 있다. 이는 엠퍼시 이코노미가 미심쩍은 이유이며, 고도의 알고리즘이나 테크놀로지를 사용하지 않더라도 경제와 엠퍼시를 연결하는 일은 분명 가능할 것이다.

이타적이 되면 이기적이 된다

거꾸로 엠퍼시가 완전히 결여된 경제란 어떤 모습인지 상상해보는 것도 의미가 있다. 이는 바로 코로나바이러스의 확산으로 록다운된 영국 각지에서 눈으로 확인할 수 있다.

우선 전국 슈퍼마켓의 광경을 보자.

아직 영국 전역의 확산세가 심각해지기 전, 영국의 확진자 수는 한 자리 수였으며 일본에 정박한 크루즈선 뉴스[2]를 보고 "아시아가 큰일이다"라고 말하던 무렵부터 슈퍼마켓 선반에서 사라지기 시작한 물건이 있었다. 손을 살균하고 세정하는 손소독제다. 미디어가 이 사실을 퍼뜨리자 사재기 현상은 더욱 심해졌다. 전문가가 텔레비전 뉴스에 나와 "일반 비누로 자주 씻으면 괜찮습니다. 꼭 살균 젤을 쓸 필요는 없습니다"라고 설명했지만 슈퍼나 약국에서 손소독제가 품절되었고 공급이 수요를 따라가지 못하는 상황이 되었다.

한두 주가 지나자 이번에는 화장지가 품절되기 시작했다. 이탈리아에 확진자가 늘고 있다는 보도가 나가자 식료품(특히 보존식품) 사재기가 이어졌다. 일반 가정의 사재기는 타인과 사회를 향한 상상력 부족이 어떤 사태를 초래하는지 보여준다.

---

2 2020년 1월 20일 일본을 출발한 크루즈선 '다이아몬드 프린세스호'에서 코로나 확진자가 발생해 2월 28일까지 총 705명이 확진되고 그중 6명이 사망한 사건.

손소독제는 매번 손을 씻기는 어렵지만 곧바로 손을 살균해야 하는 의료 현장과 보육 현장 등에서 꼭 필요하다(보육 시설에서 어린이에게서 눈을 뗄 수 없거나 세면대가 있는 방으로 이동하면 실내 보육사 수가 법정 배치 기준에 미치지 못하여 마음대로 움직이지 못하는 경우가 있다. 또 콧물을 흘리는 어린이의 얼굴을 티슈로 닦아주고 그 자리에서 손을 살균할 수 있기에 편리하다). 일반 가정에서 자가 격리를 하는 사람들은 언제든 자신이 원할 때 세면대에서 손을 씻을 수 있기 때문에 손소독제가 없어도 문제가 되지 않는다. 간호, 보육, 간병 등을 수행하는 현장에서 일하는 사람들의 일상을 상상해본다면 손소독제가 정말로 필요한 사람은 그들이라는 것을 알 수 있다.

진정으로 바이러스가 두렵고 폭발적인 확산을 막아야 한다고 생각한다면, 손소독제든 화장지든 대량으로 사서 집 안 선반에 쌓아두기보다는 세상 사람들이 사용하게 해야 한다. 사재기로 유통을 막아버리면 세상에 손과 엉덩이가 불결한 사람을 늘리는 꼴이 되므로, 공중위생을 악화시키고 감염병이 확산되기 쉬운 환경이 만들어진다. "비상시에 자기 몸을 아끼는 건 인간인 이상 어쩔 수 없다"라고 말하는 사람들도 있지만, 자기 몸을 아끼려는 행동이 자기 몸을 위험에 더욱 노출시키므로 어쩔 수 없다며 못 본 척할 수도 없는 노릇이다.

식료품 사재기도 마찬가지다. 자가 격리나 록다운 보도가 나간 무렵부터 사람들은 상온에서 장기 보존이 가능한 멸균우유, 통조림, 파스타 같은 음식을 쟁여두려고 했다. 평소 이런 식품들을 어려운 사람들에게 제공하는 곳이 있다. 바로 푸드뱅크 Food Bank[3]다. 많은 빈곤층 사람들이 냉장고가 없거나 전기가 끊기는 위태로운 상황에 처해 있고, 푸드뱅크도 거대한 냉장고는 없는 경우가 많아 위생과 안전을 위해 장기 보존이 가능한 식품을 주로 제공한다. 하지만 사람들이 이런 식품을 사재기하면 푸드뱅크가 식료품을 확보할 수 없게 된다. 미래의 식료품 부족을 걱정하여 지금 먹을 것이 없는 사람들의 식료품을 빼앗고 있는 것이다.

배려가 없는 것을 넘어 생존법을 착각한 전형적인 예라고 할 수 있다. 빈곤층 시민들이 식사를 못해 체력이 약해지면 감염병에 걸리기 쉬운 상태가 된다는 위험성을 전혀 고려하지 않기 때문이다. WHO는 저소득층이 고소득층보다 걸리기 쉬운 질병을 '빈곤병Diseases of poverty'이라고 부른다. 아울러 WHO 보고서에 따르면 저소득 국가에서 감염병으로 사망하는 사람은 고소득 국가에 비해 압도적으로 많다. 그 이유로 영양실조, 열악한 주거 환경, 빈곤의 연쇄 등을 들 수 있다. 그러나 같은 나

---

3 식품의 생산·유통·판매·소비 과정에서 발생하는 남은 먹거리를 식품 제조업체나 개인 등으로부터 기탁받아 이를 필요로 하는 복지시설이나 개인에게 무상으로 제공하는 기관.

라에 사는 사람들 사이에서도 빈부격차가 확대되고 있는 지금, 저소득 국가에서 감염병 사망자가 많은 이유는 고소득 국가의 빈곤층에게도 해당된다. 그렇다면 감염병의 폭발적인 확산을 막기 위해서는 저소득층의 식료품을 뺏을 것이 아니라 오히려 중점적으로 지원해야 한다.

결국 사재기는 대단히 이기적인 행동처럼 보이지만 사실 자신을 위한 행동이 아니다. 커뮤니티 전체를 위한 일이 아니기 때문이다. 감염병처럼 커뮤니티 전체가 개선되지 않으면 만연하기 쉬운 병의 경우, 자신의 미시적인 행동이 거시적으로 어떤 영향을 미칠지 상상하고 행동하지 않으면 결국 미시적인 불행(코로나에 걸려 위중한 상황에 처하는 것과 같은)이 찾아온다.

이처럼 타인의 신발을 신고 다른 사람들을 배려하여 행동하는 일이 결과적으로는 자신을 위한 일이 되기도 한다. '이타적이 되면 이기적이 된다'는 역설적인 고리가 적용되는 것이다.

'남을 배려하라'거나 '약자를 도우라'고 하면 로맨티스트라거나 휴머니즘으로는 세상을 구할 수 없다는 반응이 나오기 쉽지만, 사실 인간은 이타적이 되는 편이 자신에게 이롭다. 적어도 세상은 그런 식으로 이루어져 있으며, 모든 생명체는 그 법칙에 따라 생존해왔다고 주장한 사람이 러시아의 무정부주의자 표토르 크로포트킨이다. 크로포트킨의 상호부조론은 서민들끼리 서로 돕는 네트워크나 미시적인 지역 단위로 사회활동을 벌이는 것과 관련이 많은데, 이번 코로나 사태를 보더라도 경제에 도입할 수 있는 여지가 많다는 사실을 알 수 있다.

손소독제나 화장지를 사재기해서 선반에 쌓아두고 시장의 유통량을 감소시키는 행위는, 쓰지 않는 거금을 계좌에 넣어만 두고 경제를 정체시키는 행위와 같다. 사람들이 자기를 위한 일이라고 생각해서 쌓아두는 돈이 많아질수록 경제활동이 축소되어 경기가 침체되고, 사람들이 손에 쥐는 돈은 줄어 커뮤니티 전체가 빈곤해진다. 이런 악순환은 수십 년 동안 디플레이션 경제를 이어가고 있는 일본이 세상에 보여주고 있다(실제로 장기간에 걸친 경기 침체와 디플레이션을 표현하는 말로 '재패니피케이션Japanification'라는 영어 단어가 생겨나기까지 했다).

일본의 경우도 사람들이 앞으로 자신에게 무슨 일이 생길 경우를 대비해 이기적으로 행동하려 한 것이 오히려 디플레이션과 경기 침체를 야기해 스스로의 수입을 줄이는, 자신에게 전혀 이득이 되지 않는 결과를 불러왔다. '돈을 쓰는(=소비하는)' 것을 자본주의의 노예라거나 소비사회에 중독되었다고 표현하기도 하지만, 때로는 대단히 이타적인 일이기도 하다. 어떻게든 돈을 쓰는 것은 타인에게 돈이 돌도록 하는 행위이기 때문이다. 돌지 않는 돈은 자신에게도 돌아오지 않는다.

What goes around comes around.

이 속담은 '인과응보'라고 번역되는 경우가 많은데, 나에게서 나온 것은 반드시 나에게로 돌아온다는 의미이기도 하다. '돈은 천하를 돈다'는 일본 속담은 사실 무정부주의자 크로포트킨과 맥이 닿는다.

브라만 좌익에게 '엠퍼시적 정확도'가 있는가

코로나바이러스 감염 확산이 수습되는 날이 온다면, 세상에 닥칠 진정한 재앙은 경제 문제가 될 것이 분명하다.

록다운 때문에 정부 주도의 수요 축소가 이루어지고 공급 연쇄가 끊어지며 사람과 물자의 이동이 정체를 겪는 가운데, 각 분야에 대한 경제적 영향은 막대해졌고 미국에서는 실업보험 신청이 3주 만에 1,600만 건을 넘어(2020년 4월 9일, 미노동성 발표) 세계공황을 피할 수 없으리라는 목소리도 나온다. 이렇게 되면 어느 나라 정부건 우선 사람들의 생활을 보장하여 불안을 줄이고 경제가 최악의 상태로 치닫는 것을 막아야 한다. 그래서 각국은 계속해서 대규모 재정지출을 약속하고 있다.

영국은 기업 규모와 영리·비영리를 떠나 사업자가 부득이하게 휴업할 경우, 직원 급여의 80%를 정부가 1인당 월 2,500파운드(약 400만 원)까지 대신 지급하겠다고 발표했다. EU의 긴축재정 방침에 앞장섰던 독일마저도 7년 만에 신규 국채를 발행해 중소기업 지원을 위한 보정예산을 세웠고 '우선은 국가의 부채부터 갚읍시다!'라던 재정건전화 우선주의 노선에서 방향을 전환했다. 유럽중앙은행이나 잉글랜드은행도 양적 완화 확대와 긴급 금리 인하를 발표했다.

나는 2014년부터 2017년까지 '반反긴축파'라고 불리는 유럽 정치세력의 움직임을 〈야후Yahoo!〉 재팬의 '뉴스 개인' 사이트에 소개한 적이 있다(그리스 급진 좌파 연합 시리자, 영국 노동당 코빈파, 스페인 좌파 정당 포데모스 등). 2018년에는 경제학자 마쓰오 다다스 선생과 사회학자 키타다 아키히로 선생과 나의 대담이 실린 《슬슬 좌파도 〈경제〉를 이야기하자そろそろ左派は〈経済〉を語ろう》라는 책에서 일본에도 반긴축 좌파 세력이 필요하다고 호소했다.

반긴축파는 '각국 정부는 긴축재정(재정건전화를 우선하여 재정지출을 줄이고 세금을 올림)으로 서민의 생활을 빈곤에 빠뜨릴 게 아니라, 재정지출을 확대하여 빈곤층을 돕고 중산층의 불안을 불식시켜야 한다. 그렇지 않으면 유럽 각지에 극우정당이 더욱 득세하게 된다'고 주장한다.

아이러니하게도 코로나바이러스 확산으로 이제까지 반긴축파가 목소리를 높여 싸워온 일이 인정받고 있다. 재정 재건보다 민생이 먼저라고 하면 '바보'라고 매도하고 국채 발행이 나쁜 일은 아니라고 하면 '악마'라고 비난하는 분위기였지만, 코로나 소용돌이 속에서 세계는 '바보'와 '악마'의 경제정책으로 전환하려 하고 있다(이 글을 쓰는 시점에서 일본이 어떤지는 잘 모르겠지만).

이해할 수 없는 것은 이제껏 건전한 재정만이 국가 경제 안정의 초석이라고 말한 메르켈과 같은 정치가들이 어째서 공황에 빠질 위기를 앞두고 재정 건전화에서 등을 돌리려 하는가이다. 재정 적자를 줄여야 국가 경제에 타격이 덜하리라고 생각한다면, 오히려 재정 건전화 노선을 굳세게 지켜 경제 대혼란을 막아야 할 일이 아닌가.

지금은 예외적인 위기 상황이니 장기적 경제 안정은 무시하고 재정 지출을 대규모로 확대해 돈을 뿌려 서민과 중소기업을 도울 때라고 판단하여 방향을 전환했다는 견해도 있다. 그렇다면 정치 지도자들은 그동안 서민과 중소기업이 경제적으로 어렵지 않고 도울 필요도 없다고 판단한 꼴이 된다. 예전부터 반긴축 주장에 회의적인 사람들은 "아니, 지금은 불경기가 아니니까 그런 정책은 필요 없잖아요"라고 말하는 경우가 많았다. 이런 말을 들을 때마다 1902년 런던의 빈민가의 모습을 기록한 르포《밑바닥 사람들》에서 잭 런던이 어마어마한 빈곤의 실상을 목격했음에도 "이 시기 영국은 오히려 일반적으로 '경기가 좋다'는 분위기였다"라고 썼던 것이 기억난다. 빈부격차가 심한 사회에서는 부유층 사람들이 '경기가 좋다'라고 느껴도 중산층과 빈민층에게 세상은 '불경기'인 것이다.

《21세기 자본》으로 유명한 토마 피케티는 오늘날 좌파는 인텔리 엘리트 집단이고 우파는 비즈니스 엘리트 집단이라고 지적하며, 인도 카스트제도에서 상급 카스트가 승려와 지식인(브라만), 군인(크샤트리아), 상인(바이샤)으로 나뉘어 있는 것과 현대 유럽과 미국에서의 좌파·우파 구도가 비슷하다고 주장했다. 좌파와 우파 모두 엘리트가 되어버려서 서민의 생활 실태나 거리 사람들의 감각을 알지 못한다는 것이다. 그러나 코로나바이러스의 확산으로 경제가 크게 침체되어 전체적으로 (소득이 높은 사람들까지) 영향을 받는 것처럼 이례적인 상황이 발생하면, 이 상황을 타파하기 위해 반긴축 정책이 필요하다고 좌파와 우파의 견해가 일치할 수 있다. 그렇다면 지금까지는 현대의 브라만, 크샤트리아, 바이샤 모두에게 타파해야 할 상황은 존재하지 않았던 것이다.

타인에 대한 상상력 부족이란 바로 이런 것이 아닐까. 브라만 좌파든 크샤트리아 우파든, 타인의 처지를 정확히 상상할 수 있는 능력만 지니고 있다면 상관없다. 굶어 죽는 사람이 있고 빈곤한 아이가 늘어갈 때 멈춰 서서 그 이유가 무엇일지 타인의 처지를 상상할 수 있다면, '지금은 불경기가 아니다'라는 판단이 대단히 좁은 시야에서 나온 견해임을 깨닫게 되리라. 그들은 '국지적으로는 경기가 좋은 것처럼 느껴지지만 그밖에는 불경기'라고 말해야 했던 것이다.

불숏 잡과 케어 계급

코로나 사태로 유럽의 정상들이 가장 두려워한 것은 의료 붕괴다. EU 각국은 2008년 '리먼 쇼크'[4] 이후 재정 안정을 꾀하기 위해 긴축재정을 의무화했고, 엄격한 재정 규율 아래 공적 지출을 삭감하기 시작했다. 의료 분야 재정지출도 삭감되어 인프라는 축소·노후화되었으며, 병원은 최소 인원으로 운영되어 코로나 사태 이전부터 명백하게 의료 붕괴 상황으로 내몰린 국가가 꽤 있었다. 코로나바이러스가 폭발적으로 확산된 이탈리아는 의료 수준이 2000년 기준으로 세계 2위(WHO 조사)였던 나라다. 그러나 세계금융위기 이후 EU 재정 규율에 따라 의료비가 대폭 삭감되어 효율화라는 명목 아래 병원 통폐합이 진행되었고, 침상과 의료진의 만성적인 부족 현상이 나타났다.

그런 상황에 이번 코로나바이러스가 침투한 것이다. 정부가 사실상 외출금지령을 내리고 시민의 자유를 박탈하는 일이 '병원을 지키자, 생명을 지키자'라는 슬로건 아래 정당화되고 있지만, 애초에 각국 정부와 EU가 병원을 지키는 일의 중요성을 빨리 깨달았다면 의료 제도가 이만큼 취약해지는 일은 없었으리라. 코로나바이러스가 의료 붕괴의 원인처럼 다루어지고

---

4 서브프라임 모기지론으로 미국의 투자 은행 '리먼 브라더스'가 파산하여 촉발된 금융 위기.

있지만 문제는 훨씬 이전부터 존재했으며, 긴축재정으로 이미 의료 수준이 현저히 떨어진 상태였다.

그런데도 재정지출 삭감을 위해 임금을 동결하고 인원을 삭감하여 의료·관계자를 못살게 굴어온 정부가, 뜬금없이 의사와 간호사를 영웅 취급하며 칭찬하고 있다.

그뿐만이 아니다. 오늘날 사회에서 중추 역할을 한다는 이유로 급부상하여 지지와 성원을 받는 사람들은 의료 관계자를 포함해 '키 워커'라고 불리는 직군인데, 이들 대부분은 지금까지 저임금으로 일했다. 교원, 경찰관, 소방관, 사회복지사 등 공공 분야 직원을 포함해 보육사, 간병인, 가게 점원 등도 '키 워커'에 포함되어 있다. 영국에서는 학교가 일단 폐쇄되었지만 (2020년 5월 현재) 이런 직업을 가진 부모님을 둔 아이들만은 예외적으로 매일 등교하고 있다.

이런 상황이 닥치자 '사회에 진정으로 필요한 서비스를 제공하는 것은 누구인가'라는 문제가 대두되었다. 인류학자 데이비드 그레이버는 저서《불쉿 잡: 왜 무의미한 일자리가 계속 유지되는가?》에서 세상에서 사라져도 아무도 불편을 느끼지 않는 직업을 '불쉿 잡Bullshit Jobs'이라고 불렀다. '불쉿Bullshit'은 직역하면 '소똥'인데, '쓸데없는 말', '엉터리' 혹은 '무의미한 일'을 뜻한다. 캠브리지 영영사전에는 '완전한 난센스, 진실이 아닌 것'이라고 설명되어 있으며 동사로 쓰면 '진실이 아닌 말로 누군가를 설득하거나 자신을 칭찬하게끔 하다'라고 한다.

그레이버가 말하는 '불쉿 잡'이란 아무래도 상관없는 일을 하면서 무언가를 하고 있다고 사람들을 설득하는 난센스 같은 직업이다. 접수, 비서 업무, 인사, 관리직, 홍보까지 사무실에서 하는 대부분의 일이 해당된다. 기업 변호사, 로비스트, CEO, PR리서처 등 회의나 프레젠테이션 자료 만들기 같은 일로 세월을 보내는 화이트 워커는 없어도 되는 쓸데없는 일을 만들어내는, 자신들이 일하기 위한 일을 만들어낼 목적으로 일하는 무의미한 집단이라고 말했다.

그러므로 불쉿 잡 종사자들이 재택근무를 하고 자가 격리로 자리를 비워도 회사는 직접적인 타격을 입지 않았다. 하지만 키 워커들은 다르다. 감염 위험에 내몰리면서도 담담히 환자들을 케어해야 하는 간호사나, 자가 격리로 자리를 비우는 사람이 생기니 인원이 부족한 데도 키 워커의 아이들을 웃는 얼굴로 맞아주는 보육사와 같은 키 워커들은 무엇이 불쉿 잡인지를 여실히 보여주었다.

그레이버는 이런 직업군을 '케어 계급Caring Classes'이라고 불렀다. 주로 의료·간병·교육 분야에서 일하는 사람들로 타인(환자, 노인, 아이 등)을 가까이에서 케어하는 일을 한다. 2019년 12월, 영국 총선거에서 노동당이 대패한 후 그레이버는 '관리직 봉건제Managerial Feudalism부터 케어 계급의 반란까지'라는 주제로 강연을 했다. 거기서 그는 지난 30년 사이에 근로자가 늘어난 직종은 두 개라는 사실을 데이터로 보여주었다. 하나는 사무·관리·감독이며 다른 하나는 케어(그레이버가 정의하는 케어 직종은 교육, 의료를 포함한다)다. 한편 제조업 종사자는 감소했고 소매업, 요식업 종사자 수는 큰 변화가 없었다. 사무·관리·감독은 그레이버 말하는 불쉿 잡에 해당하며, 케어 직종은 사회 구성원들에게 실제로 도움을 주는 직업들이다. 그러나 케어 직종 종사자는 불쉿 잡 종사자에 비해 봉급이 낮았다.

금융 위기 이후 사람들은 교원과 같이 사회에 봉사하는 직군 사람들을 맹공격하며 '아이들을 가르칠 뿐인데 돈을 너무 많이 받는다'는 식으로 비난했다. 그레이버는 이 현상을 이렇게 해석했다. 자신의 일이 실은 완전히 무의미하다는 사실을 알고 있는 불쉿 잡 종사자는 의미 있는 일을 하는 사람을 보면 비위가 상하는 것이 아닐까. 자기가 하는 일이 불필요하다는 사실을 알면서 상사의 시선이 신경 쓰여 빨리 집에 갈 수는 없으니 뭐든 하는 척하며 매일 무의미하게 시간을 보내는 일은 인간을 얼마나 비참하게 만드는가. 그러다 결국 불쉿 잡 종사자는 '의미와 가치가 있는 일을 하는 사람에게 금전적인 보수까지 줄 필요는 없다'는 일그러진 사고를 하게 된다고 그레이버는 말한다.

또한 그는 영국 총선거 결과를 바탕으로(그레이버는 코빈이 당대표로 있는 노동당을 지지했다) 이제껏 좌파 정당(영국의 블레어 전 총리, 미국의 클린턴 전 대통령, 오바마 전 대통령이 이끌던)은 과거 30년 동안 가장 많이 늘어난 직종 중 사무·관리(불쉿 잡) 노동자를 대표하고 있으나 다른 한 직종의 노동자는 소홀히 대했다고 주장한다.

코로나바이러스의 확산으로 유럽이 흔들리는 지금, 진정으로 사회를 움직이는 직군으로 갈채를 받는 키 워커는 케어 계급 사람들이다. 그레이버의 의견을 차치하더라도 이 사실에서 역사의 물결을 느낄 수 있으리라.

앞서 말한 그레이버의 강연에서 감동적이었던 부분은 '케어'와 '자유'가 이어져 있다는 발언이었다. 그는 교도소를 예로 들었다. 교도소는 죄수들에게 식사를 제공하고 의복을 지급하며 병에 걸리면 치료해준다. 그러나 교도소가 죄수에게 하는 일을 '케어'라고 부르지는 않는다. 한편 부모가 아이에게 하는 일(밥을 주고 옷을 입히고 병에 걸리면 치료해주는)은 '케어'라고 부른다. 어째서일까.

그레이버는 부모가 아이를 케어하는 것은 아이가 놀게 하기 위해서라고 말한다. 논다는 것은 궁극의 자유이며, 인간은 누군가를 자유롭게 하기 위해 케어한다는 주장이다. 간호사가 환자를 케어하는 것은 병을 치료하여 환자가 자유롭게 움직일 수 있도록 하기 위해서다. 간병인이 노인을 부축해 휠체어에 태우는 것은 몸을 가누지 못하는 노인이 침상에서 해방되어 자유롭게 외출할 수 있도록 하기 위해서다. 교원이 아이들에게 다양한 지식을 전수하는 것은 아이들이 성장하여 학교를 나와 자유롭게 살도록 하기 위해서다.

따라서 서로를 케어하며 살아가는 사람들의 세상은, 서로가 서로를 자유롭게 하는 세상이라고도 할 수 있다. 그것은 '불 쉿 잡'의 봉건제보다 훨씬 즐거우며 적어도 이런 비전이 있는 세상이 '엠퍼시 이코노미'라는 말에 더 잘 어울린다.

지금이야말로 주빌리 사고법을

데이비드 그레이버는 《부채, 첫 5,000년의 역사》의 저자로 유명하다. 그레이버는 〈Debt: The First 5,000 Years | David Graeber | Talks at Goolge〉이라는 영상에서 이 책을 쓴 계기를 설명하며 다음과 같은 일화를 들려주었다.

그가 웨스트민스터 사원의 가든파티에 초대받아 참석했을 때 한 신부가 어떤 여자를 소개했다고 한다. 신부는 지역사회에서 다양한 활동을 하고 있는 변호사 활동가인 그녀가 아나키스트인 그레이버와 잘 맞을 거라고 생각한 모양이었다.

두 사람은 서로의 활동에 대해 다양한 이야기를 나누었다. 그날 그레이버는 자신이 몸담았던 IMF 구조조정 정책에 맞선

'국제 정의 운동global justice movement'에 대해 이야기했다. 그레이버는 마다가스카르에 2년 정도 살았는데, IMF가 채무 상환 기간 연장을 조건으로 마다가스카르에 긴축재정을 강요한 탓에 현지에서 다양한 예산이 삭감되었다. 그로 인해 고원지대 말라리아 박멸을 위해 진행하던 프로그램이 폐지되어 1만 명 가까운 사람들이 목숨을 잃었다. 그 가운데 최소 5,000명은 어린이였다. 변호사 활동가인 그녀는 그레이버의 말에 동정적으로 귀를 기울이면서 이렇게 물었다.

"당신은 활동가로서 어떻게 할 작정이었어요?"

"우리는 '부채를 탕감하라'는 운동을 벌이고 있어요. '주빌리 2000(주빌리는 유대교에서 요벨의 해. 구약성서에 나오는 50년에 한 번 오는 이 성스러운 해에 노예는 해방을 얻고 빚이 탕감된다)'이라는 캠페인입니다"

그녀는 남반구 빈곤 국가의 부채는 면제되어야 한다고 답하면서도, 곧이어 이렇게 말했다.

"하지만 그들은 돈을 빌렸잖아요. 그렇다면 갚아야죠."

그 말투가 너무도 상식적이고 의심의 여지가 없어서 그레이버는 충격을 받았다고 한다.

그레이버도 운동가로서 이런 경우 돌려줄 말을 몇 가지 생각해두었다. 독재자가 채무 변제를 위한 재원을 독차지하고 모른 척해서 갚을 수 없다거나, 20번이나 반복해서 변제하는 동한 이자가 믿을 수 없을 정도로 불어났다거나. 그러나 그레이버가 준비된 말도 못 꺼낼 정도로 말문이 막힌 것은 무척 좋은 사람처럼 보이는 활동가이자 변호사인 그 여성이, 수천 명의 어린이가 목숨을 잃는다 해도 채무는 갚아야만 한다고 자기 안에서 정당화하고 있었기 때문이다. 인간으로 하여금 수천 명의 어린이가 죽어도 어쩔 수 없다고 생각하게 만드는 것이 대체 무엇일까? 아마도 빚 외에는 없다. 부채라는 개념은 스스로 용인한다는 걸 상상할 수 없을 만큼 비도덕적인 일까지도 마음속에서 정당화시켜버리는 힘을 갖고 있다.

그레이버는 부채란 도대체 무엇인가를 고민하기 시작했고, 그 기원과 역사를 면밀히 조사하여《부채, 첫 5,000년의 역사》를 썼다. 자칭 아나키스트라는 사람들이나 아나키즘을 연구하는 사람들은 자주 '빚을 탕감해라', '빚을 싹 다 없애라' 같은 도발적인 슬로건을 내걸기에, 앞뒤 사정을 잘 모르는 사람들은 "또 저렇게 제멋대로 구네…"라고 말하기 쉽다. 그러나 그 배경에는 여기서 그레이버가 말한 것과 같은 상황이 있다.

무엇보다 코로나 감염 확산으로 유럽의 정치 지도자들이 부득이 경제정책을 전환한 지금이야말로 아나키즘을 상기할 필요가 있다. 세계적인 코로나 위기마저도 정치 지도자들을 채무 변제에 대한 강박적 도덕이라는 저주에서 해방시킬 수 없으리라고 생각하는 지식인도 있기 때문이다. 전 그리스 재무장

관이자《작은 자본론》의 저자 야니스 바루파키스도 일본의 경제지 〈다이아몬드ダイヤモンド〉 온라인(2020년 3월 25일)에 유럽 지도자들의 재정지출 약속에 대해 '이목을 끌기 위한 숫자를 자랑스럽게 선전하고 끝나는 것이 아닌가'라고 썼다.

바루파키스는 독일의 코로나 피해 지원 금액에 대해서도 '바주카포라고 선전하지만 자세히 들여다보면 고작 물총 수준'이라고 따끔하게 말했다. '독일보다도 심각한 경기 침체를 우려하는 각국(예를 들면 이탈리아나 그리스) 재무장관은 물론 필요한 재정 확대를 추진하려고 시도할 것이다. 하지만 그들의 노력은 독일 재무장관은 물론 유럽에서 그를 지지하는 사람들의 완고한 반대에 부딪힐 것이다'라는 부정적인 예언까지 했다.

세계공황이 다시 일어날지도 모르는 상황에서도 EU가 재정재건주의를 버리지 못하리라는 바루파키스의 예언에는, 그리스 재무장관으로서 EU와 채무 문제로 교섭했을 때의 트라우마가 작용한 듯하다. 하지만 정치 지도자들은 최종적으로 채무 변제 도덕에서 벗어날 수 없기 때문에 코로나 사태로 빈궁해진 서민을 구하지 못하고, 나아가 극우 세력만이 지지를 얻을 것이라는 그의 예상은 유럽에 사는 사람들에게 어느 정도 설득력을 얻고 있다.

한편 코로나바이러스가 확산되는 가운데 지역에서 개개인이 서로를 돕는 모습은 믿음직스럽다. 내 주변에서도 정부에서 록다운 발표가 있기 전부터 자가 격리를 하는 사람들의 식료품을 대신 사러 가주는 그룹이 조직되었고, 독거노인이나 노부부의 집에 정기적으로 전화를 걸어 대화를 나누는 그룹도 생겼다. 각 가정의 우편함에 직접 만든 전단지를 넣어 협력자를 모집했더니 꽤 많은 사람들이 지원하여 눈 깜짝할 사이에 들풀처럼 자원봉사단이 결성되었다. 이는 영국(아마도 유럽 각지에서도 엿보이는) 서민의 저력이자 무정부주의자 크로포트킨의 정신이며, 엠퍼시가 있는 사회의 모습이자 밑으로부터의 힘이다. 이를 보면 아나키즘(자기가 자기를 통치하는self-governed 정신)과 엠퍼시는 명백히 이어져 있음을 알 수 있다.

그러나 지금과 같은 경제 위기 앞에서는 서민들끼리 서로 돕는 데도 한계가 있다. 평소처럼 '밑으로부터 시작한 운동이 진짜'라거나 '위에서 하는 로비 활동이 현실적으로 유효하다'며 운동가들끼리 톰과 제리처럼 사이좋게 싸우고 있을 때가 아니다. 위든 아래든 양쪽이든 상관없다. 둘 중 어느 한 쪽이어야 한다는 주장이야말로 해로운 족쇄다. 이것은 인간이 가볍게 움직일 수 없게 만드는 무겁고 오래된 구두다.

그레이버는 지금이야말로 인류에게 주빌리가 필요하다고 말한다. 주빌리란 곧 노예해방이자 부채 탕감이다.

노예는 케어 노동자와 마찬가지로 인간의 생명을 도맡는 일(간병인이나 보육사도 마찬가지다. 한 발 잘못 디디면 타인을 죽음으로 내몰게 된다)을 하고 있는데도 '똥Shit 같은' 임금밖에 받지 못하는 사람들을 가리킨다. 이처럼 수지가 안 맞는 책임과 노동에 내몰린 사람들이 있다. 한편으로는 자신의 업무가 무의미하다는(때로는 유해하기까지 하다는) 사실을 알면서도 긴 시간 속박되어 정신적 상처를 받으며 사는 불쉿 워커들도 있다. 어느 쪽이건 늘 학자금 대출이나 세금 같은 지불 의무에 쫓기고, 심지어 국가가 진 빚마저 짊어져야 한다는 소리에 사악한 시대에 태어났다고 자포자기하며 노예처럼 부채를 갚기 위해 일하는… 마치 빚쟁이에게 인생을 저당 잡힌 듯한 삶을 살아간다.

그런 사람들로 가득한 사회는 좀비의 나라가 되고 만다. 뭘해볼 기운도 안 나고 정치가 썩든 지구가 끝장나든 알 바 아닌 것이다. 빚을 갚는 데 허덕이니 그럴 정신이 없다.

이는 위정자의 입장에서 안성맞춤인 상황이다. 사람들은 너무 바빠 좀비처럼 살아가기 때문에 실수를 하고 나쁜 짓을 저질러도 넘어가게 된다. '재정 규율이…'라고만 하면 증세든 공공서비스 저하든 '어쩔 수 없는 일'이 되고 사람들은 묵묵히 참고 일한다. "진짜로 재정 파탄 위기입니까?"라는 의심조차 하지 않는다. 위에서부터 명령하는 채무 변제를 의심하고 이행하지 않는 일은 대단히 부도덕하며, 더는 인간도 아니라는 취급을 받기 때문이다. 이미 인간이 아니라 좀비가 되어버렸다것도 눈치채지 못하고.

유럽과 미국의 반긴축 운동은 언제나 '재정 규율이…'와 싸움을 계속하며 확대되어왔다. 최근에는 일본처럼 나라의 채무가 엔화를 표준으로 삼고 자국에서 통화를 발행하는 경우, 최종적으로는 스스로 돈을 인쇄해 반환하면 되므로 재정파탄이 될 우려는 없다고 보는 견해가 드디어 생겨나기 시작했다. 애초에 '미국과 일본 등 자국통화표시국채의 채무 불이행은 있을 수 없다'라고 재무성 사이트에 올라온 공문서에 명기되어 있을 만큼 명백한 사실인데도 말이다.

지불하지 않아도 되는 빚에 저당 잡힌 인생을 살고 있었다면, 그것은 대체 누구를 위한, 무엇을 위한 일일까. 언제까지나 속고만 있을 일이 아니다. 채무 노예의 저주에서 해방될 때가 왔다. 코로나로 직업을 잃고 수입이 줄어 도움을 필요로 하는 사람들을 위해 어마어마한 재정자금을 투입하라고 위정자에게 요구해야 한다.

모든 사람이 불렀한 빚에 담보로 잡힌 인생을 되돌려 받을 때가 온 것이다.

제4장

그녀에게는
엠퍼시가 없었다

마거릿 대처를 다시 생각하다

She was sympathetic, but not empathetic.

그녀에게 심퍼시는 있었지만, 엠퍼시는 없었다.

어느 다큐멘터리를 보는데, 마치 이 책의 핵심을 꿰뚫는 듯한 말이 나와서 깜짝 놀랐다.

'그녀'란 전 영국 총리인 고故 마거릿 대처를 말한다. 소개한 구절은 BBC 다큐멘터리 〈대처: 매우 영국스러운 혁명 Thatcher: A Very British Revolution〉 중 '2. 권력' 편에서 대처의 개인 비서였던 팀 랭키스터가 한 증언이다.

대처는 '철의 여인'이라고 불렸지만 관저 전속 운전수처럼 자기 주변에서 일하는 사람들에게는 대단히 친절하고 배려심이 많은 인물이었다고 한다.

"관저에는 건물 안에서 일하는 사람뿐만 아니라 그 주변 사람들까지 포함해 100명 가까운 이들이 일했습니다. 만약 그중 누군가가 심각한 문제를 안고 있다면, 예를 들어 그의 가까운 사람이 죽었다거나 아이가 큰 병에 걸렸다면 우리는 대처에게 이를 보고하기 전에 잘 생각해야만 했죠. 그녀에게 잘못 보고했다가는 그녀가 지금 무슨 일을 하고 있든 간에 그것을 멈추고 그 사람은 괜찮은지, 그 사람에게 필요한 사람들과 연락이 닿았는지, 관저에서 가능한 모든 지원을 하고 있는지, 우리에게 질문 공세를 퍼붓기 때문입니다. 그것은 무척 진실하고 순수한 리액션이었고, 좋은 사람인 척하려는 가식적인 행동이 아니었어요. 대처는 그런 사람이었습니다."

대처의 다른 개인 비서 닉 샌더즈의 이와 같은 증언에, 대처의 경호원이었던 배리 스트레븐즈도 이렇게 말했다.

"그녀는 저에게 어머니와 같은 존재였습니다. 늘 제 가족에 대해 물어보았습니다. 그녀는 항상 저와 임무를 맡은 모두에게, 경비원 식사는 반드시 잘 지급하고 운전수들의 고마움을 잊지 말라고 말했습니다."

사회민주당을 창당하고 1981년에서 1988년까지 사회민주당에서 활동했던 데이비드 오웬은 대처가 주위 사람들에게 다정했던 것은 관저에서 일하는 직원들이 각 분야에서 성공을 거둔 사람들이었기 때문이라고 말했다. 운전수나 비서도 모두 관저에서 뽑은 우수한 인재들이었던 것이다. 오웬은 이렇게 분석했다.

"관저에서 일하는 이들은 모두 성공한 사람들이었습니다. 그러므로 그들에게 문제가 발생했을 때, 대처는 이해할 수 있었죠. 아플 수도 있고, 다른 문제가 생길 수도 있다고요. 이는 모두 대처의 이해 범위 안에 있었습니다. 하지만 대처의 성격적 결함이자 총리로서의 약점은 삶을 꾸려나가기 위한 각각의 단계에서 도움을 필요로 하는 사람들이 인구의 10~20%를 차지한다는 사실을 결코 이해하지 못했다는 점입니다. 수많은 영국인들에게서 대처는 등을 돌리고 귀를 닫았습니다."

대처가 등장했을 때 압도적으로 남성이 많았던 당시 정계에서 여성이라는 점은 지금보다 훨씬 큰 핸디캡이었다. 그러나 사실 대처에게는 불리한 조건이 하나 더 있었다. 귀족 의원이 많고 사회 기득권층으로 구성된 보수당 소속임에도 서민 출신이었던 것이다.

대처의 아버지는 링컨셔 주 그랜덤에서 잡화와 식료품을 파는 가게를 운영하다가 지역사회 명사가 되어 시장까지 역임한 사람이었다. 전형적인 '성공을 거둔 서민'이다. 1971년 BBC 토크 프로그램 〈만남의 기회A Chance to Meet〉에 대처가 출연했을 때(당시에는 교육과학부 장관) 이렇게 소개되었다.

'대처의 부모님은 유복했지만 고학력자는 아니었습니다.'

〈대처: 매우 영국스러운 혁명〉 중 '1. 마거릿을 만든 것' 편에 나온 다른 인터뷰 영상에서는 대처가 자신의 아버지에 대해 이렇게 이야기한다.

"나의 아버지는 고등교육을 받을 자질이 있는 사람이었습니다. 하지만 그러지 못했어요. 그래서 본인이 얻지 못한 기회를 어떻게든 제게 주고자 했습니다."

"저 같은 출신이나 성장 배경을 가진 사람은, 자기 힘으로 성공하는 수밖에 없습니다."

소위 '자수성가'라는 단어가 떠오른다. 명문 사립학교도 아니고 공립학교에서 옥스퍼드대학에 진학했다는 점에서도 대처는 보수당 내에서 이채로운 존재였다. 성별이나 출신으로 보면 대처는 엘리트 정당의 아웃사이더였다.

하지만 서민 출신인 대처가 어째서인지 서민에게는 기득권층 이상으로 냉혹했다. 처음 그런 모습을 내비친 건 교육과학부 장관 시절 학교에서 무상으로 제공되던 우유를 7세 이상 아동에게는 제공하지 않기로 결정했을 때다. 재정지출 삭감의 일환으로 펼친 정책이었지만, 시민들은 여성 장관이 아이들에게서 우유를 빼앗는 결정을 내렸다는 데 충격을 받고 분노했다. '마거릿 대처, 밀크 스내처(마거릿 대처는 우유 도둑)'라는 (라임을 잘 살린) 유행어까지 나왔다. 신문에서는 '영국에서 가장 미움받는 여성'으로 지목당했고, 당시 총리였던 에드워드 히스는 대처의 교육과학부 장관 퇴임까지 고려했다. 하지만 그렇게 하지 못했던 것은 그녀가 단 한 명의 여성 장관이었기 때문이다. 노동당을 중심으로 페미니즘 운동이 일고 있을 때였기에 보수당 내각에 여성 장관이 존재하는 것은 정치적으로 중요했다.

앞서 말한 다큐멘터리에는 이런 소동 가운데 대처가 텔레비전 토론 프로그램에 출연했을 때의 영상이 나온다. 객석에 있던 여성 청중 가운데 한 명이 아이들에게서 우유를 빼앗아간 대처를 비난하자 대단히 차분한 표정으로 이렇게 대답했다.

"다행스럽게도 많은 사람들, 아주 평범한 많은 부모들은 급식비를 낼 수 있고 우유 대금도 지불할 수 있습니다."

작은 가게의 딸로 태어나 공립학교를 다닌 대처는 서민의 삶이 풍족하지 않다는 사실도, 아이들의 빈곤도 실제로 보아서 알고 있었을 것이다. 그럼에도 대처가 귀족처럼 자란 보수당 남성 의원조차 할 수 없었던 정책을 단행한 것은 어째서일까.

자조의 아름다움을 믿는 완고함

내가 대처의 다큐멘터리를 찾아 본 것은 일본 총리가 '자조自助·공조共助·공조公助'라는 정치 이념을 내걸었다는 소식을 들었기 때문이다.

어째서 이같이 마거릿 대처와 비슷한 이념이 다시 세상에 나오게 되었는지 궁금했는데, 일본 총리가 영국 저자의 책에 큰 영향을 받았다고 들었다. 그 책의 저자 데이비드 앳킨슨은 기사 「개인은 가난한 일본 경제의 슬픈 현실―일본의 생산성이 선진국 가운데 가장 낮다」(〈도요케자이東洋経済〉 온라인, 2016년 12월 9일)에 이렇게 썼다.

1979년, 내가 아직 중학생이었을 무렵 대처 총리가 텔레비전 인터뷰에서 이런 말을 했습니다.

"모두들 아무런 반발도 하지 못하고 하는 수 없다며 손 놓고 이 나라가 쇠퇴하는 모습을 보는 게 분하다! 산업혁명, 민주주의, 제국시대로 찬란히 빛나던 이 나라가 세계에서 바보 취급을 당하는 게 분하다!"

당시 전쟁이 끝나고 영국은 경제의 각 분야에서 이탈리아, 프랑스, 독일, 일본에 크게 뒤지고 있었습니다. 영국에 남은 건 과거의 영광뿐이고 앞으로는 가라앉는 일만 남았다는 비관적인 전망도 들렸습니다. 세계적으로 '영국병'이라는 말이 회자되고 쇠퇴하는 국가의 본보기로 취급받았습니다.

그 시절 대부분의 영국 사람들을 포함해 전 세계 어느 누구도 영국이 지금처럼 유럽 2위의 경제 강국으로 복귀할 수 있을 거라고 생각하지 못했습니다. 그만큼 대처 총리가 단행한 개혁은 대단한 것이었습니다.

이것은 영국인의 제 나라 자랑이 아닙니다. 일찍이 '영국병'
이라는 말을 들으며 쇠퇴하는 선진국의 대표 주자로 여겨졌
던 영국에서도, '해야 하는 일은 한다'라는 개혁을 단행하여
소생할 수 있었다는 역사적 사실을 알아주셨으면 합니다.

21세기인 지금, 이런 식으로 영웅담을 펼치듯 대처에 대해
말하는 영국인은 적어도 내 주위에는 없다.

"돈은 하늘에서 떨어지는 게 아닙니다. 땅에서 일하며 버는
것입니다."

이렇게 말한 대처는 '영국병'이 회자되던 시대에 등장했다.
당시 영국의 비참한 상황은 사실 엄격한 긴축재정과 관련이 있
었다(일본에 잘 알려지지 않은 내용이다). IMF의 구제를 받았지만
(그리스와 마찬가지로) 긴축재정을 통해 재정지출을 대폭 삭감
하는 조건으로 융자를 받았기 때문에 노동자계급의 생활은 고
달파졌다. 불황이 지속되어 앞길이 막막해지자 도시에서는 미
래에 희망을 갖지 못하는 젊은이들이 펑크 무브먼트를 일으켰
고, 지방에서는 노동자들의 파업이 빈번하게 발생했다.

그런 상황에서 "이 나라가 쇠퇴하는 모습을 보는 게 분하
다!"라고 외치며 총리 자리에 앉은 대처는 경제에 대해 다윈의
진화론 같은 사상을 가지고 있었다. 긴축과 불황에 내몰려 쇠

퇴하는 산업과 기업을 구한다 해도 의미가 없다. 그들은 생산성이 낮기 때문이다. 망할 사람은 망해야 구조 개혁이 원활하게 진행된다. 반복되는 파업으로 노동자가 일하지 않는 나라에 필요한 것은 산업의 대담한 전환이며, 제조업의 붕괴는 자연도태의 결과라는 게 대처의 결론이었다. 그 때문에 실업자가 나온다 해도 어쩔 수 없다는 발상이었다. "일해라, 일해!" 말은 그렇게 하면서도 완전고용은 필요 없다고 믿었다.

그런 생각을 갖고 있는 대처가 총리가 되자 당연하게도 실업률이 올라갔다. 1982년에는 10%에 달했고 특히 실업률이 높았던 젊은 층의 분노를 불러일으켜 곳곳에서 폭동이 일어났다.

"우리는 정책 궤도를 수정해서는 안 됩니다. 산업계의 효율이 오르기 전까지는 영국의 번영을 기대하기 어렵습니다. 그러므로 나는 확고한 태도를 고수해야만 합니다."

이렇게 선언한 대처는 '확고한 태도'야말로 성공의 열쇠라고 믿고 제조업을 쇠퇴시켰으며 탄광을 폐쇄했다. 마찬가지로 '효율이 나쁘다'는 이유로 국영기업을 하나하나 민영화시키고 노동조합을 적대시했다(앞서 말한 다큐멘터리에서 대처가 1년에 걸쳐 탄광 노동자들의 데모를 진압하는 것을 명확하게 '전쟁'으로 파악했다는 관계자의 발언도 나온다). 대처는 노동자가 연대하여 권리를 찾으려 드는 것을 대단히 싫어했다.

능력 있는 사람은 직업을 잃어도 다음 일자리를 찾을 수 있다. 고용주나 정부에게 불평하기 전에 자기 성공은 자기 손으로 쟁취하라. 일이 없는 사람, 생계가 어려운 사람은 노력이 부족한 탓이다. 조용히 이를 악물고 잠자는 시간도 아끼면서 노력하면 보상이 따라온다. 내가 그렇게 살아왔으니 당신들도 하면 된다. 이것이 대처의 강력한 정책 이면에 있는 신조였다.

대처는 전통적으로 실용주의를 중시한 보수당에 강한 이념성을 도입한 정치가로 알려졌다. 일반적으로 대처는 프리드리히 하이에크와 밀턴 프리드먼의 신봉자였다고 알려져 있지만, 그녀가 신자유주의에 빠진 것은 그 이전에 '자조(자기 발전을 위해 스스로 애쓴다)'에 대한 신앙이 있었기 때문이리라. 인간은 인생에서 자신이 걸어온 길을 긍정해주는 사상을 만나면 필요 이상으로 "이것이 옳다!"는 생각에 빠지기 쉽다.

대처의 경제 다원주의는 너무도 가혹했기에 보수당 내에서도 너무 지나치다는 반대 세력이 생겨났다. 반대 세력은 재정지출 삭감을 멈추고 약화된 업계를 위한 구제책을 마련해 서민의 숨통을 트이게 하지 않으면 보수당 정권이 오래가지 못하리라고 생각했다. 그러나 대처는 이런 당내 세력을 '윗wet파'(감성적이고 머뭇머뭇하는 녀석들)라고 부르며 잘라냈다. 이에 반하는 대처 세력이 '드라이dry파'다. 건조하고 비인간적인 현실주의자가 경영이나 정치를 잘한다는 이미지도 어쩌면 대처가 정착시킨 것이 아닐까.

자조와 자립의 차이

그런데 대처가 이토록 신뢰한 자조自助와 소위 아나키스트들이 표방하는 자립自立은 어디가 어떻게 다를까.

아나키즘에 관심을 가진 사람, 또는 그 영향을 받아 발언하는 사람들이 반드시 한 번은 들어볼 법한 비판에 이런 말이 있다.

"결국은 신자유주의네."

"오스기 사카에와 이토 노에[1] 같은 사람들이 현대사회를 살아갔다면, 스타트업으로 벤처기업이든 뭐든 해서 크게 성공할 타입이라고 생각해"라고 나에게 말한 사람도 있었다.

아나키즘과 신자유주의가 종이 한 장 차이처럼 여겨지는 것은 국가의 힘을 쳐내고, 국가가 지닌 것을 가능한 한 국민이 운영해나간다(이것을 아나키스트들은 '자치'라 하고, 신자유주의자들은 '민영화'라 한다)는 경제 사상의 방향성이 얼핏 비슷하게 들리기 때문이다.

예를 들어 제임스 스콧은《우리는 모두 아나키스트다》라는 책에서 프티 부르주아를 호의적으로 변호한다. 이 책의 원제는《아나키즘을 위한 두 번의 환호Two Cheers for Anarchism》이고 4장의 원제는 '프티 부르주아를 위한 두 번의 환호Two

---

1 20세기 초 사회운동가이자 일본을 대표하는 아나키스트 커플로 관동대지진 이후 헌병들의 표적이 되어 처참하게 살해당했다.

Cheers for the Petty Bourgeoisie'다. 그러면 누군가는 "거봐라, 역시 아나키즘과 신자유주의는 똑같지 않나"라고 말하리라. 하지만 결론을 내리긴 이르다. 스콧이 쓴 내용을 제대로 읽어보자.

《아나키즘을 위한 두 번의 환호》라는 원제를 보면 스콧은 아나키즘에 대해 만세삼창까지는 아니더라도(완전히 심취한 것은 아니다) 만세이창까지는 할 수 있으며, 프티 부르주아에 대해서도 마찬가지라고 생각하는 듯하다. 스콧은 프티 부르주아란 소상인, 소규모 자작농, 소규모 전문직 자영업자, 숙련공 등 자본가계급에도 노동자계급에도 속하지 않는 '이도저도 아닌 상태로 정체를 알 수 없는 존재'라고 말한다. 스콧은 이러한 프티 부르주아를 옹호하는 이유에 대해 이렇게 썼다.

첫 번째 이유이자 가장 중요한 것은, 프티 부르주아와 그들의 소규모 재산이 거대하고 공적·사적인 관료적(경직화한) 제도에 따라 통치하게끔 만들어진 국가 시스템 안에 있으면서 자치와 자유의 귀중한 영역을 대표한다고 믿기 때문이다. 자치와 자유는 상호성과 함께 아나키스트가 지니는 감성의 핵심이다.

프티 부르주아가 마르크스주의자에게 경멸당한 것은 마르크시즘에서 말하는 '동지 vs 적' 구도에서 이탈한 존재였기 때문이라고도 할 수 있다. 마르크시즘에서는 자본주의에 의해 '착취당하는 노동자'로서 프롤레타리아가 생겨났으므로, 착취와 싸워 스스로를 해방시키고 자본주의를 뛰어넘는 일이 가능한 존재는 프롤레타리아뿐이다. 한편 자본주의자는 봉건주의를 뛰어넘어 근대 산업에 의한 막대한 생산력의 시대를 여는 역할을 해냈다. 그러나 '봉건주의자 vs 자본주의자', '프롤레타리아트 vs 부르주아'라는 딱 떨어지는 투쟁 구도에서 프티 부르주아는 어디에도 속하지 않는다고 할까, 어디에나 속한다고 할까, 분명하지가 않다. 말 그대로 '소규모 자본가'이기에 한 번 홈런을 잘 날려서 자기도 대규모 자본가가 되고 싶다고 생각할지도 모르고, 자본가라고 불리는 것치고는 가난해서 좌익, 프롤레타리아와 손을 잡는 일도 있다. 충성심도 없어 보이고 신용하기도 어려운, 그러나 어떤 의미에서는 자유로운 사람들이다(진지한 사람들은 핏대를 세우며 화를 낼지도 모르지만).

프티 부르주아는 사회주의 진영에서도 자본주의 진영에서도 혐오를 당해왔다. 스콧은 이를 '어떠한 형태든 소규모 재산 대부분은 국가의 관리를 교묘하게 피할 수단을 갖고 있기' 때문이라고 분석한다. 소규모 재산은 대규모 재산과 다르게 국가 레이더망에 잘 걸리지 않는다. 즉 정치적 규제나 강제에 저항할 수 있는 것이다. 스콧은 '이런 이유로 국가는 언제나 이동하는 민족(집시, 유목민, 보부상, 이주 노동자)의 적이었다'고 덧붙인다.

스콧이 프티 부르주아에 주목하는 가장 큰 이유는 그들이 국가가 친 그물망에 잡히지 않고, 서민 계급이면서 자립과 자치에 보다 가까운 삶을 살기 때문이다. 일하는 시간이나 쉬는 시간을 스스로 정할 수 있다는 것은 인간의 개인적 자치 중 하나다. 주권재아主權在我(삶의 방식에 대한 주권은 나에게 있다)에 가까운 라이프스타일을 갖고 있는 것이다. 스콧은 미국의 한 여론조사에서 산업 부문 노동자에게 '공장 노동보다 마음에 드는 일은 무엇인가'라고 질문한 결과, 수십 년에 걸쳐 일관되게 높은 비율을 차지한 답변은 상점이나 레스토랑 경영, 혹은 농업이었다고 지적했다.

프티 부르주아는 부동산을 포함해 '자기 재산'을 갖는 일에 집착한다. 따라서 '졸부', '중산층'이라는 의미로 모멸적인 취급을 받아왔지만(마르크스주의자뿐만 아니라 귀족·지식인 계급으로부터도), 스콧은 이러한 행위에도 합리성이 있다고 설명했다.

하층 계급에게 허락된 자치와 자립은 주로 두 가지 형태였다. 국가의 손이 닿지 않는 주변부에서 생활하든가, 국가 안에 있더라도 소규모 재산을 보유하면서 최소한의 권리를 갖고 생활하든가.

많은 사회에서 보이는, 약간의 토지와 자신의 집과 가게를 갖고 싶다는 강렬한 욕망은 그것들 덕에 가능한 자유로운 행동과 자치와 안전이라는 실제적 여유와 함께, 국가나 이웃사람들의 시선에 비치는 소규모 재산으로 얻을 수 있는 존엄과 지위와 명예를 향한 희구 때문에 발생한다.

소규모 재산으로 얻을 수 있는 존엄과 자립을 찾아 행동하는 힘은 곧 자주와 자율을 향한 강한 열망이다. 영국 청교도 혁명 때의 디거스[2]와 레벌러스[3], 1910년 멕시코 혁명 때의 농민 운동, 아울러 셀 수 없이 많은 반식민지 운동 등 급진적인 대중 운동들의 공통적인 목표는 '토지를 갖고 싶다', '토지를 되찾고 싶다'라는 갈망이었다. 이는 폭력 세력(대부분의 경우 국가)의 지배로부터 자립하기 위한, 그리하여 자기들의 토지를 찾기 위한 투쟁이었다.

이로써 스콧이 말하는 '자립自立'과 대처가 믿은 '자조自助'가 완전히 다른 것이었음이 분명해진다. 둘 다 '자自'로 시작하는 두 글자라서 비슷한 말이라는 느낌을 줄지도 모르겠다. 그러나 자립한다는 것은 영어로 independent한 상태에 있다는 뜻이다. 'independent'의 의미를 캠브리지 영영사전 사이트에서 검색하면 제일 먼저 이런 뜻이 나온다.

2 평등주의 운동 등 좌익 성향이 강했던 당파.
3 민주주의적 헌법을 발표하며 프티 부르주아의 이익을 주장한 정당.

다른 사람이나 사건이나 사물에 영향을 받지 않는다, 혹은 조종당하지 않는다.

즉 자기 일은 어떻게든 자기가 알아서 해야만 하는 '자조'와 누구에게도 지배받지 않는 '자립'은 명백히 다른 것이다. 정부가 '스스로 노력해서 상황을 헤쳐 나가라'라고 말하는 순간 이미 국가가 명령을 내리는 지배가 시작되는 것이며, 이는 곧 '국가는 당신들에게서 세금을 징수하지만 당신들을 돕지는 않습니다'라는 뜻이다. 바가지도 이런 바가지가 없다.

참고로 같은 사이트에 '자조'를 뜻하는 영어 단어 'self-help'의 의미는 이렇게 나와 있다.

자신, 혹은 자신과 비슷한 경험과 역경을 가진 사람들을 위해 공적 조직에 가지 않고 필요한 것을 스스로 해결하는 행위

여기서 재미있는 것은 '자신'뿐만이 아니라 '자신과 비슷한 경험과 역경을 가진 사람들'이 포함되어 있다는 점이다. 그렇다면 '자조'는 자기 주위 사람들로 한정되며, 자신과 비슷한 상황이나 생각을 가진 사람들에게 느끼는 심퍼시와도 이어진다.

여기서도 대처에게 심퍼시는 있었지만 엠퍼시는 없었다는 지적을 떠올리지 않을 수 없다.

프티 부르주아의 경제 공헌

'마르크스가 룸펜 프롤레타리아 다음으로 프티 부르주아를 경멸한 이유는 그들이 적지만 재산을 가지고 있었다는 점, 즉 작은 자본가였다는 사실에 기반을 두고 있었다'라는 스콧의 글을 읽으며, 나는 《디즈 이즈 재팬THIS IS JAPAN》이라는 책을 쓸 때 취재한 도쿄의 기업조합 '아운'의 설립자 나카무라 미쓰오 씨가 생각났다. '아운'은 노숙자나 실업자였던 사람들이 만든 기업 조합으로, 재활용 가게 운영이나 심부름센터 업무 등을 한다.

나카무라 씨에게 "어째서 다른 빈곤층 지원 단체처럼 NPO[4] 형태를 취하지 않았나"라고 물었을 때, 그는 이렇게 대답했다.

"NPO는 경제적 자립이 불가능합니다. 제도상 기본적으로 출자나 투자가 금지되어 있으니까요. NPO라는 제도 자체는 훌륭하지만, 정부로부터의 위탁사업이나 보조금에 의지할 수밖에 없습니다. 그렇게 되면 정부를 상대로 목소리를 내기 어렵고요."

나카무라 씨는 이런 상황을 '그들이 위장을 틀어쥐고 있다'고 표현했다. 그러면서 말을 이었다.

"주변에 NPO를 만든 지인이 많은데, 자본주의 사회에서

---

4 영리를 목적으로 하지 않는 민간단체.

목소리를 내기 어려워서 고통이 꽤 큽니다. 노동자 개개인이나 빈곤한 사람과 마찬가지로 하나의 단체에도 그런 고충이 있습니다. 그래서 아운은 처음부터 사업으로 시작하기로….”

이는 국가에 폐를 끼치지 않는 '자조'와 정반대로, 국가에 하고 싶은 말을 하기 위한 '자립'이다. 하지만 이 자립이라는 결단도 “어떤 부류 사람들로부터는 '노선을 변경해서 사업 같은 걸 한다'는 말을 듣는다”며 나카무라 씨는 어깨를 으쓱하고 웃어보였다.

마르크시즘에서는 자본주의가 낳은 새로운 계급, 즉 프롤레타리아트만이 (재산을 갖지 않기 때문에) 진정한 혁명을 일으킬 수 있다고 말한다. 마르크스의 이론상으로는 그렇다 해도, 역사적으로는 19세기 말까지 서구의 급진적 노동자계급 운동의 중심에는 프티 부르주아(직공, 구두장이, 인쇄소 등)가 있었다고 스콧은 지적한다. 그렇기에 스콧은 '소규모 재산이 주는 불가침성의 자립을 향한 그들의 갈망 없이는, 평등을 외치는 싸움의 역사를 쓰는 것이 불가능하다'고 단언한다.

스콧은 프티 부르주아들이 발명과 창조의 선구자라고도 한다. 지배자에게 휘둘리기를 거부하고 자기만의 토지와 가게와 공방을 갖기 때문에 '이 물건은 국가 경제에 공헌하지 않으니 다른 제품을 만들어라'나 '효율이 나쁜 상품은 그만 만들고 국가를 위해 생산성 높은 상품을 만들어라' 같은 위에서 내려오는 목소리를 무시할 수 있다. 그렇게 팔릴 것 같지도 않은 물건을 개발하고 효율이 나쁜 비즈니스를 계속할 수 있는 것이다.

그러나 아무도 본 적 없는 기발하고 새로운 것은 종종 이런 곳에서 나온다.

대기업은 이와 같은 개인이나 중소기업이 발명한 상품, 서비스, 아이디어를 훔치거나 그것을 발안한 인물을 데려와 더욱 이윤을 높인다. 그러므로 대기업이 경제에 공헌한다 해도 묵묵히 자기 길을 가는 프티 부르주아들이 한 나라의 경제에 필요하지 않다고 말할 수는 없다. 오히려 대기업이 계속해서 그들을 집어삼킨다면 나라는 경제뿐만 아니라 문화적으로도 빈곤해지리라. 다시 한 번 스콧의 말에 귀를 기울여보자.

분명 프티 부르주아는 인간을 달로 보내거나 비행기를 만들거나 해저에서 석유를 퍼 올리거나 병원을 운영하거나 약과 휴대폰을 제작하고 판매할 수는 없다. 하지만 대기업이 그런 일을 할 수 있는 것은 대체로 자기들만으로는 할 수 없는 수천 가지 작은 발명과 다양한 프로세스를 통합한 결과다. (…) 대기업이 시장을 독점할 수 있는 비결은 잠재적인 경쟁상대를 배제하고 삼키는 힘에 있다. 그렇게 대기업은 수많은 미지의 발명을 억압한다.

이렇게 프티 부르주아에 대해 써내려간 이유는 코로나 사태와 무관하지 않다. 영국 상점가에서 글로벌 대기업 점포 외에 개인이 경영하거나 주와 시에만 체인점이 있는 중소 상점이 록다운 이후로 다시 문을 열지 못하고 망하는 모습을 쉽게 볼 수 있다. 코로나로 문을 닫은 소규모 가게 경영자들이야말로 대표적인 프티 부르주아다.

만약 이번에 프티 부르주아들이 전부 사라지고 중소기업이 대기업에 흡수 합병되어 자연스럽게 구조 개혁이 진행된다면 어떤 일이 벌어질까.

앞서 말한 대처 혁명을 칭송한 앳킨슨은 일본 정권이 세운 '성장전략회의'의 멤버다. 〈아사히신문 디지털〉의 기사 「스가 정권 중요 회의, 총리 브레인과 중소기업 대표에 불똥」(2020년 10월 17일)에 따르면 그가 저술한 책에는 '일본 생산성 악화의 가장 큰 원인은 중소기업', '생산성 낮은 기업은 퇴출시켜야 한다'라고 쓰여 있다.

아무리 대처라 해도 특정 산업 분야를 닥치는 대로 짓밟아 죽인 것은 아니다. 긴축과 장기 파업에 의한 불황으로 체력이 약해진, 주로 지방 제조업자를 구제하지 않고 방관하여 구조 개혁을 이룬 것이다. 대처와 비슷하게 자기 손을 더럽히지 않고 약해진 기업을 퇴출시켜 구조 개혁을 달성하는 데 코로나 사태만큼 좋은 타이밍이 또 있을까.

하지만 영국에 사는 인간으로서 대처리즘의 단점을 말하지 않을 수 없다. 대처리즘은 장기 실업을 낳았고, 그 후 '브로큰 브리튼(무너진 영국)' 시대를 만든 원흉으로 불린다. 경제 다원주의로 버림받은 (제조업이 융성했던) 지역에서 많은 사람들이 EU 탈퇴에 투표한 것도 그 영향이리라. 아울러 대처의 시대에 제조업에서 서비스업으로 산업을 너무 급격하게 변화시킨 탓에, 코로나 사태로 인한 경기 후퇴가 영국에서 다른 나라보다 심각하게 나타났다는 사실도 언급할 필요가 있다(팬데믹 상황에서 사람을 대면해야 하는 서비스업을 지속하기는 어렵기 때문이다).

아나키즘에 관심을 갖는 인간으로서 말하자면, 프티 부르주아를 짓밟아버리면 그 나라의 민주주의가 닳아 없어지고 만다(데이비드 그레이버는 '아나키즘과 민주주의는 대체로 비슷하다'라고 썼다). '소규모 소작농과 소점주가 세력을 떨치는 사회는 지금까지 고안된 그 어떤 경제 시스템보다도 평등성이 높은 생산수단의 대중소유제에 가깝다'는 스콧의 말대로다. 자립 정신은 짓밟히고 자조 의무만 남은 사회란 얼마나 억압적인가. 아울러 경제 다원주의는 사회에 우생사상이 만연하는 원인이 되었다. 대처 시대에 국민전선National Front[5]이 대두하고 스킨헤드의

---

5 영국의 극우 정당. 'National Front'라는 정당 이름은 영국 이외의 나라에서 세워진 극우 정당에서도 쓰인다. 영국의 국민전선은 백인 민족주의를 내세우고 인종차별과 이주민 혐오를 조장하였다.

117

백인우월주의 움직임이 되살아났음을 잊어서는 안 된다. 이에 더해 전국 각지에서(교도소에서도) 폭동이 발생하고 치안이 악화된 사실도.

대처에게는 엠퍼시가 없었다고 증언한 그녀의 개인 비서였던 팀 랭키스터는 이런 말도 했다.

"내 아내의 가족은 랭커셔와 요크셔 사이에 세 개의 섬유 공장을 갖고 있었습니다. 대처 총리가 사무실로 찾아와 '당신 가족 회사 상황은 어떤가요?' 하고 물어서 '아쉽게도 청산 준비에 들어갔습니다'라고 대답했습니다. 대처는 충격을 받은 듯 깜짝 놀랐죠. '그건 너무하네. 내가 도울 일이 있을까요?' 하고 묻기에 '아니요. 아무것도 없습니다'라고 대답했습니다."

당시 무역장관이었던 존 노트는 대처 총리가 취임한 1979년에는 150만 명의 사람들이 섬유 업계에서 일하고 있었지만, 1981년 초에는 그 수가 절반으로 줄었다고 증언했다.

적어도 대처는 자기 밑에서 일하던 랭키스터에게는 "내가 도울 일이 있을까요?"라고 물었다. 가까운 사람에게는 심퍼시를 드러낸 것이다. 그러나 대처에게는 주변에 있지 않은 사람들이나 자조를 위한 자원을 가지지 못한 사람들, 그녀처럼 강한 야심을 갖지는 않고 온화하게 안정된 삶을 살고 싶은 서민의 바람은 알지 못했다.

대처가 총리가 되고 2년 후인 1981년, 영국은 전후 최고의 실업률을 기록했다. 그해 리버풀 톡스테스에서 대규모 폭동이 일어나 경찰관 468명이 부상을 입고 약 500명의 젊은이가 체포되었다. 그다음 주에 대처는 현지를 방문해 사람들과 대화를 나누었다. 당시 영상에 나온 흑인 청년의 말이 인상적이었다.

"대처는 정말로 귀 기울여 이야기를 들어주었다. 그건 정말 칭찬할 만했다. 그녀는 제대로 이야기를 들었다. 다만 뭐랄까, 들은 이야기가 너무 그녀의 경험 밖에 있어서, 자신이 들은 것을 받아들일 수 없었던 것이라 생각한다."

강철처럼 단단한 의지가 있었다기보다는 엠퍼시 능력이 결여되어 있었기 때문에, 대처는 경제 다원주의를 계속해서 믿을 수 있었던 것은 아닐까.

내가 아는 한 영국 사람들은 설령 싫어하는 인간이라 해도 누가 아프거나 세상을 뜨면 병문안을 가고 추모의 글을 보내는 '매너'의 전통이 무척 두텁다. 그런 사람들이 대처가 죽었을 때는 거리에서 파티를 열었으며, '종을 울려라! 못된 악마가 죽었다'라는 뮤지컬 영화 삽입곡이 음원 차트 1위에 올랐다. 그것은 영국인들이 반체제적이기 때문이 아니라 대처의 정치에 너무 많은 사람들이 고통을 받았기 때문이다. 대처의 죽음을 환영하는 분위기는 그 고통이 지금도 계속되고 있다는 증거라고 하겠다.

대처와 같은 보수당의 존슨 총리는 코로나 사태 중에 "사회라는 것은 존재합니다"라는 발언을 했다. 이는 "사회 같은 것은 존재하지 않습니다"라는 대처리즘에 대한 부정으로 널리 받아들여지고 있다. 그런 지금에 하필이면 40년 전 망령을 소환하려 드는 나라가 세상 어디에 있겠는가.

그런 나라가 있을 리 없겠지만 혹시나 하는 마음에, 대처가 숙박 중이던 호텔이 폭파된 적 있는 브라이턴에서 나는 이 글을 썼다.

제5장

얽매이지 않고,
포기하지 않는다

여성 지도자와 엠퍼시

2020년 코로나 사태가 발생했을 때 여성 정치 지도자를 선출한 국가들이 코로나 확산 방지에 빠르게 성공을 거둔 것이 화제가 되었다.

그 선두에는 뉴질랜드의 아던 총리가 있다. 그녀는 "집에 머뭅시다. 생명을 지킵시다"라고 반복해서 호소하는 영상을 자택과 기자회견장에서 촬영하고, 이웃사람들을 도우며 고령자와 기저질환이 있는 사람들을 배려하는 것이 무엇보다도 중요하다고 당부했다. '좌파의 별'과 같은 견해를 갖고 있었던 그녀는 이런 인도적 메시지를 드러내는 한편, 3월 14일에는 자국민을 포함해 모든 해외 입국자에게 2주 동안 자가 격리를 하도록 했다. 그로부터 2주 후에는 엄격한 록다운을 결정하는 등 '강경하고 신속하게' 국경 봉쇄를 실시했다.

독일에서는 레임덕이 시작되었다는 말이 돌았던 메르켈 총리가 오랜만에 거물 정치가로서의 관록을 드러내 보였다. 과거물리학자였던 이력을 살려 과학적 근거에 기초하여 상황을 냉정하게 분석하고 방역 정책을 설득해 해외로부터도 칭찬의 목소리가 높았다. 초기부터 광범위하게 코로나 검사를 실시했고 긴축재정으로 병원 병상수가 부족했던 다른 EU 가맹국과 달리 긴급 병동에 환자를 들일 수 있는 여유가 있어 사망자를 최소한으로 낮추는 데 성공했다.

노르웨이의 솔베르그 총리도 재빠른 록다운과 광범위한 검사로 훌륭한 방역 성과를 거두었다고 알려졌다. 2020년 6월 21일 현재 노르웨이는 확진자수 8,708명, 사망자수 244명이다. 이웃나라 스웨덴과 비교하면 확진자수는 6분의 1, 사망자수는 20분의 1 수준이다. 아울러 솔베르그 총리는 성인 기자들의 출입을 제한하고 어린이들만을 위한 기자회견을 열었다. "코로나바이러스가 조금 무섭다고 생각해도 괜찮아요." 그러면서 자신도 어른과 포옹할 수 없어서 쓸쓸하다고 이야기하는 등 급격한 생활 변화에 불안을 느끼는 아이들에게 용기를 주었다.

덴마크의 프레데릭센 총리, 핀란드의 세계 최연소 총리 산나 마린도 빠른 국가 봉쇄와 외출 규제를 단행하여 코로나 대응에 성공을 거둔 여성 지도자들이다. 아이슬란드의 야콥스도티르 총리는 2020년 4월 25일까지 전 국민 중 12%에게 무료로 검사를 받도록 하여 코로나 확산 억제에 성공했다.

아시아에서도 대만의 차이잉원 총통은 놀랄 만큼 빠른 초동 진압으로 코로나 확산을 거의 완벽하게 통제했다. 코로나 시대에 보기 드물게 플러스 경제 성장을 거두기도 했다.

2020년 5월 22일을 기준으로 UN 193개국 가운데 정치 지도자가 여성인 나라는 21개국이다(대만은 UN 가맹국이 아니다). 이를 고려하면 코로나 대응에 성공한 여성 지도자의 비율은 남성 지도자들에 비해 놀랄 만큼 높다는 사실을 알 수 있다. '여성이 코로나 방역에 더 적합한가?', '어째서 여성 지도자가 더 잘해내는가?' 등의 논의가 생겨나는 것도 당연한 일이리라.

그 열쇠가 엠퍼시에 있다는 논조의 글이 꽤 보인다. 2020년 5월 22일 미국 NBC 사이트에 이런 글이 올라왔다.

이들 여성 지도자가 강조하는 것은 엠퍼시와 인간의 존엄, 그리고 케어하는 일이다. 그녀들은 조직적인 경제와 생명을 구한다는 목표를 대립시키지 않는다. 뉴질랜드 총리 저신다 아던을 보라. 그녀는 엠퍼시를 약속하고 총리가 되었고, 그것은 효과를 발휘했다.

이와 같이 '여성 지도자들이 엠퍼시를 더 잘 발휘하기 때문'이라는 가설은 잘못하면 '여성이 더 섬세하게 배려하기 때문'이라거나 '여성은 평소에 가족의 건강을 케어하기 때문에 이런 문제를 해결하는 데 적합하다'라는 스테레오 타입적인 젠더 이미지와 연결될 수 있다. 영국에서는 여성이 과학자의 말을 더 고분고분하게 듣기 때문이라고 맨스플레인(남성이 위에서 내려다보는 시선으로 설교하거나 설명하는 태도)을 하는 TV 해설자까지 나타났다.

2020년 4월 25일자 〈가디언〉에는 뉴욕대학 사회학과 교수 캐슬린 거슨의 흥미로운 발언이 실렸다. 남성 정치가들은 여성에 비해 '리더란 이래야 한다'라는 틀에 갇히기 쉬워서 엠퍼시에 능한 사람이라도 그것을 공적인 자리에서 드러내기를 주저한다는 것이다. 지도자라면 감정적으로 배려하고 상냥하기보다 언제 무슨 일이 일어나도 흔들림 없는 강력함과 파워를 드러내야 한다고 믿고 있다는 것이다. 따라서 여성 지도자들처럼 강하고 결단력 있지만 배려심 넘치는 모습도 보이는 다면적인 지도자상을 연출하기 어렵다. 그렇다면 남성 지도자들은 엠퍼시 능력이 낮은 것이 아니라 젠더 이미지에 갇혀 엠퍼시 능력이 있더라도 이를 봉인하면서 실패하고 있는 게 아닐까.

미시간대학의 데이비드 메이어가 〈하버드 비즈니스 리뷰 Harvard Business Review〉에 기고한 「남자다운 규범에서 탈피한 남성이 얼마나 벌을 받는가」(2018년 10월 8일)라는 기사에 따르면 남성이 엠퍼시가 있다는 것을 드러내면 실제로 불리한 상황에 처한다고 한다. 엠퍼시는 지도자에게 중요한 능력이지만 이를 드러내 신망을 얻는 건 남성보다는 여성이며, 엠퍼시를 드러낸 여성 리더는 커리어 문제에 부딪히는 일이 적어진다는 조사 결과까지 나왔다. 한편 남성에게는 그러한 효과가 없었다고 한다.

이 조사에 따르면 미국에서는 남성이 나약함, 친절함, 슬픔, 조심스러운 태도, 페미니스트적인 태도, 혹은 여성적이라 분류되는 성향을 드러내면 커리어를 쌓아나가기 어려워진다고 한다. 그래서 도널드 트럼프 같은 캐릭터가 먹힌 것이다. 그는 대통령이 되기 전 미국 텔레비전 프로그램 〈어프렌티스The Apprentice〉에 출연해 비즈니스 세계에서 성공을 꿈꾸는 '부하' 후보자들에게 과제를 내주며 승자와 패자를 냉혹하게 결정하는 궁극의 '보스'로서 인기를 얻었다. 약육강식의 비즈니스 세계에서 거액의 빚을 지기도 했지만, 결국 역경을 이겨내고 굴지의 사업가가 된 터프하고 마초적인 비즈니스의 달인 이미지가 미국 국민들에게 얼마나 깊이 침투했는지, 트럼프 열풍이 불기 전까지 고학력 자유주의자들은 생각조차 못 했다(애초에 그들은 이런 프로그램이 저속하다며 보지 않는다).

한편 타인의 신발을 신어보는 일은 피고용자와 거래처, 비즈니스 파트너들의 생각과 마음을 냉정하게 상상해보는 일이기도 하다. 이는 다음 한 수를 두는 근거가 되므로, 엠퍼시가 비즈니스 리더에게 필요한 능력임은 틀림없다.

식품 배달 업체 '츄스'의 CEO 트레이시 로렌스는 「어째서 여성 창업자는 엠퍼시를 드러내는 걸 두려워하지 않는가」라는 기사(2019년 5월 30일)를 〈안트러프러너Entrepreneur〉에 기고했다. 그녀는 엠퍼시를 갈고 닦는 방법과 이를 리더십에 활용하는 방법을 거론했는데, 그중 '이기는 것을 그만두고 듣는 것을 시작하라'라는 항목이 있다. 그녀는 '누군가 마음에 들지 않는 말을 하면 우리는 너무 쉽게 자기방어적이 되거나 상대의 논리를 누르고 이기려 든다. 하지만 그런 행동은 누구를 위한 것도 아니다'라고 말한다. 그녀의 주장은 트위터 같은 곳에서 벌어지는 이론 싸움이 실은 건설적이지 않으며, 이런 싸움의 반복이 그 자체로 게임화되어 애초에 그들이 바꾸어야 한다고 주장한 상황을 거의 바꾸지 못하는 현실을 설명해준다.

'이긴다'를 좋은 리더의 조건으로 삼을 것인가, '이기지 않는다'를 좋은 리더의 조건으로 삼을 것인가. 전자는 남성적이고 후자는 여성적이라고 생각하기 쉽다.

여성은 '이기지 않는 스타일'로 부드럽게 사람들을 이끌어도 '약하다'와 같은 부정적인 소리를 듣지 않기 때문에 그런 방향을 택하기 쉽다. 그래서 여성 리더가 엠퍼시에 더 능한 것처럼 보이는 것이다. 그러나 여성이 남성보다 엠퍼시 능력 자체가 높다는 주장도 있다. 이런 생각부터가 차별적이라고 할 수도 있을 텐데, 이 학설은 어떻게 전개되었던 것일까.

엠퍼시에 탁월한 뇌가 있다?

영국의 발달심리학자이자 캠브리지대학 발달정신병리학과 교수인 사이먼 배런코언은《공감 제로: 분노와 폭력, 사이코패스의 뇌과학》이라는 책에서 자살자의 3분의 1이 경계성 인격장애를 가진 사람들이며, 약물의존증과 알코올의존증, 섭식장애로 통원하는 사람의 약 절반도 경계성 인격장애를 지녔다고 한다. 아울러 이런 병증을 가질 위험의 70%가 유전성일 수도 있으며, 나머지 30%는 어린 시절에 받은 학대나 무시 등에 인한 후천성에 기인한다고 주장한다.

사이먼은 이 책에서 '사악함'이라는 단어를 '엠퍼시 결함'이라는 말로 바꾸고자 했다. 타인의 신발을 신는 능력이 부족하거나 결여된 사람들은 각기 어떤 종류의 병증을 갖고 있으며(경계성 인격장애, 나르시시즘, 사이코패스) 모든 폭력은 엠퍼시가 결여된 데서 나온다는 주장이다. 사악한 일을 저지르는 인간이란 나쁜 인간이 아니라 상처 입은 인간이라는 관점이다. 사이먼은 엠퍼시 부족이나 결여가 잔혹한 행위를 낳으며, 그 원인은 상처 입은 인간들이 타인을 '사물'로 인식하기 때문이라고 주장한다. 그들은 오직 사물, 혹은 사물로 인식하는 인간하고만 관계성을 느낀다고 한다.

그의 이론에 따라 '사악함'을 '엠퍼시 결함'이라고 바꾼다 해도 태어나면서부터 잔혹한 짓을 벌이는 인간은 있기 마련이다. 그도 엠퍼시 결여를 초래하는 병증(경계성 인격장애)은 유전성일 가능성이 높다는 사실을 파악하고 있다.

　유전된 성향이라거나 태어나면서부터 무언가가 결여되어 있다는 관점은 설명하기 어려운 복잡한 인간의 행동과 마주할 때 "아, 역시 그렇군" 하고 안도감을 주는 효용이 있다. 조현병이든 우울증이든(이 경우엔 엠퍼시 결함이든) 유전에 따른 것이라고 하면 더 이상 고민할 필요가 없어진다. 태어나면서부터 악한 인간은 없지만 무언가가 부족하거나 결여된 인간은 존재하므로 세상에 악과 불행이 끊이지 않는 것이라고 간단히 정리할 수 있기 때문이다.

　그러나 이런 사고는 역사적으로 여성이 가는 길을 막아온 거대한 벽과 비슷하지 않은가. 빅토리아시대(1837~1901) 뇌과학자들은 '생리학적 사실'이 있다며 사회에 존재하는 여성에 대한 편견과 차별을 정당화했다. 그들은 여성이 고등교육을 받는 것을 금지하고, 여성이 가정에 머물면서 아이를 낳고 기르는 일이 자연계의 법칙에 따른 자연스러운 모습이라고 '학술적'으로 주장했다. 남성의 사회적 우위를 정당화하기 위한 당시의 기묘한 학설들을 현대 사람들은 어리석다고 비웃는다. 그러나 현대 신경과학은 전혀 그렇지 않다고 말할 수 있을까.

　사이먼은 '여성 뇌·남성 뇌'가 존재한다고 주장한다. '여성 뇌'는 엠퍼시와 커뮤니케이션 능력이 탁월하고 타인에 대한 상상력을 발휘하기 위한 회로가 갖춰져 있는 반면, '남성 뇌'는 사물에 대한 이해나 시스템 구축 등 이성적인 일(기계 제작, 소프트웨어 개발, 논리적 사고, 작곡, 정치 등)에 적합하다고 한다. 이런 뇌의 젠더화와 오래전부터 존재해온 남녀 스테레오 타입이 어디가 다를까.

'여성은 엠퍼시 능력이 높다'는 학설의 근거로 자주 사용되는 것이 거울 뉴런이다. 하품이 전염되는 것을 예로 들면, 사이코패스에게는 하품이 잘 옮지 않는다고 한다. 그들은 피곤할 때나 지겨울 때, 자신과 관계가 없는 문제가 진행될 때는 하품을 하지만 절대로 하품을 하지 않을 때가 있다. 바로 주위 사람이 하품하는 것을 보았을 때다. 하품의 전염은 뇌에서 타인의 움직임을 흉내 내는 거울 뉴런에 의해 발생하는 현상인데, 거울 뉴런이 타인의 심정을 상상하는 엠퍼시와도 관계가 있다는 것이다.

피사대학에서 동물행동학자 엘리사베타 팔라기가 수행한 연구에 따르면 주위 사람의 하품을 보고 따라서 하품을 할 확률은 여성이 남성의 2배 정도라고 한다. 팔라기는 이를 '친사회적 행동'[1]과 밀접한 관련이 있는 엠퍼시가 표출된 결과라고

---

1 행위자의 의도와 상관없이 타인을 돕거나 도우려는 모든 행동을 가리키는 심리학 용어.

해석한다. 따라서 여성은 남성보다 타인과 관계 맺는 일에 더 노력을 기울인다는 것이다.

또한 영국 신문 〈인디펜던트The Independent〉 2016년 2월 3일 자에서 팔라기는 "여성은 인생의 여러 측면에서 남성보다 훨씬 엠퍼시를 많이 발휘한다. 여성은 어머니로서 케어하기 위해 진화해왔고 따라서 생물학적 기반이 있다. 여기서 문제는 여성이 남성보다 엠퍼시에 능하다고 한다면, 하품이 전염되는 정도를 엠퍼시를 측정하는 기준으로 삼을 수 있는가이다. 내 답변은 '예스'다"라고 말했다.

타인의 하품을 보고 하품하는 횟수가 많을수록 엠퍼시 능력이 높다는 말인데, 이는 미러링에 기반을 둔 행동이므로 감정적 엠퍼시와 관련된 것이다. 친한 사람들이 하품을 할 때가 모르는 사람이 하품을 할 때보다 전염되기 쉽다는 흥미로운 조사 결과도 있다. 친한 사람의 (지루한) 심정이 이해될 때나 함께 있는 장소의 분위기가 온화할 때 하품이 전염된다고 보는 것이 일반적이며, 의견이 다른 사람과 한창 격렬한 토론을 벌이다가 상대가 하품을 한다고 하품이 전염되기는 어렵다. 감정적 엠퍼시가 동정이나 공감을 뜻하는 심퍼시와 거의 같다고 볼 수 있는 건 바로 이런 점이다.

이처럼 엠퍼시라는 한 단어에도 다양한 유형이 있다. 감정과 사고의 전염에 의해 자동적으로 누군가의 마음에 들어가는

(동일화하는) 것이 감정적 엠퍼시이며, 그 정반대에 놓인 것이 인지적 엠퍼시다.

인지적 엠퍼시는 자연스럽게 대상에 동화되는 게 아니라 의도적으로 자신과 타인은 차이가 있다고 전제한 후, 타인의 시점을 취득하여 타인의 생각과 감정을 추측하는 능력이다. 하품은 인간뿐 아니라 침팬지, 원숭이, 강아지 사이에서도 전염되는데, 팔라기는 이를 근거로 동물 역시 인간의 감정적 엠퍼시와 유사한 것을 갖고 있다고 말한다. 그러나 인간은 인지적 엠퍼시처럼 복잡한 능력도 지니는데, 이는 감정적 엠퍼시와 인지적 엠퍼시가 뇌에서 생성되는 프로세스는 서로 다르기 때문이다.

하향식인가 상향식인가

감정적 엠퍼시와 인지적 엠퍼시의 차이는 신경과학 분야에서 '하향식top-down'과 '상향식bottom-up'이라는 두 방향 개념으로 설명된다. 하향식과 상향식이라고 하면 정치, 사회운동, 기업 등과 관련된 조직의 구성 방식을 상상하기 마련인데, 인간의 감정도 이 두 가지 경로로 발생한다고 한다.

덴버대학과 스탠포드대학 연구자들은 「상향식 감정과 하향식 감정의 발생: 감정 조절의 영향」(2012년 3월 7일)이라는 논문에서 상향식 감정이란 어떤 즉각적인 자극에 대한 습관적인 반응으로서 나오는 것이라고 말한다. 자동차가 가까이 달려들어 공포감을 느끼는 리액션을 취할 때의 감정이다. 한편 하향식 감정은 보다 의식적인 반응에 의한 것으로, 자극이 아니라 어떤 상태를 두고 스스로 생각할 때 파생되는 감정이다. 시험을 잘 보기 위해 충분히 공부하지 못했다고 스스로 판단하여 불안해지는 것과 같다.

상향식 엠퍼시란 타인의 행위나 상태를 뇌에서 미러링하여 리액션이 나타나는, 즉 감정적 엠퍼시다. 한편 '인지적 타자시점 취득cognitive perspective-taking'이나 '마음이론theory of mind'을 통해서도 알 수 있듯 하향식 엠퍼시는 타인의 감정이 완전히 나의 상상이나 이해를 바탕으로 존재하고 뇌신경의 제어나 억제 메커니즘에 의해 나타나는 엠퍼시다. 즉 하향식 엠퍼시는 미러링으로 자기도 모르게 느껴 '억누르기 어려운' 공감과 달리, 뇌의 제어 기능이 작용하는 범위에서 타인의 상황이나 감정을 사고하는 것이다. 자동적으로 나오는 반응이 아니라 의식적으로 행하는 상상이라고 할 수 있으리라.

상향식과 하향식 프로세스를 알고 나니 폴 블룸이 《공감의 배신》에서 사이먼 배런코언을 비판한 내용이 떠오른다. 배런코언은 사람에 따라 엠퍼시 능력 수준이 다르며 사이코패스나 국수주의자처럼 타인에게 공감하지 못하는 사람들의 엠퍼시 능력을 '레벨 0'으로 설정했다. 거꾸로 끊임없이 타인의 감정에 초점을 맞추고 뇌의 레이더에서 타인이 떠나질 않는 사람을 '레벨 6'으로 설정했다. 배런코언은 레벨 6에 해당하는 사람을 설명하기 위해 '한나'라는 가상의 여성을 제시한다. 한나는 타인의 감정에 맞장구치는 데 천부적인 재능을 발휘하는 심리치료사다. 블룸은 배런코언이 《악의 과학: 엠퍼시와 잔인함의 기원에 대하여The Science of Evil: On Empathy and the Origins of Cruelty》라는 책에 쓴 한나의 인물상을 인용했다.

당신이 방 안으로 들어서자마자 한나는 당신의 표정, 몸짓, 자세를 판독한다. (…) 한나는 당신이 내뱉는 목소리의 억양으로 당신의 심리 상태를 알아챈다. (…)

한나는 위로와 배려의 말을 건넬 때 외에는 결코 당신의 말을 가로막지 않는다. 감정을 미러링하고 기분을 고양시키며 당신의 존재 가치가 올바르게 평가되어 있다고 느끼게 만들기 위해 마음이 놓이는 말들을 건넨다. 이 훌륭한 리스너에게 당신은 순식간에 마음을 열게 된다. 한나는 이것이 자신의 일이기 때문에 그렇게 하는 것도 아니다. 고객이나 친구나 방금 만난 사람에게도 같은 방식으로 평등하게 대한다. 한나의 친구는 그녀가 자신을 배려한다고 느끼고, 한나의 교우관계는 두터운 신뢰를 쌓으며 서로 지원하는 일을 아끼지 않는다. 이렇게 한나는 걷잡을 수 없는 공감에 휩싸여 있는 것이다.

'감정을 미러링하고' '걷잡을 수 없는 공감에 휩싸여' 있다는 말에서 알 수 있듯이, 한나가 가진 엠퍼시 능력이란 자동적으로 대상에게 이입하는 감정적 엠퍼시, 즉 상향식 엠퍼시라고 할 수 있다. 배런코언은 '여성 뇌·남성 뇌'가 존재한다고 주장하며 엠퍼시에 능한 뇌가 '여성 뇌'라는 논설을 펼쳤으므로 엠퍼시 수준이 가장 높은 레벨 6 인물의 예가 여성인 것은 그 주장이 반영된 결과이리라. 배런코언이 언급한 엠퍼시는 상향식 엠퍼시를 가리키며 '여성 뇌'가 특화된 영역이다.

한편 폴 블룸은 한나처럼 감정적 엠퍼시가 과잉된 인물에게는 '비용이 발생한다'고 주장한다. 타인의 경험이 곧바로 자기를 점령하는(여러 사람에게 미러링되어 머릿속이 타인의 감정으로 꽉 차버리는. 블룸은 이를 '자신이 1이고 타인이 99를 차지하는 것'이라고 표현했다) 상태가 되면 다양한 폐해가 발생한다는 것이다. 심리학자 비키 헬게손과 하이디 프리츠는 이렇듯 타인을 지나치게 배려하여 자신이 원하는 것보다 타인이 원하는 것을 우선하는 성질을 연구하며 이를 '과도한 교감unmitigated communion'이라 불렀다. 과도한 교감을 보이는 사람들은 때때로 '지나치게 보호적·침략적·자기희생적'이고, '남이 나를 싫어한다는 생각을 자주 하며, 남이 자신의 도움이나 조언을 바라지 않으면 어찌할 바를 모른다'는 사실을 알아냈다. 또한 '과도한 교감'에 빠진 사람은 타인에게 주의를 기울이는 일에만 얽매여 자신에게 신경 쓰는 것을 게을리 하는데, 이러한 성향으로 인해 심장병, 당뇨병, 암 등의 발병률이 높아질 수 있다고 한다.

'과도한 교감'을 측정하기 위해 두 사회학자는 '내가 만족하려면 남을 만족시켜야만 한다', '누가 도움을 요청하면 거절하지 못한다', '남의 문제로 고민하는 일이 많다'와 같은 평가항목을 포함한 척도를 개발했으며, 이러한 측정 방식에서는 일반적으로 남성보다 여성이 점수가 높다고 한다.

앞서 언급한 몇몇 심리학자들은 이런 연구 결과에서 나타나는 성별의 차이가 불안이나 억울함에 빠지기 쉬운 것이 여성의 성향임을 입증한다고 생각하는 듯하다. 교육학자 바버라 오클리는 '여성이 일반적으로 많이 걸리는 질병과 병증은 타인에게 초점을 두고 강한 공감을 느끼는, 여성의 일반적인 성향과 관련되어 있다는 사실은 참으로 놀라운 일'이라고 주장한다. 빅토리아시대로부터 이어진 '여성 뇌·남성 뇌' 논쟁이 또 출현한 것이다.

자신을 포기하지 않는다

그런데 블룸은 '과도한 교감'은 위험하지만 '교감'은 나쁘지 않다고 한다. 그는 '교감' 정도를 측정하는 기준으로 '타인에게 도움을 주려는 정도', '타인의 감정에 대한 배려', '친절한 마음', '타자이해' 등을 제시한다. 블룸의 책에는 이 평가에서 남녀 어느 쪽의 점수가 높은지는 나와 있지 않고, '교감'에는 '과도한 교감'에서 나타나는 공감적 고통(타인의 고통을 느끼면 자신도 괴로운)이 없다는 점에서 긍정적이라고 한다. '과도한 교감'은 대상을 미러링하여 순식간에 타인의 감정을 흉내 내는 상향식 감정적 엠퍼시이며, '과도하지 않는 교감'은 자기 제어가 가능한 뇌 시스템에서 타인의 감정을 상상하고 이해하는 하향식 인지적 엠퍼시라는 것이다. 전자는 자기와 타인을 동일시하기에 공감적 고통을 느끼지만 후자는 자신과 타인을 어디까지나 다른 사람으로 인식하기에 자기 억제가 가능하다. 나는 나이며 타인과 나는 결코 섞일 수 없다. 그런 생각을 가진 채 타인의 생각을 상상하고 이해하려는 것이다.

뇌의 거울로 타인이 된 나를 그려보는(자신도 모르는 사이 타인과 같은 신발을 신고, 어쩌면 같은 옷을 입고 머리 모양이 똑같은 상태) 것이 아니라 타인과 어느 정도 거리를 두면서 자기 신발을 벗고 타인의 신발을 신어보는 것이다. 그러나 이 둘의 차이는 블룸의 주장처럼 '교감도 어느 정도까지는 괜찮다'는 균형에서

오는 것은 아니라고 본다. 중요한 것은 '자신을 포기하지 않는다'는 점이다.

상향식 엠퍼시가 '여성 뇌·남성 뇌'를 구분하는 기준이었다 해도 광범위한 샘플을 대상으로 측정해보면 젠더 차이가 크게 없을 거라는 주장도 있다. 자신에 대해 스스로 생각해서 답하는 질문 형식의 조사 방법으로는 아무래도 여성의 엠퍼시가 높다는 결과가 나온다는 것이다. 개개인이 젠더 이미지에 얽매여 '나는 여성이니까 남성보다 공감 능력이 높을 것이다'라거나 '나는 남성이므로 둔감하고 타인의 고통을 잘 느끼지 못할 것이다'라고 믿어버릴 수 있기 때문이다.

젠더 역할에 얽매이는 것은 나를 쉽게 포기해버리는 일이라고도 할 수 있다. 그러나 나는 다른 여성이나 다른 남성이 아닌 나 자신이라는, 그 차이를 포기하지 않는다면 '과도한 교감'에 빠지지 않고 올바른 '교감'을 몸에 익힐 수 있을 것이다.

그런데 영국이 록다운에 들어간 뒤 아이의 학교 온라인 수업에서 내준 영어(그러니까 국어) 과제가 대단히 재미있다.

아이 반에서는 요즘 셰익스피어의《로미오와 줄리엣》을 읽고 있는데 그 수업에서 나온 과제다. 내가 주인공이 되었다고 생각하고 러브레터를 써보라는 것이었는데, 내가 학교를 다니던 시절이었다면 여자는 줄리엣이, 남자는 로미오가 되어 편지를 써보라고 했을 것이다. 하지만 아이들 세대는 다르다. 첫째 주에는 모두 로미오가 되어 최대한 라임(운율)을 살려 랩 느낌의 연애편지를 쓰라고 했다. 그다음 주에는 모두 줄리엣이 되어 자신만의 오리지널 메타포를 적어도 한 가지, 클리셰(빈번히 사용되는 문구나 표현)를 적어도 세 가지 써서 클래식한 편지를 쓰라고 했다.

이 과제를 낸 선생님은 첫 시간에 자신을 논바이너리[2]라고 밝히며, 'HE'도 'SHE'도 아닌 'THEY'로 불러달라고 말했다고 한다. '나는 남성도 여성도 아니다'라고 스스로 말하는 선생님이므로 아마도 세 번째 시간에는 논바이너리로서 편지를 쓰라는 과제가 나오지 않을까 하고 아이와 친구들이 SNS로 이야기를 나누었다고 한다. 하지만 《로미오와 줄리엣》 과제는 두 번으로 끝이 났다.

얼마 전 영어(국어) 선생님에게서 전화가 왔다. 학교가 쉬면서 각 교과목 선생님이 보호자들에게 정기적으로 전화를 걸어 학생들이 온라인 수업을 얼마나 잘 듣고 있는지, 문제는 없는지 물어본다. 예의 그 선생님에게서 전화가 와서 온라인 수업 과제가 무척 흥미로웠다면서 《로미오와 줄리엣》 전에는 '오웰의 《동물농장》'을 모방해서 동물을 주인공으로 한 록다운 사회와 인간

---

2 남성과 여성으로 구별하는 이분법적 성별 구분에서 벗어난 사람.

에 대한 알레고리(우의)를 써보라'는 과제도 있었다) 아이가 무척 열심히 과제를 하고 있다고 전했다. 그랬더니 선생님이 이렇게 말했다.

"온라인 수업을 하면 아무래도 과제 중심이 되기 때문에 쓰는 쪽이나 읽는 쪽이나 지겨워지지 않을 주제를 찾으려 노력하고 있습니다."

《로미오와 줄리엣》의 러브레터라니, 읽는 사람들도 정말로 즐거울 것 같네요."

"평소 마초에 반항적인 학생이 줄리엣이 되어 무척 달콤한 러브레터를 써와서 깜짝 놀랐습니다. 거꾸로 튀지도 않고 점잖던 아이가 엄청난 편지를 쓰기도 하고요. 이 아이는 집에서 늘 랩을 듣고 있구나 싶었어요."

"평소와는 다른 학생들의 얼굴이 보이기도 하는군요"라고 말한 뒤 마음먹고 물어보았다.

"학생 전원이 로미오가 되기도 하고 줄리엣이 되기도 하는 건 젠더 이미지에서 자유로워지기 위해서인가요?"

"그런 것에 얽매이지 않는 편이 생각지도 못한 걸작을 낳기도 하니까요. 그 과제를 제출한 학생들의 글을 읽고 있으면 그게 사실임이 확실히 드러납니다."

논바이너리 중에는 "나는 여성도 남성도 아니다"라고 말하는 사람도 있지만 나는 "여성이기도 하고 남성이기도 하다"라고 말하는 사람도 있다. 아이가 다니는 중학교에는 논바이너리 선생님이 두 명 있는데 전화로 이야기한 선생님은 전자이고 다른 선생님은 후자다.

젠더 논의는 차치하고 이 선생님들은 자신이 무엇인지, 혹은 무엇이 아닌지를 학생들에게 제대로 이야기하고 있다. 이들은 '내가 여성, 남성, 제3의 성이다'라고 말하기 이전에 '나는 나'라는 사실을 쉽게 포기하지 않는 사람들이라고 생각한다.

타인의 신발을 신어보는 일이 가능한 사람들의 사회를 만들기 위해서는 우리가 우리에게 걸어놓은 저주를 풀 필요가 있다. 타인이 만들어놓은 상자 속에 있으면서 타인이 멋대로 붙인 〈이 상자 안에 있는 사람들은 이런 성향의 사람들입니다〉라는 라벨이나 〈이런 성향의 사람들은 이러한 소재로 이루어져 있습니다〉 같은 원료 목록이 붙는 것을, 그러한 저주를 거부하지 않는다면 나 자신을 지키기는 어려울 것이다.

인간은 이렇게 분류한 상자의 원료 목록을 쉽게 믿기 때문에, 사실은 그런 맛이 전혀 나지 않는 데도 불구하고 원료 목록의 향신료 이름을 보고 "그러고 보니 분명 그런 맛이 난다"라고 생각하기 쉽다.

이 원료 목록에는 두개골 두께, 유전자의 염색체, 여성 뇌·남성 뇌 등이 있다. 그것들은 모두 역사적으로 차별이나 편견을 '합리적'으로 만드는 언설에 이용되어왔다.

누군가를 '이런 사람이다'라고 단언하고는 사고를 멈춰버리는 인간의 습성을 타파하기 위해 필요한 엠퍼시조차도 '여성'이라는 라벨이 붙은 상자의 원료 목록에 집어넣는다면, 이보다 더한 아이러니도 없으리라.

더 나쁜 건 이 원료 목록이 과학적 증거가 되어 자주 상식이 된다는 점이다. 그러나 나카무라 다카유키는《야만적인 언설: 차별과 배제의 정신사野蛮の言説 差別と排除の精神史》에서 '어떠한 사회의 상식은 다른 사회나 다른 시대에는 통용하지 않는 부분이 반드시 있다'고 썼다.

상자의 내용물을 설명하는 원료 목록이 차별을 정당화하기 위해 만들어졌다면, 이는 차별을 옹호하는 이들이 자기 주장을 증명하기 위해 쓴 것이다. 사카구치 안고[3] 식으로 말하자면 인간은 가엾고 나약한 존재이므로, 누군가를 배제하건 차별하건 정당한 근거만 있으면 된다고 생각하는 것이리라.

3 일본 전후 문학을 대표하는 소설가.

제6장

그것은
깊은가 얕은가

네이처인가 너처인가

엠퍼시 능력이 없는 사람의 전형적인 예가 사이코패스다 (다만 폴 블룸은 인지적 엠퍼시를 악용한 궁극의 엠퍼시 능력자로 파악하고 있다). 그러나 최근에는 소시오패스 개념도 널리 알려져 '네이처nature인가 너처nurture인가(선천성인가 후천성인가)'라는 논의가 중요해지고 있다.

일반적으로 반사회적 인격이란 엠퍼시가 결여되어 있어 타인의 권리를 짓밟는 일에 양심의 가책을 느끼지 않고 착취를 일삼는 등 타인을 자기 마음대로 조작하는 데 능한 성향을 말한다. 이들은 크게 사이코패스와 소시오패스로 분류할 수 있는데, 사이코패스는 타고나는 것이며 소시오패스는 유년기의 학대 등 성장 환경에 의해 발현한다고 한다.

사이코패스는 냉정하고 침착하지만 소시오패스는 금세 불

안해하고 분노가 폭발해 폭언을 쏟아내기 쉽다고 알려져 있다. 그래서 소시오패스는 사회에서 보다 눈에 잘 띄고 발견하기 쉽지만, 사이코패스는 어디에 있는지 알 수가 없다. 사이코패스라고 해서 연쇄살인마 잭 더 리퍼나 한니발 렉터 박사처럼 늘 범죄자가 되는 것이 아니라 우리가 사는 동네나 직장, 지인과 친구 그룹에 평범하게 섞여 살고 있다고 한다.

환경의 영향으로 반사회적 인격을 갖게 된 소시오패스는 격정적이 되기 쉬운 특징에서 알 수 있듯이 일반 사람들과 비슷하게 화를 내고 슬퍼하는 감정을 갖고 있다. 다만 격해지는 감정을 제어하지 못하는 것이다. 한편 사이코패스는 공포심이나 분노와 같은 감정이 결여되어 있고 그저 스릴을 찾아 비도덕적인 일을 저지르기 때문에 소시오패스보다 훨씬 잔혹해진다. 사이코패스는 화를 내거나 난폭하게 굴지 않기 때문에 소시오패스보다 사귀기는 더 쉽다고 알려져 있지만, 어느새 자기가 원하는 대로 상대를 컨트롤하고 있다.

그런데 사이코패스나 소시오패스 같은 반사회적 인격과 정반대에 놓인 인격이 있다. 바로 '엠퍼시의 정신적 실체'인 '엠패스Empath'다. 엠패스는 공감력이 굉장히 높은 사람을 말한다. 심리학자들은 엠패스란 무척 민감한 사람으로, 주변 사람들의 감정이나 생각을 통찰하는 능력이 뛰어나고 타인의 고통을 덜기 위해 자기를 희생하는 특성을 가졌다고 설명한다(엠패스는 영적인 용어로 쓰일 때도 있으며, 영적 세계에서는 타인의 감정이나 에너지를 느끼는 초자연적 힘을 가진 사람을 뜻한다).

엠패스는 타인에게 훌륭한 친구가 되고 직감이 뛰어나며 (누군가가 믿을 수 있는 사람인지 아닌지 순간적으로 파악한다) 관대하고 속이 깊다는 장점이 있지만, 본인에게는 상당히 괴로운 인격이라고 한다. 친구나 주변 사람들이 경험하는 일을 너무 진지하게 느끼기 때문이다. 자기와 타인 사이에 분명하게 선을 긋지 못해 타인이 품고 있는 불안이나 미움처럼 어두운 감정에 휘둘리고 아주 어려운 부탁도 웬만하면 들어준다. 이 때문에 사람들 사이에 둘러싸여 있는 게 괴로워 평온한 삶을 추구하는 사람이 많다고 한다. 이런 특징으로 분명해지는 것은 엠패스란 엠퍼시 중에서도 감정적 엠퍼시가 과잉된 사람을 가리킨다는 사실이다.

미국의 정신과 의사 주디스 올로프는 《나는 초민감자입니다》라는 책에서 엠패스란 세계의 기쁨과 스트레스를 스펀지처럼 흡수하는 사람이라고 말한다. 대부분의 인간은 자극이 과잉된 상태로부터 자신을 지킬 보호 필터를 갖추고 있지만 엠패스는 그 필터가 결여되어 있어 긍정적이든 부정적이든 가리지 않고 주위 감정이나 에너지를 흡수해버린다고 한다. 사람들의 어두운 감정을 너무 많이 흡수해서 본인의 체력이 떨어지기도 하니 사람이 많은 장소를 견디기 힘들어하는 경우도 많다.

자신을 보호하는 필터의 결여, 순간적으로 주위 감정을 흡수하는 능력. 이런 설명을 보면 엠패스는 타고나는 자질이며 선천적인 인격으로 보인다(초자연적 힘이라고 불리는 일마저 있을 정도이니까).

그러나 엠퍼시에는 두 종류가 있다. 하나는 엠패스와 같이 과잉된 인격에서 나타나는 감정적 엠퍼시고, 다른 하나는 인지적 엠퍼시다. 정신을 차려보니 타인의 신발을 신고 있더라는 무의식의 '공감력'이 아닌, 의식적으로 자기 신발을 벗고 타인의 신발을 신어보는 '상상력'이 인지적 엠퍼시다. 이 인지적 엠퍼시에 능통한 사람을 엠패스라고 부를 수는 없으리라. 그렇다면 이런 사람들은 뭐라고 불러야 할까.

그것은 아마도 평범한 우리들이라 할 수 있을 것이다. 사이코패스나 엠패스와 같이 특별한 사람들이 아니다. 인지적 엠퍼시는 평범한 존재인 우리가 경험과 훈련으로 기를 수 있는 상상력, 바로 그것이기 때문이다.

엠퍼시에도 선천성과 후천성이 있다?

선천적인 감정적 엠퍼시와 후천적인 인지적 엠퍼시. 두 개념을 생각하면 자연스럽게 영유아가 떠오른다. 아마도 내가 보육사로 일하고 있기 때문이리라.

선천적인 엠퍼시가 뇌에서 타인의 행동을 미러링하는 인간의 천성과 결부되어 있다면, 아기들도 분명 갖고 있을 것이다. 보육원에 있는 0~1세 아기들이 모인 유아방을 보면 잘 알 수 있다. 유아방 아기들은 낮잠 시간에 '도미노 효과'로 잠에 빠지기 때문이다. 보육사가 한 아기의 몸을 흔들흔들하고 가볍게 이마와 뺨을 어루만지며 재우기 시작해 아기가 한 명 두 명 잠들면 그 모습을 본 다른 아기들도 덩달아 잠들기 시작한다. 아직 기어 다니는 생후 몇 개월 된 아기들은 방 어디에서 누가 울기 시작하면 전염된 것처럼 따라 울기 시작한다. 누군가가 "다다"라거나 "아아"라고 소릴 내면서 박수를 치면, 그 주변 아기들도 "다다"라고 하면서 따라 치는 광경도 자주 볼 수 있다.

보육사는 이를 유아의 '복사 기능'이라고 부르는데, 거울 뉴런의 작용으로 이해한다면 아무도 알려준 적 없는 능력을 아기가 갖고 있는 것은 놀랍지 않다.

하지만 도미노 효과로 차분하게 잘 자던 아기들도 성장함에 따라 잠들지 않거나 누군가가 울어도 함께 울지 않는다. 다른 아이의 행동을 복사하지 않게 되는 것이다. 이것은 아기의 뇌에서 주위의 감정이나 생각을 너무 많이 흡수하지 않도록 자기를 지키기 위한 보호 필터가 각성되기 시작해서인지도 모른다. 문득 간이침대에 누워 다른 아이들이 잠드는 모습을 보며 하품을 하면서도 필사적으로 두 눈을 크게 뜨고 천장을 쏘아보던 두 살 아기의 모습이 떠오른다. 감정적 엠퍼시가 지나치게 작동하지 않도록 보호 필터를 켜는 인간의 모습이 바로 그런 것이 아닐까 싶다.

그러나 타인을 향한 상상력인 인지적 엠퍼시는 다르다. 그것은 아이가 이미 가지고 있는 능력이 아니라 어른이 가르치는 것이다. 나의 보육 선생이었던 선배는 늘 이렇게 말했다. "아이들에게 감정의 이름을 알려주세요. 아이들이 지금 느끼는 감정이 무엇인지 설명해주세요."

장난감 자동차를 가지고 놀던 두 살 아이가 자동차가 잘 나가지 않자 짜증이 나서 벽에 집어던진다면, 보육사는 아이에게 "너 지금 화가 많이 났구나"라고 말을 걸어야 한다는 것이다. 한 발 더 나아가 "장난감 자동차가 네 마음대로 움직이지 않아서 분했겠네. 장난감이 움직이지 않으면 답답하니까"라고 아이가 어째서 분한 감정이 드는지 설명해줘야 한다.

이는 아이가 자신의 감정을 알고 언어화하는 능력을 기르는 교육이면서 자신의 감정을 정의하고 이름 붙임으로써 타인의 감정에 대해서도 자기 안에서 알맞은 언어를 찾아 이해하도록 만드는 과정이다. '슬퍼, 화나, 외로워' 같은 말이 그 감정을 품는 이유와 연결되면 다른 아이가 장난감을 집어던지는 모습을 보고 "저 아이는 화가 났구나" 하고 깨닫게 된다. 이처럼 인지적 엠퍼시란 타인의 감정이 순간적으로 전염되는 것이 아니라 상대가 그 감정을 품게 된 이유를 논리적으로 탐구하기 위한 학습과 훈련의 결과다.

《이 폐허를 응시하라》[1]가 제시하는 '깊이'의 문제

리베카 솔닛은 《이 폐허를 응시하라》라는 책에 이렇게 썼다.

우리가 감정을 이야기할 때는 대체로 '기쁘거나 슬프거나' 둘 중 하나로 말한다. 기쁨은 일종의 유머러스한 긍정이며 슬픔은 순수하게 부정적인 감정이다. 그러나 우리가 자기 체험을 더 정확하게 인식하려면 '깊거나 얕거나' 혹은 '풍부하거나 빈약하거나'라는 인식을 가져야 하는 것이 아닐까.

솔닛은 가장 깊은 감정이나 개인 존재의 핵과 연결되는 감정, 인간에게 가장 강력한 감각과 능력을 불러일으키는 감정은 죽음, 전쟁, 긴급사태에 처해 있더라도 풍부해질 수 있다고 말한다. 거꾸로 평상시에 행복하다고 판단되는 상황은 그저 밑바닥에서 벗어날 때를 말하는 경우가 많다. 인간은 이렇게 깊이에서 벗어날 때, 기쁘거나 슬프거나 하는 감정을 기준으로 움

---

1 일본에는 《재해 유토피아災害ユートピア》라는 제목으로 번역되었다.

직인다는 것이다.

'깊거나 얕거나' 하는 문제는 두 엠퍼시에도 대입할 수 있다. 감정적 엠퍼시가 작용할 때는 행복한 듯 웃는 사람을 보면 그 사람이 정말 행복한지는 차치하고 그저 뇌의 미러링으로 함께 웃게 된다. 편하게 주위 사람을 잘 맞춰주는 좋은 사람 같지만 깊이는 없다.

한편 인지적 엠퍼시는 설령 상대의 가치관이나 견해에 찬성할 수 없고 호감을 갖지 않더라도 그 사람이 속으로 무슨 생각을 하는지 상상할 수 있는 능력이다. 상대를 싫어할 수도 있으니 그런 상대를 뇌에서 미러링할 가능성은 높지 않다(하품은 친한 사람에게서 더 쉽게 전염된다). 무의식적인 거울 뉴런과는 성질이 다르다. 인지적 엠퍼시를 통해서 단순히 '좋아하거나 싫어하거나, 기쁘거나 슬프거나' 같은 얕은 감정에 머무르지 않고(혹은 속박되지 않고) 깊이 있는 통찰을 하기 위해 노력한다.

이러한 관점은 '포퓰러리즘popularism'을 생각할 때 도움이 된다. 요즘 '포퓰리즘populism'이라고 불리는 것은 실은 '포퓰러리즘'인 경우가 많다. 가타오카 다이스케가 데이비드 그레이버의《민주주의의 비서구 기원에 대하여There Never Was a West: Or, Democracy Emerges From The Spaces in Between》에 나온 'Populist'를 '민중중심적인 사람'이라고 알맞게 번역했듯, 민중중심주의(포퓰리즘)와 인기지상주의(포퓰러리즘)를 혼동해서

151

는 안 된다고 나는 생각한다(민중중심주의를 지향한다고 다 서민에게 인기 있는 것은 아니므로). 여기서는 '포퓰러리즘'이라는 용어를 쓰려 하는데, 포퓰러리즘이야말로 감정적 엠퍼시를 최대한 이용한 사상이다.

예를 들어 여성에게 인기 있는 여성 정치인이 코로나 사태 중 기자회견에서 마스크를 쓰고 등장한다. 문득 마스크를 벗으며 "어머, 립스틱 바르는 걸 깜박했네"라고 말한다. 보도진은 일제히 플래시를 터뜨린다. 이 경우 여성 정치인은 일상에서 화장을 하고 생활하는 많은 사람들이 비슷한 경험을 한다는 사실을 알기에 일부러 소리 내어 사정을 설명한다. 일제히 사진을 찍는 보도진도 사람들이 이런 장면을 좋아한다는 것을 알기에 카메라에 담는다.

그 모습을 본 사람들은 "저 유명인도 나랑 똑같네"라며 호감을 갖게 된다. 강한 정치인이 의외로 자기와 비슷한 일상을 사는 모습을 보며, 순간적으로 뇌에서 정치인과 자신을 일치시키며 미러링이 일어난다. 그 순간 나는 뇌 안에서 여성 정치인이 된다. 이런 순간이 많을수록 타인이 나와 가까운 존재라고 여기게 된다.

만난 적도 이야기해본 적도 없는 인물이 가까이 있는 듯 느껴지는 것은 이해할 수 없는 현상이지만, 영상이나 화면을 통해서도 뇌가 대상을 미러링하므로 이런 일도 가능한 것이다.

정치인뿐만 아니라 배우나 각종 유명인 중 평범한 사람들과 가까운 곳에 살면서 가식 없는 모습을 보여주는 인물이(혹은 그런 빈틈을 보이는 사람일수록) 인기를 끄는 것은 사람들에게 미러링하기 쉬운 순간이나 이미지를 제공하기 때문이리라. 어째서 인간은 미러링을 좋아하는가 하면, 뇌에 심어져 있는 기능이자 본능이기 때문이다. 미러링을 통해 맛보는 일체감은 인간에게 기분 좋은 일이다. 공명과 공감이 인간을 열광하게 만들기 쉬운 것도 바로 쾌감이 느껴지기 때문이다.

이런 쾌감은 이제 막 말을 배우기 시작한 아이들도 느낀다. 보육원 점심시간에 각자 보호자가 만들어준 점심 도시락을 열었을 때 같은 메이커의 요구르트가 들어 있으면 아이들은 "똑같다, 똑같아"라고 하며 기뻐한다. 수영복으로 갈아입을 때 같은 무늬의 수영복을 본 기쁨 같은 걸 계기로 친해지는 아이들도 있다. 인간은 타인과 함께한다는 데에 기쁨을 느낀다. 이는 친구들 사이에서 외톨이가 되고 싶지 않다는 위기 회피 본능과 이어지는 것인지도 모른다.

이와는 대조적으로 대단히 소수이기는 하지만 "똑같다, 똑같아"에 등을 돌리는 아이도 있다. 공작 수업 시간에 "○○이랑 나랑 똑같네"라거나 "○○이랑 똑같이 만들어야지"라며 다들 도화지에 같은 색을 칠하고 있을 때, 혼자서 가위를 들고 종이를 싹둑싹둑 자르는 아이가 있다. 영국 보육사는 이런 아이가 있어도 "처음에는 도화지를 칠해야지. 혼자만 순서가 다르면 안 되니까" 하고 혼내지 않는다. 인간이 틔우는 창의성의 새싹은 '다른 사람과는 다른 것을 해보자'에서 자라기 시작한다고 보육사 육성 코스에서 배우기 때문이다. 아이의 이런 행위는 미러링 본능에 반하는 행위다. 타인과 동질감을 느끼며 얻는 안이한 쾌감을 거부하는 행동이라고도, 남들을 따라 편하게만 살지는 않으려 하는 고독한 단계라고도 할 수 있다. 도화지를 가위로 싹둑싹둑 자르는 아이는 "똑같다, 똑같아"라고 타인과의 공감에 취하거나 집단의 분위기에 휩쓸리지 않고 자기 손과 머리로 문제를 해결하고 자기만의 작품을 탄생시키고자 한다. 이는 다 함께 모여 떠드는 왁자지껄한 분위기와는 다른, 어려움과 만족감으로 가득한 깊이 있는 창작 경험이 되리라. 설령 세 살 아이라 해도 말이다.

리베카 솔닛이 '기쁘거나 슬프거나'보다 '깊거나 얕거나'가 중요하다고 한 말은 아이의 창조성에 관한 내용이 아니라 재해가 벌어졌을 때의 이야기지만, 그녀는 재해에 '기존 질서를 바꾸고 새로운 가능성을 여는 힘'이 있다고 주장한다. 이는 결국 대안적 사회를 만드는 창조 능력에 관한 이야기다.

물론 재해는 아픈 경험이고 그 피해를 입은 사람들은 큰 고통을 경험한다. 미디어는 피해의 중심에 있는, 세상을 떠난 사람이나 유족처럼 대단히 소수의 사람들을 집중적으로 보도한다. 그러나 그 외부에는 보도되지 않은 많은 사람들이 존재한다. 보도된 이들만큼 피해를 입지는 않았지만 재해로 일상생활이 파괴된 사람들이다.

재해가 발생하면 서로를 돕는 일이 '번개의 섬광처럼 평범한 일상생활을 비춘'다고 솔닛은 말한다. 사람들은 임시 구조대, 피난소, 음식 보급소와 같은 지원 방법을 만들어 재빨리 서로를 돕기 시작한다. 기존의 질서에는 의지할 수 없기 때문이다. 정부나 관료 같은 엘리트 집단은 기존 질서가 무너지면 패닉에 빠져 올바른 판단을 내리지 못하지만, 재해가 일어난 현장에서는 사람들이 믿을 수 없을 만큼 뛰어난 지혜와 창의성을 발휘해 새로운 커뮤니티를 만들고 활기차게 움직이기 시작한다.

당연한 일이지만 재해가 일어나면 생활은 불편해지고 쾌적함은 사라진다. '기쁘거나 슬프거나'라는 기준에서 보자면 기쁨은 줄어들고 슬픔이 늘어난다. 하지만 부정적인 환경에서는 살아남기 위해 자연발생적으로 서로를 돕는 네트워크가 생겨나고, 모르는 사람들과 친구가 되어 아낌없이 물자를 나눈다. 생각지도 못한 자기 회복력에 놀라는 경험에서 얻는 감정은 '기쁘거나 슬프거나'라는 척도로는 측정할 수 없다. 지금까지 본 적 없는 '무언가'는 이처럼 깊은 감정이 지배하는 영역에서 생겨난다고 솔닛은 말한다. 솔닛은 재해 현장에서 나타나는 유토피아를 이렇게 표현했다.

사람들은 서로를 구조하고 걱정하며 식량을 무료로 나눈다. 대부분의 생활이 집 밖, 그것도 공공장소에서 이루어진다. 오래전부터 있었던 사람들 사이의 차별이나 분열이 사라지고, 개개인에게 아무리 끔찍한 운명이 닥쳤다 해도 다 같이 짐을 나누어 훨씬 더 편안해진다. 일찍이 불가능하다고 생각했던 일들이 좋든 싫든 가능해지고 실현된다. 위기가 닥친 탓에 이때까지의 불만과 고민은 날아가고 사람들이 자신에게 가치와 목적이 있으며 세계의 중심이라고 느낄 수 있는 그런 사회가 펼쳐진다.

물론 이런 기적과 같은 경험은 한순간이며 일시적이고 특별한 상황이다. 그렇더라도 이 시기에 생겨나는 '깊거나 얕거나', '풍부하거나 빈약하거나' 한 감정을 잊어서는 안 되는 이유는, 그것이 개인적 차원을 넘어 사회를 보다 좋은 곳으로 이끄는 중요한 척도이기 때문이다.

솔닛이 클레인에게 던진 비판

《이 폐허를 응시하라》에서 솔닛은 나오미 클레인의 《쇼크 독트린》을 언급한다. 솔닛은 《쇼크 독트린》이 엘리트층의 이익을 위해 구축된 경제가 재해 등 긴급사태가 발생했을 때 서민

을 얼마나 못살게 굴었는지 통렬하게 폭로한 책이라고 평가한
후, 이렇게 추궁한다.

그녀는 재해가 '우리가 심리적으로 의지할 곳을 잃고 물리
적 생활환경을 송두리째 빼앗겼을 때, 어떻게든 이용할 수
있는 순간을 만들어내는 일'이라면서 최근 일어난 한 재해
를 '중증의 의식장애와 극도의 불안과 공포, 집단에서의 퇴
행 현상'을 낳은 고문에 가까운 것으로 그렸다. 이는 진보적
인 저자가 쓴 것이라고 보기에는 놀라울 정도로 환멸적인
묘사이며, 전쟁 전 영국 정부의 불안을 그대로 흉내 낸, 명백
히 조사가 아닌 자기 확신이 낳은 산물이다. 이 책의 출판 기
념 공개 토론회에서 그녀는 극단적인 위기에 닥치면 "우리
는 자신이 누구고 어디에 있는지도 알지 못하게 됩니다. 어
린아이가 되어서 아버지를 찾아 나섭니다"라고 말했다.

솔닛은 '긴급 상황이 닥치면 패닉에 빠져 어린아이가 되어
서는 아버지를 찾아 나서는 집단퇴행을 겪는 서민들'이라는 클
레인의 전제가 잘못되었다는 근거를 현대 재해학의 대가 찰스
프리츠의 연구에서 찾는다.

미국 미주리 주 출신 프리츠는 제2차 세계대전 동안 미 육
군 항공대 대위로 영국에 살았다. 전쟁이 시작되고 5년이 지

난 후 영국 사람들은 만성적인 의식주 부족으로 생활이 궁핍했다. 프리츠는 사람들이 피폐해지고 패닉에 빠져 분노와 불안과 절망 속에서 '개인적으로나 사회적으로나 활력이 잃어버린 모습'일 거라 추측했다. 그러나 현지에서 본 영국 서민들의 모습은 놀라웠다. 그는 '현실은 온 나라가 반짝반짝 빛날 정도로 사람들이 행복한 인생을 즐기고 있었다. 놀라울 정도로 쾌활하게 인생을 사랑하며 살아가고 있었다'고 말했다.

제2차 세계대전 동안 영국 서민의 씩씩함은 역사적인 사실이었으며 '브릿그릿BritGrit(역경에 맞서는 영국인의 기백)'이라는 단어로도 남아 있다. 역사학자 셀리나 토드도《민중: 영국 노동계급의 사회사, 1910~2010》라는 책에서 제2차 세계대전은 이전까지 이등시민 취급을 당했던 서민(피플=노동자계급)이 처음으로 사회의 주역이 되어 활약한 시기였다고 썼다.

그러나 1940년 영국 정부는 노동자계급을 완전히 내려다보는 시선으로, 가난한 계급 사람들은 자제심이 부족하고 폭력적이라 전쟁 중 패닉에 빠져 도망치기 바쁘고 국가를 곤란한 상황으로 몰고 갈 것이라고 걱정했다. 그래서 '적군이 침공한다면'이라는 전단지를 각 가정에 배포해 도심에 사는 아이들이 밖에 나오지 못하게 하는 정책을 펴고 히스테릭한 상태가 일어나지 않도록 대책을 강구했다.

그러나 위급한 상황에서 영국 시민들은 진가를 발휘했다.

차분하게 서로를 돕고, 밝은 농담을 나누며 하나가 되어 위기를 뛰어넘으려 한 것이다. 영국 사람들은 지금도 당시의 '브릿 그릿'을 자랑스럽게 여긴다. 코로나 사태 중에 있었던 엘리자베스 여왕의 연설에서 'We'll Meet Again'이라는 제2차 세계대전 때의 유행가 가사를 인용한 이유도 당시 서민이 보여준 비상시의 침착함과 불굴의 정신을 떠올리자는 메시지를 전하기 위함이었다.

프리츠는 전쟁 막바지에 독일 시민에 대한 공습이 유효한지 조사하는 부서에 배치되었다. 거기서 그는 독일 사람들의 사기가 결코 꺾이지 않았음을 목격했다. 이처럼 영국 사람들이 폭격에 냉정하게 대응한 것은 특유의 기질이나 자존심 때문으로, 독일 사람들의 사기가 높은 것은 흔들림 없는 복종심 때문으로 알려져 있었다. 그러나 프리츠는 이 설명만으로는 충분하지 않았는지 제대 후 재해행동연구에 몰두한다.

1961년 발표한 논문에서 프리츠는 지금까지 알려진 재해 발생 시 인간의 행동에 대한 분석이 판에 박힌 내용이라고 지적했다. 집단 패닉을 일으켜 배려하는 마음을 상실하고 타인을 짓밟으며, 패닉이 진정되면 히스테리를 일으킨다는 주장에 반기를 든 것이다. 또 다른 스테레오 타입으로 '재해를 겪은 사람들은 외부의 지도와 조직화에 완전히 의존하여 방심한 상태의 무력한 군중이 된다'는 주장도 있었다.

솔닛은 클레인의 《쇼크 독트린》이 프리츠가 비판한 주장들을 계승하고 있다고 지적하며 서민이 정말로 그토록 아둔하고 수동적이며 무력한 존재인지 의문을 제기했다.

프리츠와 솔닛은 서민은 오히려 비상 상황이 닥쳤을 때야말로 '개인의 책임'을 인식하고 평소에는 정권이나 엘리트들에게 억눌려 있던 '주체성'을 발휘하여 자주적으로 지역사회를 돌보기 시작한다고 말한다.

그 이유에 대해 프리츠는 '일상은 이미 일종의 재해이며, 실제로 재해가 일어나면 우리는 일상에서 해방되기 때문'이라고 설명했다. 일상적으로 경험하는 상실이나 결핍, 위험한 사건은 각각의 인간에게 따로따로 발생한다. 그러나 재해와 같은 긴급 상황은 널리 공유되기에 그로부터 생존한 사람들 사이에 끈끈한 유대감이 형성된다. 그렇게 사회적 고립이 해소되고 심리적·물리적인 상호부조가 생겨나 안도감과 신뢰감으로 사람들의 마음이 충만해진다. 프리츠는 평소의 질서와는 다른, '아웃사이더가 인사이더로, 즉 주변부에 있던 사람이 중심인물이 되는' 세계가 나타난다고 한다.

가치관이 변화했기에 일어나는 일이다.

록다운 중인 영국에서도 비슷한 현상이 일어났다. 평소에는 최저임금을 받으며 겉으로 드러나지 않은 채 평범하게 일하던 노동자들(가게 점원, 청소부, 간호사, 버스 운전사 등)이 '키 워커'라고 불리며 영웅시되었다. 텔레비전이나 인터넷에서도 '키워커들에게 감사를'이라는 메시지가 나오고 매주 같은 시간에 그들을 위해 박수를 치는 일이 이어졌다.

그야말로 주변부에 있던 사람들이 중심적인 존재가 된 것이다. 블루칼라 노동자들이 긴급 상황에서 사회를 버티게 하는 소중한 사람들로 대우받게 되었다. 이런 가치관의 변화가 일어난 이유에 대해 프리츠는 '그동안 감춰져 있던 기본적인 가치관을 모든 사람들이 명백히 동의하며 깨달았기 때문'이라고 말한다. 아울러 '이 가치관을 유지하기 위해서는 집단행동이 필요하며, 개인과 그룹의 목적이 완전히 일치할 필요가 있음'을 재해를 겪은 사람들은 안다고 썼다. 평소 일치하지 않던 개인과 사회의 요구가 비상시에는 일치하는 것이다. 인간에 대한 편견이 억제되고 사람들은 서로 배려하며 친절해진다. 이것이 일상의 소외감이나 고독감을 일시적으로 해소시켜준다.

그러나 여기서 의문이 생긴다. 만약 인간의 내면에 '모든 사람들이 동의할 수 있는 기본적 가치관'이 내재되어 있다면, 어째서 그것이 평소에는 표출되지 않을까. 비상시에 개인과 사회의 요구가 일치한다면, 평소에는 일치하지 않고 대립하는 것은 어째서일까. 왜 긴급사태가 발생하지 않은 때에는 인간에 대한 분류적 견해와 편견이 존재하여 분단과 대립이 깊어지고 다들 소외감과 고독감을 느끼며 살게 되는 것일까.

톨레랑스와 엠퍼시

먼저 재해 시에 발생하는 문제의 대다수가 단순하다는 사실을 들 수 있다.

구조나 지원처럼 서로를 돕는 활동을 하는 장소에서는 해결책(잔해에 파묻힌 사람을 끄집어내고 수프를 끓여 배고픈 사람들에게 나누어주는)이나 자기 역할이 명확하기 때문에 평상시 복잡하고 애매한 문제들을 마주할 때보다 상황을 단순하게 받아들일 수 있다.

평소 격렬한 논쟁이 될 법한 것들(경제나 이념 같은)에 대한 해결 방법의 차이가 위기 상황에서는 뒤로 미뤄진다. 눈앞에 있는 사람을 돕는 일이 최우선이기에 다른 일은 일단 잊기 때문이다. 재해를 마주한 사람들은 자신의 사상이나 신조라는 평소 신고 있던 신발을 벗고 타인의 신발을 나서서 신어, 타인이 필요로 하는 일을 해주고 타인이 살아남도록 돕고자 한다.

흥미롭게도 솔닛은 타자 생존을 돕는 이런 행위가 결코 이타적이라고 단언할 수 없다고 분석했다. 그녀는 데보라 스톤이 이타주의와 민주주의에 대해 쓴 책《사마리아인의 딜레마The Samaritan's Dilemma》에서 아래 부분을 인용했다.

이타주의자들의 증언을 들어보면 놀랄 만한 모순이 보인다. 그들 대다수가 이타주의적 행위를 자기희생으로 보지 않는다. 오히려 주고받는 일이 동시에 일어나는 상호적 관계라고 본다. 다른 사람을 도우면 그들과 연대감이 생긴다. 남에게 무언가를 주고 도우면 그들은 자신이 거대한 무언가의 일부라는 감각을 얻는다. 타인을 도움으로써 자신이 사회에 필요한 가치 있는 인간이며, 이 세상에서 시간을 의미 있게 쓰고 있다고 느낀다. 타인을 돕는 일이 살아가는 목적을 준다.

솔닛은 재해 시에는 이타적이 되고 싶다는 욕구가 급증하여 이타주의자가 되려는 사람들이 많아진다고 말한다. 이는 자신의 생활이나 생명이 위협받는 경험을 하다 보면 살아가는 목적이 필요해지고, '기쁘거나 슬프거나' 하는 차원을 넘어 깊고 풍요로운 시간을 보내지 않으면 자신의 생존도 위험한 상황에 직면하기 때문이다. 그렇기에 9·11 테러 발생 직후 '뉴욕 거리에는 무언가 내가 할 수 있는 것이 없을까, (…) 어떻게든 의미 있는 일을 하고 싶다고 나선 사람들로 넘쳐났다'고 솔닛은 말한다.

그러나 일상으로 돌아오면 평상시의 '공존'이나 '공생'과도 다른 재해 시의 '공생존'은 모습을 감춘다. 대신 대립이 표출된다. 각자 생존의 위험을 느끼지 않는 상황에서 인간은 서로 돕는 일을 그만둔다. 어딘가에 도움이 필요한 사람이 없을까 하고 거리를 헤매는 일을 멈춰버린다.

서로 돕는 사회를 만들자던 사람들이 관용 없는 얼굴로 돌

변해 서로를 폄하하며, '나와 너는 다르다'라는 사실을 증오하고 벌하기까지 하는 것이다. 이런 현상은 새로울 것 없는, 오래전부터 있었던 일인 듯하다. 그것이 강하게 드러난 시기와 그렇지 않은 시기가 있었을 뿐이다. 제2차 세계대전이 끝나고 6년이 지난 1951년, 와타나베 가즈오[2]가 발표한 에세이 〈관용(톨레랑스)은 스스로를 지키기 위해 불관용(언톨레랑스)을 불관용해야 하는가寬容は自らを守るために不寬容に対して不寬容になるべきか〉를 읽어보면 그런 생각을 하게 된다.

와타나베는 '지금까지의 역사나 우리 주변의 현실만 보더라도 관용이 스스로를 지키기 위해 불관용을 타도한다는 명분으로 불관용이 된 사례를 발견할 수 있다'면서, 이는 슬프고도 저주스러운 '인간적 사실의 발생'이라고 한탄한다. 법과 계약은 인간이 약육강식을 정화하고 비참한 사투에서 벗어나기 위해 만든 것인데, 이러한 목적을 달성하려면 거짓말을 하거나 살인을 해서는 안 된다는 계약과 마찬가지로 관용이 불관용에 대해 불관용해서는 안 된다는 새로운 계약이 필요하다고 말한다. 와타나베는 당시 '인간적 사실의 발생'에 상당한 염증을 느꼈던 것이리라.

와타나베는 각종 계약이 본래는 사회 전체의 조화를 위해

---

2 오에 겐자부로의 스승으로 알려진 도쿄대학의 프랑스 문학 교수.

만들어진 것임에도 그것을 믿고 폭력을 행사하는 자가 존재한다고 지적한다. '함부로 법률을 구실로 삼아 약자를 괴롭히는 사람들, 사거리에서 인민을 크게 호통 치는 경찰 등은 계약에 폭력을 부가하는 사람들이라고 해도 좋다'고 본다. 이는 이번 코로나 사태 때 일본에서 보인 '자숙 경찰'의 행태[3]나 '블랙 라이브스 매터Black Lives Matter'[4] 운동이 다시 불붙은 계기가 된 미니애폴리스 사건을 떠올리게 한다.

와타나베는 현재의 질서가 필요하다고 느끼는 사람일수록, 질서를 흐트러뜨리는 사람들 중에는 그 질서의 결함을 다른 사람보다 강하게 느끼거나 그 결함에 희생되어 고통스러워하는 사람이 있다는 사실을 명심해야 한다고 말한다. '타인에게 질서를 지키라고 요구하는 사람들은 자신에게 도움이 되는 질서라서 그 개선과 진전을 목표로 하기 때문'이다. 자신에게 필요할수록 그 질서가 타인에게 미치는 영향을 곰곰이 생각하고 개선의 여지가 있음을 겸허히 인식하여, 필요하다면 바꿔나갈 마음도 먹을 수 있어야 질서 자체가 무너지지 않는다는 것이다.

---

3 일본에서는 코로나 사태 이후 민간 자경단 '자숙경찰'이 생겨나 방역 수칙을 준수하지 않는 사람이나 업소를 찾아다니며 사적 통제를 가했다.

4 흑인에 대한 과도한 공권력 집행에 대항하는 구호로, 2020년 5월 25일 미국 미니애폴리스에서 경찰의 과잉 진압으로 비무장 상태의 흑인 남성 조지 플로이드가 사망하면서 이 구호를 내세운 흑인 인권 운동이 다시금 확산되었다.

여기서도 타인을 생각하는 일이 실은 나 자신을 생각하는 일이라는 사실을 알 수 있다.

와타나베는 관용의 종교인 기독교가 불관용으로 치달아 교조적이 되고 이단을 박해하고 서로를 죽이기까지 하는 모습을 예로 들며 '기독교의 인간화'를 시도한 중세 사람들의 사상에 관심을 기울인다. 그는 '인간화' 사상에 대해 이렇게 썼다.

나를 비롯해 모든 인간이 무사히 세상을 살아나갈 수 있도록 비는 일이다. 모든 인간이 무사히 세상을 살아나가길 바라는 일이 어째서 잘못인가? 아울러 내가 여기 무사히 세상을 살아나간다고 하는 표현을 일부러 가져온 이유도 알아주기 바란다.

이 글을 읽으며 데이비드 그레이버가 쓴 《민주주의의 비서구 기원에 대하여》가 떠올랐다. 그레이버는 탁상공론으로서의 민주주의가 아닌 실전 민주주의란, 국가라는 틀을 벗어나 전혀 다른 문화·전통·경험을 가진 사람들이 함께 사는 '경계'의 공간에서 생겨난다고 주장한다. 실전 민주주의는 면면히 이어져 온 서양의 사상사나 전설적인 문학가와는 관계가 없으며, 해적선이나 인도양의 교역 커뮤니티, 미국 원주민 부족 연합 등이 만든 것이라고 주장했다. 이러한 경계의 공간에서는 '각기 다른 전통과 경험을 가진 다양한 사람들이 타협점을 찾기 위한 방법을 만들어야 했기' 때문이다.

민주주의는 다른 집단끼리 싸워서 어느 쪽이 강한지 결정하는 약육강식 제도가 아니다. 어느 쪽이 올바른지 결정하는 싸움도 아니다. 다양한 사상과 종교와 생활습관을 가진 사람들이 만나는 사소한 장소들에서 모든 사람이 무사히 함께 살아나가기 위해 실전을 거듭한 민주주의가, 단순히 두 파로 나뉘어 싸우는 일일 리가 없다. 민주주의는 차이가 존재한다는 사실은 물론 상반된 신조를 품고 있다는 것까지 확인하면서, 이런 '경계'의 공간에서 어디까지라면 서로 양보할 수 있을지 착실하게 탐색해보는 대화의 연속이다.

와타나베 가즈오는 불관용을 벌하기 위해 불관용으로 맞서는 것을 '관용의 자살'이라고 했다. 스스로 불관용에 빠지면 불관용을 비대하게 만들 뿐이며, 이 세상에 존재하는 불관용의 총량을 증가시키는 데 일조할 뿐이라는 것이다.

그래도 불관용은 언뜻 보면 옳고 순수한 것처럼 비친다. 나의 사상이나 동지에게 성실한 태도로, 용기 있고 강인한 자세로 보이기도 한다. 그래서 이 길을 택하는 사람들이 끝없이 나온다. 한편 관용을 실천하는 것은 인내력이 필요하고 곤란한 상황에 놓이기 쉬운 데 비해 비겁한 태도로 보이기 쉽다. 이에 대해 와타나베는 이렇게 썼다.

그러나 나는 인간의 상상력과 이해타산을 믿는다. 인간이 상상력을 키우고, 나아가 고도의 이해타산에 능하게 되면 싫든 좋든 관용을 선택하게 되리라고도 생각한다. 나는 여기서도 일부러, 이해타산이라는 예기치 못한 언어를 쓴다.

인간이 상상력(인지적 엠퍼시)을 키우고 고도의 이해타산(진정으로 자신을 위한 것이 무엇인지 생각하는 이기주의)에 능하게 된다면, 인간은 필연적으로 관용을 선택하게 된다는 뜻이리라. 제2차 세계대전이라는 인적 대재해가 끝나고 6년 후에 쓰인 와타나베의 이 문장은 코로나 이후의 사회를 비추어보는 거울이 될 수도 있을 것이다.

제7장

민폐와
연대

코로나 사태의 그물망 법칙

사실 나는 영국에서 가장 빨리 PCR 검사를 받은 시민 가운데 한 사람이었다.

2020년 2월 초 일본에 갔다가 일주일 정도 도쿄에서 일을 보고 영국으로 돌아왔는데, 며칠 뒤 발열과 기침 증상이 있었다. '아래 나라에서 오는 비행기로 영국에 입국한 분 가운데 도착 후 14일 이내에 발열과 기침 등의 증상이 있는 사람은 NHS(국민보건서비스)로 연락주십시오'라는 안내문이 공항 여기저기에 붙어 있었던 게 생각났다. 그 리스트에는 'JAPAN'도 포함되어 있었다. 나는 NHS로 전화를 걸었다.

그 무렵 영국의 코로나 확진자수는 아직 한 자릿수였다. 하지만 내가 사는 브라이턴에 심상치 않은 징조가 있었다. 아시아를 여행하고 귀국한 남성이 영국인 최초 감염자가 되어 시내에 코로나바이러스가 확산되고 있었기 때문이다. 게다가 나는 일본으로 떠나기 바로 전주에 확진자의 직장에 들렀다.

크루즈선 보도로 중국에 이어 코로나의 메카 취급을 받고 있던 일본에서 막 돌아온 사람이 열이 나고 기침을 한다고 말했다. 심지어 감염 지역으로 알려진 브라이턴의 확진자가 다니던 직장에 간 적도 있다. NHS에서는 두말할 것 없이 검사를 받으라 했고, 곧바로 검사를 받은 뒤 자가 격리를 했다.

검사 결과를 기다리며 이런저런 생각이 들었다. 코로나에 걸렸다고 해도 14일 동안 집에 누워 있으면 되니까 큰 두려움은 없었다. 그보다 정말 번거롭게 됐다고 생각했다.

아직 학교가 휴교하기 전이라 아이가 다니는 중학교 선생님에게 사정을 설명하고 검사 결과가 나올 때까지 학교를 쉬도록 해야 했다. 내가 일본에 있는 동안 아이를 돌보기 위해 일을 쉬고 있었던 배우자도 다시 2주 동안 자가 격리를 해야 했으니 그도 화를 내리라. 이 번거로움이 감염보다 더 불운하게 여겨졌다.

하지만 무엇보다 신경 쓰인 사람은 일본으로 가기 전 확진자의 직장에 들렀다가 집에 가는 길에 감자와 우유를 사서 가져다 드렸던 이웃집 할머니였다. 안 그래도 체력이 안 좋은 할머니를 감염시켰을 가능성이 있기 때문이었다. 수도 공사로 집에 들락거렸던 배관공도 생각났다. 듣기로 배관공의 아내는 지병으로 천식이 있었다. 그러고 보니 브라이턴에서 히드로 공항까지 버스를 탔는데, 옆자리에 앉았던 상냥한 아일랜드인 여성은 임신 중이었다. 영국과 일본을 오가며 만난 사람들이나 지나쳤던 사람들이 하나둘 떠올랐다. 그들 한 사람 한 사람에게 가족과 동료가, 전철에서 옆자리에 앉은 사람이, 함께 마트 계산대에서 줄을 선 사람이 있었다는 것을 생각하면 그 수는 무한대로 확장되었다. 나를 기점으로 눈에 보이지 않는 거대한 거미줄이 펼쳐지는 감각이었다.

문득 요시노 겐자부로의 《그대들, 어떻게 살 것인가》라는 소설에서 주인공 코펠 군이 외친 '인간 분자의 관계, 그물망 법칙'이라는 말이 생각났다. 코펠 군은 분유를 보며 호주의 젖소에게서 짜낸 우유가 머나먼 일본에 사는 우리 입에 들어오기까지의 과정을 상상한다. 젖소와 자신 사이에 '젖소를 관리하는 사람'과 '배에서 짐을 내리는 사람' 등 분유의 생산·유통·소비를 통해 이어진 셀 수 없이 많은 사람들이 있다는 사실을 깨닫는다. 나아가 '인간 분자는 본 적도 만난 적도 없는 수많은 인생과 자기도 모르는 사이에 그물처럼 이어져 있다'고 생각한다.

'그물망 법칙'은 마르크스가 《자본론》 제1장 〈상품〉에서 설명한 자본주의 사회의 상품론을 요약한 내용으로 알려져 있는데, 이 법칙이 코로나 바이러스 감염에도 적용되는 것이다. 그런 생각을 하고 있는데 검사 결과가 나왔다. 의외로 빨랐다. 그 무렵에는 검사를 받는 사람이 흔치 않았기 때문이다.

결과는 음성이었지만 나처럼 건강한 사람의 경우에는 일반 감기가 코로나보다 강력했는지, 열이 내리지 않아서 한동안 고생을 했다. 코로나 '그물망 법칙'은 거기서 끝이 났다. 병에 걸리는 것보다 그물망이 점점 확대된다는 사실이 괴로웠기 때문에, 감자와 우유를 가져다 드린 할머니와 배관공과 도쿄에서 만난 사람 모두를 감염시켰을지도 모른다는 걱정이 사라졌다는 사실이 무엇보다 나를 안도하게 했다.

가네코 후미코도 코펠 군의 마르크스적 깨달음과 비슷한 글을 《무엇이 나를 이렇게 만들었는가》에 썼다. 후미코는 줄줄이 이어진 굴레에 착취당하는 인간이 있다고 했다. 어린 시절 살던 산속 작은 마을 풍경을 관찰하며 "마을에서 양잠을 할 수 있다면 농민은 실을 짓고 작업복을 만들어 입을 수 있다. 마을 상인에게서 광목이나 허리띠를 살 필요가 없다. 누에고치나 숯을 도시에 팔아야 하기 때문에 그것보다 한참 질이 낮은 광목과 옷감을 사야 한다. 이 물건들을 교환하며 생기는 이윤 때문에 시골의 돈을 도시에 빼앗기는 것이다"라고 썼다.

코펠 군은 분유에서, 가네코 후미코는 누에고치에서 자본주의 사회의 경제활동 고리를 상상한다. 그러나 이 '끝없이 이어진, 눈에 보이지 않는 수많은 사람들과의 연결고리'는 일상생활에서 느끼기 어렵다. 나와 내 생활은 타인과 떨어져 존재하며 소비와 생산도 단독 행위라고 생각하기 쉽다.

1937년에 출판된《그대들, 어떻게 살 것인가》의 코펠 군이나 1926년에 옥사한 가네코 후미코가 마르크스적 관점으로 눈에 보이지 않는 사람들과의 연대를 이해했다면, 2020년을 사는 우리는 코로나바이러스를 통해 그 사실을 실감할 수 있게 된 것은 아닐까.

우리는 모두 독자적으로 존재하는 것처럼 보여도 사실은 전혀 그렇지 않다.

페이비언[1]의 이상, 좌파의 당파성

코로나 보도가 연일 계속되는 가운데, 영국 노동당에 일대 스캔들이 일어났다. 영국 노동당의 반유대주의 의혹에 관한 조사 보고서가 유출된 것이다.

코빈 전 당대표 시절 노동당은 당내에 반유대주의자가 있어 그들의 차별적인 언동으로 유대계 당원들이 괴로워하고 있다는 비판을 받았다. 이 문제에 대해 당 지도부의 대응이 불충분하다며 탈당한 의원들도 있었다. 노동당 전 부위원장 마이클 더거는 "노동당은 반유대적인 조직"이라면서 노동당이 유

---

1 토지와 산업자본을 공유화할 것을 주장하는 '페이비언주의'를 지지하는 사람들.

대인에 대한 적대 행위를 일관되게 용인해왔다고 발언했다. 2019년 12월 총선거 전에는 영국 유대교 정통파를 대표하는 수석 랍비가 노동당은 반유대주의 근절을 위해 전력을 다하지 않는다고 비판해 크게 뉴스가 되기도 했다.

이런 거센 여론에 힘입어 영국 평등 및 인권위원회는 노동당 내 반유대주의 의혹을 조사했다. 그런데 이 보고서가 유출되어 코빈 당 대표 시절 노동당의 당파성(당 내부에서 당파성이라는 말을 쓰는 것도 이상하지만)을 보여주는 내분의 전모가 드러나고 말았다.

노동당 내의 반유대주의적 언동을 단속하고 조사해야 하는 당내 통치·법무부 직원들 가운데 반코빈파가 많아, 일부러 일을 하지 않았다는 것이다. 〈가디언〉은 아래와 같은 문서 내용을 보도했다.

GLU(통치·법무부) 직원과 GLU를 관리하고 감독하는 위치에 있는 간부 직원들을 포함해 다수 직원들이 제레미 코빈이 당 대표라는 데 크게 반발하여 의욕을 잃고 파벌 싸움을 벌이는 것에나 관심을 갖고 있었다.

이들 가운데는 노동당에 나쁜 일이 생길수록 기뻐하는 사람들도 있었다. 이것이 제레미 코빈을 당 대표 자리에서 끌어내리는 역할을 할 수도 있기 때문이다.

이것만으로도 파벌 정치의 미성숙함을 보여주기에 충분하지만, 해당 문서에 이름이 적힌 노동당 간부들이 채팅 애플리케이션 왓츠앱WhatsApp에서 주고받은 메시지 내용도 심각했다. 반코빈파 간부들은 코빈파 직원을 "트로츠키주의자"나 "드라큘라"라고, 여성 직원을 "정신 나간 여자"나 "소 같이 생긴 암캐"라고 불렀던 것이다.

노동당은 좌파 정당이니 내부에 "차별은 안 된다"고 생각하는 사람이 많았을 테고 반유대주의는 중대한 문제라는 인식도 있었으리라. 그런데도 당파 싸움에 눈이 멀어 반유대주의라는 심각한 사안에 대한 조사를 대충 처리하고 당내에 만연한 차별을 방치하여 여론으로부터 뭇매를 맞도록 내버려 두는 게 낫다고 생각한 것이다. 정말이지 당파성은 인간을 제정신이 아니게 만든다. 코빈 시절 노동당에서 재무장관을 맡았던 존 맥도널은 이런 멍청한 내분이 없었다면 지금쯤 영국의 상황은 완전히 달라졌을 거라고 한탄한다.

하지만 이제 와서 그런 소리를 한들 무엇이 달라지겠는가. 그보다 이 스캔들이 오늘날 우리에게 안겨준 피해를 더욱 진지하게 생각해야 한다.

단계적으로 록다운이 해제되어 코로나 감염 공포가 누그러지면 사람들의 관심은 일제히 경제로 향하게 된다. 이미 '모럴

이코노미'라는 말이 자주 들리고 영국에서는 매주 목요일 밤 8시에 키 워커에게 감사의 박수를 보내는 관례가 3월 말부터 이어지고 있다. 영웅으로 추앙받는 간호사, 간병인, 슈퍼 점원, 청소부 들은 사회적 가치가 높은 일을 하고 있는 데도 노동시장에서의 가치는 그로테스크할 정도로 낮다. 이번 코로나 사태로 많은 사람들이 이 문제에 관심을 갖게 되었다.

야심과 능력주의라는 말로 키 워커와 같은 사람들이 낮은 임금을 받는 사회를 정당화한 대처 시대 이후 코로나바이러스는 신자유주의 경제에 새바람을 불어넣었다. '이 방법밖에 없다'는 주장이 새빨간 거짓말이었다는 사실을 사람들이 깨달았기 때문이다. 코로나바이러스가 확산되면서 멈출 수 없을 거라고 믿었던 모든 활동이 일제히 멈추었다. 평소에는 무조건 출근해서 일하라고 하다가 갑자기 출근하지 말라거나 급여의 80%를 국가가 보상하겠다는 등 배짱 큰 행보를 보였다. 평소에는 학교를 쉬어서는 안 된다고 하다가 이제는 학교에 가서는 안 된다고 하여 학생들이 몇 개월이나 집 안에 틀어박혔다.

그 결과 내가 사는 브라이턴을 포함해 영국 도시 곳곳에서는 이산화탄소 배출량이 60%나 줄었다. 공기가 깨끗해지고 하늘은 맑아져서 도대체 어느 나라에 살고 있는지 놀랄 정도다. '잿빛 안개의 나라 영국'의 풍경은 사실 대기오염 탓이었던 것이다. 그리고 보면 80년대나 90년대, 내가 아직 젊었을 때 하루 종일 런던 거리를 걷고 코를 풀면 휴지에 검은 콧물이 묻어 나왔었다.

보수당의 보리스 존슨 총리는 신자유주의 긴축재정의 시대 는 이제 끝났다는 사실을 상당히 오래전부터 깨닫고 있었다. 그 래서 2019년 12월 총선거에서도 재정지출 확대, 특히 NHS에 투자할 것을 누차 선언했다. 이번 코로나 사태에서도 처음에는 집단면역을 위한 노선을 내걸었지만, 그 방법이 너무도 인기가 없었기에 노선을 180도 틀었다. 우왕좌왕하는 사이에 총리 자 신이 코로나에 감염되어 입원하는 지경에 이르렀고, 자신을 치 료해준 의료 관계자를 극찬하며 "사회라는 것은 존재합니다" 라고 말했다. 이는 보수당 대처의 "사회 같은 것은 존재하지 않 습니다"라는 발언을 뒤집은 것이었다. 자가 격리 중에 영국 사 회의 분위기를 살피며 무슨 말을 하면 사람들에게 인기를 얻을 수 있을지 깊이 고민한 발언이었다.

하지만 사회가 존재한다는 것은 전통적으로 노동당의 생각 이었다. 노동당은 이 분야에서 풍부한 역사적 자원을 갖고 있 다. 19세기 윌리엄 모리스를 시작으로 R. H. 토니가 발전시킨 윤리적 사회주의는 코로나 사태를 겪은 영국 사람들에게 널리 지지받을 만한 사상으로 보인다. 상업적·개인적 이익보다 사 회적 목적을 우선하는 경제의 중요성을 설파한 토니는 페이비 언 협회의 2세대 사상가였다. 페이비언들은 교조주의적인 마르크시즘에 따른 소련형 국가사회주의가 아닌, 점진적인 사회 개혁으로 사회민주주의를 실현하고자 했다. 노동조합과 함께 노동당의 오랜 지지 세력인 페이비언들이 지닌 '공유와 우애' 의 정신은 코로나 이후의 사회를 살아가는 사람들이 원하는 가치가 되리라.

좋은 의미든 나쁜 의미든 인간은 혼자서 살 수 없고, 혼자서 살고 있지도 않다는 것을 사람들이 실감하는 시대, 모리스와 토니의 사상이 부활하는 시대이기에 노동당이 이번 스캔들로 흔들리는 것은 치명적이다. 사람들이 페이비언적인 우애의 이상을 경제와 정치에 주입해야 한다는 사실을 깨달았다 해도, 그 본가인 노동당이 "소 같이 생긴 암캐"나 "드라큘라" 같은 표현을 쓰며 싸우고 있다면 아무리 인도적이고 정당한 주장을 한다 해도 유권자는 믿지 않을 것이다.

'심퍼'의 기원은 심퍼시

영국 노동당 스캔들을 보니 '심퍼シンパ'라는 일본어가 떠오른다. 지금은 거의 안 쓰는 말이지만 '심퍼'라는 용어는 정치적 당파성과 떼려야 뗄 수 없는 관계였다.

지금 생각해보면 '심퍼'야말로 '심퍼사이저sympathizer(지지자, 공조자)'의 약어이며 그 기원은 '심퍼시sympathy'다. '심퍼'는

'오거'[2]와 마찬가지로 학생운동이 번성하던 무렵 쓰이던 용어인데, 특정 정치사상이나 운동, 단체, 인물 등을 지지한다는 의미다. '공산당의 심퍼' 혹은 '혁마르[3]의 심퍼'와 같은 식으로 쓰였다. 《옥스퍼드 영영사전》에 나오는 '어떤 사상이나 이념, 조직 등에 지지나 동의를 표하는 행위', '비슷한 의견이나 관심을 가진 사람들끼리의 우정이나 이해'라는 심퍼시의 정의에 충실한 일본어라고 할 수 있으리라. '동지'와 같은 의미로도 쓰였다.

영국 노동당은 '코빈의 심퍼'와 '안티 코빈의 심퍼'가 벌이던 추악한 싸움이 노골적으로 드러나 스캔들이 터졌으며 과잉된 심퍼시에 의해 침몰한 것이다.

한편 코로나 사태로 나타난 인도주의는 상대가 누구인지 구별하지 않는다. 감염병은 인종·빈부·사상의 차이와 관계없이 누구나 걸릴 수 있기 때문이다. 재해 상황에서 서로 돕는 것은 적이니까 내버려두거나 아군이니까 구하는 행동과는 다르다. 이것은 심퍼시가 아닌 엠퍼시의 발현이다. 실제로 코로나 사태로 타인에 대한 감각이 민감해졌다고 느끼는 사람이 많을 것이다.

나는 요즘 집이 보수공사 중이라 가설 주택에 살고 있는데,

---

2 '오거나이저organizer'의 약자로 '조직'이라는 뜻.
3 '혁명적 마르크스주의'의 줄임말.

매주 목요일 밤에 집 앞으로 나와 '키 워커를 위한 감사 박수'를 치면서 이웃들의 얼굴을 알게 되었다. 이곳에는 이웃에 사는 고령자나 기저질환이 있는 사람들의 집에 음식을 배달하는 자원봉사자 그룹도 결성되어 있다. 혼자 살거나 부부끼리만 생활하는 고령자나 장애인이 있는 가정 등에 정기적으로 전화를 걸고, 생필품이 떨어지지는 않았는지 묻거나 담소를 나누는 서비스도 하고 있다. 운전을 하지 않는 나는 생필품 조달은 할 수 없기에 전화 봉사에 참여하고 있다. 담당하는 가정에 정기적으로 전화를 걸어 고령자와 이야기를 나누다 보면, 이제까지 몰랐던 사람들의 생활을 듣게 된다. 전쟁 전이나 전쟁 동안에 태어난 사람들에게 사랑받은 홍차 티백 브랜드나 비스킷 종류 같은 걸 알게 되었다. 그러면서 전화 너머의 고령자들과 무수히 닮은 삶의 배경을 가진 고령자들의 모습을 떠올린다. 지금 커스터드 크림 비스킷을 먹고 싶은데 사러 갈 수 없는 노인이 영국에 몇 명이나 있을까 하는 상상을 하게 된다.

그러던 어느 날 밤 집 근처에서 큰 비명이 들리고 유리창 깨지는 소리가 났다. 깜짝 놀란 나는 배우자와 함께 밖으로 나갔다. 우리가 임시로 살고 있는 집은 주로 중산층이 사는 신흥 주택지인데, 반세기 전부터 같은 가족이 살고 있어 서로를 잘 아는 공영주택지와는 상황이 다르다. 그래도 우리가 밖으로 나오자 맞은편과 옆집 사람들이 마당으로 나왔다. 우선 내 배우자와 옆집의 젊은 아버지, 건넛집의 중년남성 이렇게 성인 남성 세 명이 비명소리가 난 집의 상황을 살피러 갔다. 알고 보니 밖으로 나가지 못해 스트레스가 쌓인 10대 형제의 싸움이었다. 어머니가 상처 입은 아들을 응급실로 데려가려는데, 그들에게 병원에 쓰고 갈 마스크가 없어서 내 배우자가 집에서 마스크 몇 장을 챙겨줬다.

어쩐지 서먹서먹하게 눈치만 보고 있던 길거리가, 비일상적인 상황 속에서 평소와 다른 얼굴을 드러내 보이기 시작했다. 사람들은 코로나 사태를 함께 겪으면서 들은 것을 못 들은 척할 수는 없다는 기분을 느끼고 있다.

guilt(죄책감)와 엠퍼시

내가 PCR 검사를 받았을 때로 되돌아가 보자. 그때 나의 머릿속에는 모르는 사람들과 접촉하여 이루어진 그물망이 펼쳐졌다. 그런 생각이 떠오른 발단은 무엇이었을까. 물론 확진이 되면 번거로운 일이 생길 것은 불 보듯 뻔하다. 나와 접촉한 사람들 모두 자가 격리를 해야 하기 때문이다. 내가 확진되었다는 사실을 안 이상, 아는 것을 모르는 척할 수는 없다.

모르는 척해버리면 죄책감guilt을 느끼기 때문이다. 물론 코로나에 걸린 게 죄는 아니다. 단순한 불운이다. 그러나 내가 남에게 옮겼을지도 모른다는 것을 알면서 입을 다물고 있는 것은 죄의식을 동반한다.

라틴어 'dolus eventualis(돌루스 에웬투알리스)'라는 말이 있다. 일본어로는 '미필적 고의'다. 〈아사히신문〉에는 '확정적으로 범죄를 저지르려는 것은 아니지만, 결과적으로 범죄행위가 되어도 된다고 생각하고 범행에 참가하는 용의자의 심리 상태'라고 정의되어 있다(2008년 10월 2일 조간). 바꿔 말하면 고의로 누군가에게 상처 주려는 명확한 의도는 없지만 누군가에게 상처 줄지도 모른다는 위험을 알고 한 행위로 누군가가 상처받고 마는 일이다.

혹시 내가 양성이라는 결과가 나왔는데도 말없이 있었다면 어떻게 될까. 나와 접촉한 사람들이 나도 모르는 사이에 기저질환을 앓는 사람이나 고령자와 접촉할지도 모르는데, 그걸 알면서도 모르는 척하는 일은 '코로나가 확산되는 게 예견되어도 위험을 안고 가만히 있음으로써 누군가를 상처 주는' 행위, 즉 dolus eventualis다.

하지만 음성이 나와도 똑같지 않을까? 왜냐하면 그 후 코로나에 감염되지 않았다고는 확신할 수 없고, 그리하여 타인을 감염시켰을 가능성도 얼마든지 있다. 이건 검사를 받지 않은 이 세상 수많은 사람들에게도 해당되는 일이 아닐까? 검사를 받지 않아서 양성인지 음성인지 알 수 없지만 만약 양성이라면 타인에게 전염시킬지도 모른다는 사실을 알면서 우리는 슈퍼에 물건을 사러 가고 밖에 나가 일을 한다. 코로나가 확산된 사회에서는 대부분의 사람들이 dolus eventualis 상태에 있다는 사실을 부득이 인정해야 한다.

그러나 잘 생각해보면 이런 일은 평소에도 있다. 우리는 거리의 작은 서점이 망하고 창고의 노동자들이 얼마나 비인간적인 고용 조건으로 일하고 있는지 알면서, 여전히 아마존으로 책을 사고판다. 남태평양 제도의 섬나라가 조금씩 가라앉는다는 것을 알면서 차를 운전한다. 교육 격차가 심각해지고 있다고 탄식하면서 평판 좋은 학교에 아이를 보내기 위해 좋은 학교 근처로 이사하고 근처 집값이 뛰게 만들어서 저소득 가정이 살 수 없는 학군으로 만들어버린다.

하지만 이런 사회 시스템을 구축한 건 자신이 아니며 단 한 명이 시류를 거스른다고 해서 무엇이 변하겠느냐고 변명한다. 그렇다 해도 우리가 '알고 있다'는 사실은 변하지 않는다. 우리는 모두 코펠 군이 느낀 '인간 분자의 관계, 그물망 법칙'에 속한 존재이며 직접적이 아니더라도 자신이 누군가의 착취나 부당한 처우, 손해를 불러일으키는 연쇄에 참가하고 있다는 사실을 알고 있다.

가령 자신이야말로 늘 착취당해서 언제 어느 때라도 피해자라고 생각한다면 '알고 있다'는 감각을 어물쩍 넘길 수 있으리라. 하지만 인간은 그만큼 굳세지 않다. 사카구치 안고가《타락론》에 쓴 말을 빌리자면, '인간은 가엾고 나약하여 어리석은 짓을 저지르지만, 타락하기에는 너무 연약하다.'

안고의 이 말에서 연상되는 것은 최근 다양한 곳에서 듣게 되는 파괴 갈망이다. 이런 사회는 차라리 망하는 게 낫다, 한 번 가라앉을 수 있는 만큼 깊게 가라앉지 않으면 세상은 변하지 않는다. 이런 주장은 코로나 사태 이전부터 자주 들었다. 뭐든 다 망하고 제로에서 다시 시작하자는 것. 조금만 생각해보면 가난한 사람이나 건강하지 않는 사람, 물적·사회적 자원이 부족한 사람처럼 약자부터 망한다는 사실을 금방 알 텐데 약자를 지키는 사회 어쩌고 하는 사람들이 꼭 그런 말을 하려 든다.

그 사람들은 이 말을 하는 원인이 '절망'이라고 한다.

하지만 정말 '절망'이 원인일까. 인간은 '알고 있다'는 죄책감과 중압감을 견디기 힘들어 가여운 무의식이 파괴를 선택하는 것은 아닐까. 그렇다면 코로나 위기와 같이 비상시에 풀뿌리 정신이 되살아나 서로 도우려는 이유도 납득이 간다.

즉 우리는 죄책감에서 해방되고 싶은 것이다. 엠퍼시 능력이 높은 사람일수록 죄책감을 많이 느낀다. 멀리 사는 알지도 못하는 사람들의 신발까지 신으려 든다면 선진국 인간은 죄의식을 느낄 수밖에 없으리라. 그런 사회의 사람들은 가능한 한 엠퍼시를 잊고 산다. 엠퍼시가 없는 편이 편하게 살 수 있기 때문이다. 그러나 재해가 발생하면 엠퍼시가 죄의식을 동반하지 않게 된다. 재해 시의 엠퍼시는 서로가 더 오래 살 수 있도록 만드는 긍정적인 힘이 되기 때문이다. 《옥스퍼드 영영사전》 사이트에서 'guilt'의 의미를 찾아보면 이렇게 나와 있다.

> 자신이 무언가 잘못된 일을 했음을 아는 일, 혹은 그것을 생각하는 일에 의해 발생하는 언해피unhappy한 감정

이 심플한 정의를 읽으며 깨달았다. 죄의식이나 죄책감이라고 하는 단어는 상당히 무겁지만 guilt란 대전제로서 언해피한 감정인 것이다.

'돕지 못했다'라고 하는 언해피한 기분에 어두워지지 않고 인생을 해피하게 보내고 싶다는 욕망이 인간을 이타적으로 만든다는 것은 참으로 지당하다. 이타적인 것과 이기적인 것은 상반되기는커녕 손에 손을 잡고 앞으로 나아가는 것이다.

폐를 끼치다

여기까지가 영국에 살면서 느낀 것들인데, 인터넷으로 일본의 코로나 관련 보도를 읽으며 특정 표현이 반복해서 쓰이고 있다는 것을 깨달았다.

내가 코로나에 걸리는 것보다 남에게 옮겨서 **폐를 끼치는** 게 더 무섭다. 이 동네에 살 수 없어진다.

「코로나 사태에 칩거하는 고령자 '이대로는 누워서 지낼 뿐'」,

〈아사히신문디지털〉 2020년 5월 11일자

의료 현장에는 공포심과 책임감에서 '확진자가 한 명이라도 나오면 주위에 **폐를 끼친다**'는 말이 돈다

「의료 현장에 페이스실드를-후쿠오카대학이 3D 프린터를 사용해

생산 개시」, 〈마이니치신문〉 2020년 5월 12일자

이번에 코로나바이러스로 폐렴에 걸려서 많은 사람들에게 **폐를 끼치고** 불쾌한 기분이 들게 한 점을 사죄

「이시다 준이치 퇴원-왜 비난의 목소리가 일었는가」

〈Yahoo!뉴스〉 2020년 5월 13일자

'폐를 끼치다'라는 말이 너무 많이 눈에 띄어 문득 이런 생각이 들었다. 일본어로 '폐를 끼치다'라고 표현하는 기분은 '죄책감guilt' 같은 것이 아닐까. 타인에게 미치는 영향에 대한 두려움이라는 점에서는 둘이 비슷하게 느껴진다.

'폐를 끼치다'라는 일본어 표현은 'bother', 'incommode', 'inconvenience'라는 영어 단어로 번역할 수 있다. 'bother'는

《옥스퍼드 영영사전》에 '누군가를 곤란하게 하거나 걱정을 끼치거나 화나게 하는 일. 누군가에게 트러블이나 고통을 가져오는 일'이라고 정의되어 있다. 'incommode'는 '누군가에게 곤란이나 문제를 야기하는 일', 'inconvenience'는 '특히 내가 필요한 것이나 갖고 싶은 물건에 관한 곤란이나 문제'다. 그러니까 폐를 끼친다는 것은 누군가에게 불쾌한 기분과 괴로운 상황을 겪게 만드는 일이며 심정적인 영향을 준다는 뜻인 듯하다. 생각해보면 누군가를 죽이고 '고인에게 폐를 끼쳤다'고 표현하는 사람은 없을 것이고 그런 말을 들으면 유족은 격분하리라.

이처럼 '폐를 끼치다'라는 표현에는 '죄책감'과 같은 심각함은 없는 듯하다. 하지만 '코로나바이러스를 옮기면 폐를 끼친다', '확진자가 나오면 주위에 폐를 끼친다'와 같은 문장을 보면 일본에서 폐를 끼치는 것과 '죄책감'이 직결되어 있는 것처럼 보인다. 인간에게 불쾌함이나 불합리함을 주는 것을 의미하는 '폐를 끼치다'라는 단어와 'guilt'라는 무거운 개념이 거의 같은 수준으로 결부되는 것이다. 인간을 기분 나쁘게 만드는 것과 죄를 범한다는 것은 완전히 다른 문제인데도 '폐를 끼치다'라는 표현에는 이 두 가지 개념이 애매하게 뒤섞인 느낌이다.

이런 언밸런스로 생기는 현상에 대해 미국 작가 토머스 딜런은 〈재팬타임스〉에 기고한 「'메이와쿠'에 대한 고찰」이라는 칼럼(2007년 2월 17일)에 이렇게 썼다.

밀집도가 높고 집단 중심으로 조화를 이루고 있는 일본에서 '메이와쿠'[4]는 중요한 단어이며, 이에 대해 어린 시절부터 아이들에게 따끔하게 가르친다. 메이와쿠와 관련이 있는 단어로 '자기중심적'이라는 뜻의 '와가마마'[5]가 있다. 만약 당신이 와가마마라면 틀림없이 메이와쿠다. 보육원이나 유치원에서는 이렇게 가르친다. "와가마마에 메이와쿠는 나쁜 짓입니다."

누군가를 불쾌하거나 기분 상하게 하는 일이 '나쁜 짓'이라는 교육을 어린 시절부터 철저히 받으니, 죄책감과 연결될 수밖에 없으리라. 나쁜 짓을 하는 것은 죄이므로.

앞서 말한 〈재팬타임스〉 기사에서 딜런의 일본인 아내는 이렇게 말한다.

나에게 폐를 끼친다는 것은 부담을 의미한다. 타인을 귀찮게 하고 싶지 않기에 폐를 끼치고 싶지 않다. 산다는 건 불평을 입 밖으로 내는 일이 아니다. 내가 할 수 있는 공헌에 집중하는 일이다.

4 迷惑(めいわく). '폐를 끼치다'에서 '폐'를 뜻하는 일본어.

5 我が儘(わがまま). '제멋대로'라는 뜻의 일본어.

딜런은 많은 일본인이 이렇게 말하는 걸 들었지만 일본 사회에는 모순이 존재한다고 주장했다. '집단, 집단, 집단을 주장하는 것치고는 사람들은 기본적으로 혼자, 혼자, 혼자 살아간다'는 것이다. 그는 아내에게 이렇게 반론했다고 한다.

그래도 약간은 폐를 끼쳐도 되지 않아? 누구나 때로는 응석 부리고 싶어지니까. 남을 받아준다는 건 그 사람들도 당신을 받아줘야 한다는 뜻이고.

'폐를 끼치고 싶지 않다'라는 일본만의 독특한 관념은 언뜻 남을 배려하는 것 같지만 꼭 그렇지도 않다. 남을 귀찮게 하고 싶지 않다는 것은 실은 이 글에 쓰여 있는 대로 나도 남 때문에 귀찮아지고 싶지 않다는 심리의 표출이기 때문이다.

서로를 번거롭게 하는 일을 '나쁜 짓'이라고 하는 사회는 표층적으로는 타인을 배려하는 것처럼 보이지만 사실은 아무하고도 엮이지 않고 '혼자서' 살아가는 인간 집단이다. 이것이야말로 'self-centered', 자기를 중심으로 한 세계에서 살고 싶은 사람들의 사회이며 그렇게 생각하면 '폐를 끼치고 싶지 않다'는 말도 그리 이타적으로 들리지는 않는다.

그물망처럼 넓어지는 사람과 사람 사이의 이어짐을 상상하며 인간은 혼자서 살아갈 수 있는 동물이 아니라는 사실을 알고 생겨나는 죄책감 'guilt'와는 대조적으로, '폐를 끼치다'는 인간을 타인으로부터 차단시키고 자기 완결을 이루어야 한다고 느끼게 한다. 전자는 타인과의 눈에 보이지 않는 연결에 대한 인식에 기초하지만, 후자는 타인과 연결되는 것을 잘못으로 간주하며 되도록 연결되지 않도록 신경 쓴다는 점에서 정반대라고 할 수도 있다.

심퍼시(타인을 향한 공명과 동질감, 연민)가 당파적이기에 엠퍼시가 불가능하게 만드는 것과 마찬가지로, '폐를 끼치지 않는다'는 개념도 타인을 차단하기에 엠퍼시를 막는다. 타인의 신발을 신을 수 있는 사람은 타인에게도 자신의 신발을 신게 해주어야 하기 때문이다. 이처럼 상호 관계성을 구축하지 않는 개념과 도덕은 인간 본래의 욕망에 반한다고 리베카 솔닛은 주장한다.

솔닛은 《이 폐허를 응시하라》에서 인간은 자연상태에 놓이면 늑대처럼 만인이 만인과 투쟁할 것이라는 홉스론에 회의를 품고, 오히려 국가의 통치와 평소의 질서가 기능하지 않는 상태에 놓이면 서로를 돕기 시작한다고 주장했다. 재해가 일어났을 때는 타인과 이어지고 도우려는 욕망에 충실해진다는 것이다.

욕망에 충실해진다는 것은 제멋대로에 이기적이 되는 일이자 행복해지고 싶다고 생각하는 일이다. 어스름한 죄책감에 휩싸이지 않고 살아가는 일이 행복해지는 조건이라고 한다면, 인간은 이타적일 때 행복하고 편안하다. 행복해지고 싶은 욕망을 가진 채 서로를 번거롭게 하면서 타인과 함께 살아간다. 이는 아나키즘의 상호부조 정신과도 대단히 비슷하다. '폐를 끼친다'는 말로 타인과의 연결을 끊어버리는 문화는 행복과도 등을 돌리고 있다. 일본 사람들은 더욱 제멋대로가 되어 타인의 신발을 신어볼 일이다.

제8장

빠른 심퍼시,
느린 엠퍼시

아줌마 문제

얼마 전 일본의 모 방송국에서 온라인 출연 의뢰를 받았다. 텔레비전에 출연하는 걸 싫어해서 되도록 거절하고 싶었지만, 모 출판사의 내 담당 편집자가 나를 출연하도록 설득했다. 《82년생 김지영》을 편집한 그는 메일에 이렇게 적었다.

"저는 기획서를 읽고 '아줌마의 어디가 나쁜가!'라고 생각했습니다."

"아줌마라는 단어가 일본에서는 뻔뻔하고 부끄러운 줄 모르는 사람을 가리킬 때 쓰이는데, 어째서 그런 좋지 않은 이미지가 생긴 걸까요."

첨부된 방송국의 기획서를 보니 여성 저자를 분노하게 만들어 출연시킬(혹은 여성 편집자를 화나게 하여 출연을 설득하도록 만들) 의도가 있는 게 아닌가 싶을 정도로 화가 났다. 이른

바 '아줌마 문제'에는 여성들의 응어리가 응축되어 있으며 '아내와 다다미는 새것이 좋다'는 속담처럼 여성의 가치가 젊음에 있다는 '젊음지상주의'가 만연한 일본 사회를 어떻게 보아야 하는가, 그런 내용이었다. 정신이 퍼뜩 들었지만 사반세기 가까이 다다미 생활[1]을 떠나온 내가 무슨 말을 할 수 있겠는가. 그러나 이런저런 상황에 따라 나는 결국 출연하게 되었고, 그 인터뷰에서 이렇게 말했다.

'아줌마'라는 단어에 나쁜 뜻이 있는 건 아니므로 언어 자체에 죄는 없으나 그 이미지가 나쁜 것은 명백하다. 일본 연호가 헤이세이에서 레이와[2]로 바뀌었을 때, 많은 작가들이 그랬겠지만 나에게도 '헤이세이라는 시대를 총평해주십시오'라는 원고 의뢰가 들어왔다. 나는 헤이세이 시대 대부분을 일본 밖에서 살았기 때문에 사정을 잘 알지 못했다. 그래서 뻔한 접근이지만 헤이세이 원년부터의 신조어·유행어 목록을 찾아보았다. 헤이세이 첫해 유행어 부문 금상은 '오바타리안'[3]이, 신조어 부문 금상은 '세쿠샤루 하라스멘토セクシャル・ハラスメント'[4]가 수상했다. 한편 헤이세이 30년인 2018년 신조어·유행어 목록

1 '다다미'는 일본 주택에 사용되는 전통식 바닥재이다. 여기서 '다다미 생활'은 '일본 생활'을 비유적으로 표현한 것이다.

2 헤이세이 시대는 1989년 1월부터 2019년 4월까지이며 이후 레이와 시대가 시작되었다.

에는 '#MeToo'가 있었다. 헤이세이라는 시대는 성적 괴롭힘으로 시작해 성적 괴롭힘으로 끝났다는 기분도 든다. '오바타리안'이 등장한 시기를 보면 알 수 있듯이 '아줌마'라는 단어는 적어도 30년 전부터 부정적인 이미지를 갖고 있었다. 30년이라는 세월은 갓 태어난 아기가 사회에 나와 슬슬 지쳐갈 정도의 시간이다. 그 긴 시간 동안 아줌마에 나쁜 이미지를 덧칠해왔으니 하루아침에 사라질 리도 없다.

'미마녀美魔女'[5]라는 단어는 훨씬 더 괘씸하다. 아름다운 중년 여성에게 마녀라는 악역을 떠넘긴 이유는 가부장제를 위협하는 존재이기 때문이다. 중년 여성이 나이가 들어서도 재능과 아름다움을 유지하면 가정에서 아이를 기르고 남편 뒤치다꺼리를 하는 평범한 어머니가 되는 게 아니라 누군가로부터 사랑을 받거나 누군가를 사랑하게 될 가능성이 있으며, 그러면 아버지가 어머니를 안심하고 지배할 수 없으므로 가부장제가 위협받는다고 생각하는 것이다. 아름다운 중년 여성을 '마녀'나 '구미호'라고 부르는 풍습은 이런 관점에서 생긴 것이 아닐까.

---

3 '아주머니'를 뜻하는 일본어 '오바상おばさん'과 '부대'를 뜻하는 영어 '버텔리언battalion'의 일본식 합성어로 뻔뻔하고 막무가내인 아줌마라는 뜻.

4 영어 'sexual harassment'를 일본어로 읽은 것으로, '성적 괴롭힘'을 뜻한다. 보통 '세쿠하라セクハラ'라고 줄여서 쓴다.

5 나이가 쉰 살이 넘어서도 재색을 겸비한 여성을 가리키는 신조어.

그에 비하면 '아줌마'가 차라리 맑고 투명하게 들린다.

이런 '아줌마'와 대응되는 말로는 '아저씨'가 있다. 영국에서 보육사 자격을 얻으며 어린이와 젊은이는 성장하는 과정에서 부모님이 아닌 어른과 만나며 대화를 나누는 것이 중요하다는 사실을 배웠다. 일본에서는 요시노 겐자부로의 소설《그대들, 어떻게 살 것인가》가 다시 주목받는다는데, 주인공 코펠 군에게 가르침을 주는 존재는 아버지가 아니라 아저씨다. 영어에서는 인생 상담을 직업으로 하는[6] 여성을 'Agony Aunt', 남성을 'Agony Uncle'이라고 부르는데, 이를 직역하면 '고민 아줌마(숙모)', '고민 아저씨(삼촌)'이다. 인생 상담을 요청하는 사람들이 모두 혈연관계일 리는 없고, 오래전부터 어느 나라나 부모님처럼 너무 가깝지는 않으면서 약간의 거리를 유지할 수 있는 '아줌마'와 '아저씨'가 상담 상대로 필요했던 것이다.

나는 보육사이고 나의 스승이 그런 신념을 가진 사람이기도 해서, 아이는 사회 전체가 길러야 한다고 굳게 믿고 있다. 사회에는 아줌마나 아저씨라는 존재가 대단히 중요하고, 그런 의미에서 나도 꽁무니 빼지 않고 고민 아줌마가 되고 싶다.

고령화가 진행되는 일본은 조만간 여성의 절반이 50세 이

---

6 주로 신문이나 잡지 등에서 독자들로부터 받은 고민에 답해주는 일을 하는 사람을 말한다.

상이 된다는 말을 들었다. 그렇게 되면 '아줌마'라는 말에 일일이 신경 쓰며 상처가 어쩌고 하는 세상에서 살기는 어려워질 것이다. '아줌마' 사용금지법이라도 제정해서 그 단어를 사회에서 완전히 몰아내지 않는 한, '아줌마'라는 단어를 중립적으로 만드는 편이 사람들의 행복감을 높여주지 않을까.

예전에 다양한 언어권의 번역자들과 작업실을 공유한 적이 있는데, 그때 영어를 모국어로 하는 일영 번역가가 이런 상담을 해왔다.

"'아줌마'를 영어로 뭐라고 번역하지?"

"글쎄, 뭐가 좋을까. 영어에는 그런 단어 없지 않나?"

"그냥 평범하게 a middle aged woman?"

둘이서 이런저런 고민을 하다가 생각해낸 단어가 'lady'였다. 통학 중인 어린이가 도로를 안전하게 건널 수 있도록 롤리팝처럼 생긴 커다란 푯말을 들고 횡단보도에 서 있는 여성(대부분 아이의 보호자 중 한 명)을 영국에서는 'a lollipop lady'라고 부른다. 일본의 정치적 올바름이 얼마나 진전되었는지 잘 모르기 때문에 이 단어를 써도 될지 모르겠는데, 일본에도 오래전에 '녹색 아줌마'라는 표현이 있었다. 'a dinner lady'라고 불리는 사람들도 내가 일본에 살던 시대(정치적 올바름 의식이 희박했던 시절) 일본어로는 '급식 아줌마'라고 불렀다.

반대로 'lady'를 아줌마라고 번역하는 경우도 있다. 'lady'

라고 하면 어쩐지 우아하고 존경을 담은 단어로 느껴질지도 모르지만 이 말도 충분히 부정적인 울림을 담고 있다.

예를 들어 한 여성이 어떤 가게에 찾아가 "체온계 없나요?" 하고 물었더니 위치를 모르는 점원이 동료에게 "lady가 체온계를 찾는데?" 하고 묻는다. 그때 '어, 예전에는 나를 Miss나 girl이라고 불렀는데, 이제 나도 lady라고 불리는 나이가 됐구나' 하고 충격을 받았다고 고백하는 학부모 친구도 있었다. '아줌마'든 'lady'든 일정 연령 이상의(더는 20대나 30대가 아닌) 여성에게 쓰이는 호칭이라는 개념이 존재하는 경우에는 비슷하게 '충격받는 말'이 될 수 있다. 그것은 어느 나라의 어떤 언어에서도 마찬가지리라.

'아저씨 문화'와 '아줌마 문화'

내가 여기까지 이야기했을 때 방송국 여성 스텝이 사실 이 기획을 위해 거리로 나가 중년 여성들의 의견을 들어보았다고 했다. 다들 어두운 표정으로 "더는 미래가 없다" 같은 절망적인 말만 했다는데, 나는 그렇게 의기소침할 필요는 없다고 말했다.

나 같은 사람도 책을 출판하게 된 건 쉰 살 가까이 되어서다. 이 나이가 되어 글 쓰는 사람이 되리라고는, 서른 살이나 마흔 살에는 꿈에도 생각지 못했다. 내일 무슨 일이 일어날지는 아무도 모른다. 그러니 두려움 없이 돌진하라. 그 수밖에 없다.

그러나 일본 여성이 나이를 먹는 데 그렇게까지 어두운 이미지를 갖게 된 것은 일본 미디어의 책임이 크다. 영국에는 멋있는 중년 여성을 주인공으로 드라마나 영화가 꽤 많은데….

이와 같은 이야기를(아마도 훨씬 더 많은 이야기를) 40~45분에 걸쳐 했는데, 방송을 본 지인이 "나오나 했는데 금방 끝났어"라고 말해주었다. 무명작가의 서러움이다. 방송 편집은 인터넷에 돌아다니는 짤막한 영상을 만드는 일과 비슷하다.

영국에 있으니 직접 방송을 볼 수 없어서 어느 부분이 짤막한 영상으로 만들어져 나왔는지 알지 못하지만, 방송 당일 트위터에 정말로 다양한 반응이 올라왔다. 그걸 본 나는 깜짝 놀랐다. "아니, 나는 저렇게 말한 적 없는데!" 잘못 해석했거나 혹은 명백하게 의도적으로 왜곡시킨 내용이 인터넷에 떠돌았다. 나는 "사과가 빨갛다"고 말했는데 "사과가 바나나다"라고 말한 것으로 되어 있었다(물론 은유다). 이 '아줌마 문제'라는 섹시즘sexism(성차별주의)과 에이지즘ageism(연령차별주의)의 교차점은 일본 사람들을 이토록 흥분시키는 이슈였구나 싶어 새삼 놀랐다.

특히 (아마도 그 부분만 잘라서 방송되었겠지만) "내가 먼저 나서서 아줌마가 되고 싶다"는 발언이 문제인 것 같았다. 이런 사람이 있으니까 여성이 살기 어려워진다고 격분하며 중얼거리는 트윗도 있었다(트위터라는 매체는 언뜻 보면 전혀 다른 '격분하다'와

'중얼거리다'라는 두 단어의 매칭을 가능케 한다).

그때 문득 〈다카하시 겐이치로의 하늘을 나는 교실高橋源一郎
の飛ぶ教室〉이라는 라디오 프로그램에 기쿠치 나루요시[7]가 게스
트로 출연했을 때가 생각났다. 방송에서 다카하시 겐이치로[8]가
나오쿠사 준이치[9]의 책《나는 산책과 잡학이 좋다ぼくは散歩と雑
学がすき》를 소개하면서 '아저씨'로서 추천하고 싶다고 말했다.
그러면서 이타미 주조[10]가 말한 '아저씨'의 정의를 소개했다.
어느 날 문득 부모의 가치관과 사상에 갇혀 있던 소년에게 나
타나 새로운 바람을 불어넣는 존재, 그것이 아저씨라고.

"부모나 사회가 알려주지 않는 것을 같이 놀면서 알려주는
사람. 그것이 아저씨입니다."

"우리(즉 일본 사회)는 지금 나쁜 아저씨가 필요하다"라고
말하는 다카하시 겐이치로에게 기쿠치 나루요시도 '아저씨 문
화'라는 것이 있다며, "부모나 친구 이외에 사람에게 배워야 합
니다. 아저씨에게, 아줌마도 좋고요. …여성에게는 '아줌마 문
화'겠지요. 그런 게 사라지고 있는 게 아닐까요"라고 말했다.

---

7 일본의 재즈 뮤지션이자 작가.

8 일본의 소설가이자 평론가.

9 영미 문학, 재즈, 영화 등 다양한 분야에서 활동한 일본의 평론가.

10 일본의 영화 감독.

이런 식으로 로맨틱하게 '아저씨 문화'를 말하는 남성들이 있는 한편 "아줌마가 되고 싶다"는 부주의한 발언으로 사방팔방에서 뭇매를 맞는 여성이 있다. 이것이야말로 일본 사회의 젠더 비대칭성의 증거라고 말할 수도 있겠지만, 오래전부터 이랬던 것은 아니다. 젊은 층은 잘 모르겠지만 1970년대에 야마구치 모모에 주연의 〈붉은 의혹〉이라는 인기 드라마가 있었다. 기시 케이코가 연기하는 '파리의 아줌마'라는 캐릭터가 나오는데, 10대 야마구치 모모에의 상담자이자 부모와는 다른 시야를 가르쳐주는 파리에 사는 아줌마(실은 친모였다고 나중에 밝혀지지만)였다. 너무도 멋진 기시 케이코를 보며 어린 우리들은 '나도 저런 여성이 되고 싶다'고 경탄을 했다. 그 시절에는 17세 아이돌이 아니라 중년 아줌마를 동경했던 것이다. 그렇게 생각하면 일본의 '아줌마 문화'도 예전에는 존재했다.

인정 욕구의 끝

잃어버린 '아줌마 문화'의 향수를 맡을 수 있는 편지를 읽고 있다. 문예지 《소설 겐토小説幻冬》에 연재 중인, 우에노 치즈코와 스즈키 스즈미가 주고받은 서간 〈한계에서 시작하다〉[11]이다.

2020년 8월호에 게재된 〈2. 엄마와 딸〉에는 부모가 아닌 어른인(그러나 부모와 같은 세대인) 사회학자 우에노 치즈코에게 젊은 여성 작가이자 전 성인비디오 배우 스즈키 스즈미가 자신의 부모를 낱낱이 고찰한 편지를 실었다.

스즈키는 세상을 떠난 엄마를 대학을 나와 BBC에서 한동안 통역 일을 하고 시세이도 홍보부에서 사보 편집 기자로 일했던 "경제적으로나 교육적으로 넉넉한 환경에서 자란" 여성이라고 소개하면서, "엄마가 말하는 사상은 알기 쉽고 자유로우며 훌륭한 것"이었다고 평가했다. 그러면서 엄마는 전업주부를 얕잡아 보았고, '사모님'이라는 단어는 학부모 모임 '어머니들'을 의미하는 것이지 자신과는 상관없다고 말했다고 한다. 자신을 '어머니들'과 확실히 구분 지으며 차별적 감정을 품고 있었다는 것이다.

아울러 엄마가 전업주부보다 하찮게 여기던 사람은 성산업이나 소위 물장사로 여성을 상품 취급하는 이들이었다. "창녀나 호스티스는 자기 윤리를 완전히 포기하고 부정하는 여자"라고 했다고 한다.

다만 스즈키는 엄마가 여성의 성상품화를 혐오하면서도 "지나치게 외모지상주의적인 경향"이 있었으며, "옷에 집착하거나 아름다운 것을 좋아하는 수준을 넘어 명백하게 자신을 남

---

11 이 연재물은 겐토샤에서 《왕복서한: 한계에서 시작하다往復書簡 限界から始まる》라는 제목으로 출간되었다.

성에게 매력적인 존재로 만드는 것에 대한 집착"이 있었다고 썼다. "남성의 시선을 의식하면서 실제 만남은 갖지 않고", "스카우트되고 싶어 하지만 거기에 동조하지는 않는" 타입의 여성이었다는 것이다(스즈키의 어머니도 분명 '아줌마'라고 하는 호칭을 싫어했으리라. 일반적으로 '남성의 욕망 대상'으로서의 가치를 떨어뜨리는 말로 받아들여지기 때문이다). 스즈키는 그런 엄마가 기분 나빴다. "남성의 시선에서 가치가 높은 여자가 되는 일에 큰 비중을 두면서도 그걸 노골적으로 돈으로 바꾸고자 하는 여성은 진심으로 비하하는" 점이 싫었다. 그래서 스즈키는 자신이 직접 성을 상품화하는 '밤의 세계'로 들어갔으며, 그 이유는 엄마가 이해하기를 거절한 세계였기 때문이라고 분석했다.

한편 스즈키의 서간을 받은 우에노는 "당신 어머니에 대한 묘사를 읽으며 나는 나에게 당신과 같이 총명한 딸이 있었다면… 하는 상상을 멈출 수 없었습니다"면서 그야말로 '아줌마의 시선'으로 편지를 쓰기 시작한다. 그러면서 우에노는 지적인 엘리트 여성이 갖는 '나는 다르다는 의식'이 외모지상주의와 연결되는 건 당연하다고 지적했다. 우에노는 "여자는 어릴 때부터 늘 자신의 가치를 판단하려는 남성의 시선에 노출되고, 남자가 평가하는 것은 여성의 지성이 아니라 알기 쉬운 외모"라고 쓰며, 미국의 엘리트 여성 그룹 안에서 어색할 정도로 섹시한 옷을 입은 여성들을 몇 명이나 봤다고 한다. 그것은 "나는 여성으로서 충분히 상품 가치가 있지만 결코 그것을 팔지 않겠다"고 과시하는 것이며, "'여성스러운' 외모는 아마도 남성에게 잘 보이는 것 외에도 여성들의 세계에서 우위를 점하는 수단"이라고 썼다.

여기서 화제가 된 '나는 다르다는 의식'은 2020년 11월호에 실린 〈5. 인정 욕구〉에서 한층 깊이 다뤘다. 스즈키와 우에노는 여성의 인정 욕구에 대해 의견을 나눈다.

스즈키는 일본의 소녀만화가 다양해지긴 했지만 "특별한 무언가가 되는, 인정 욕구가 채워지는 기회로서 사랑이 절대적이라는 점에서는 별반 다르지 않다"면서, 소녀만화에 자주 등장하는 "평범한 내가 특별한 내가 되기 위해 '사랑의 성취'로서 연애를 하는" 이야기는 강렬한 자기 긍정감과 인정 욕구를 충족시키는 행위였다고 자신의 과거를 돌아보며 분석한다. 그렇게 소녀만화를 읽으며 궁극의 인정 욕구를 만족시키는 도구로 사랑을 배운 여자와, 성인비디오로 성을 배운 남자가 서로를 자신의 문맥으로 끌어들이려는 '연애'라는 것은 애초에 성립되기 어려웠다고 한다. 그보다 섹스 하나로 무언가를 얻을 수 있다는 사실이야말로 젊은 시절 자신에게 중요했다면서, "자신의 섹스가 상품이 된다는 사실은 아직 아무것도 아닌 불안한 젊은 여성의 손쉬운 인정 욕구를 충족시켜줍니다"라고 썼다.

이에 대해 우에노는 "가장 알기 쉬운 사회적 인정의 지표는 돈"이라면서, 페미니즘은 "내가 나로 살기 위해서는 남자의 인정 따위 필요 없다고 주장한 사상"인데 "아직도 여자 힘으로 인정을 획득하는 것이 불가능한가"라고 탄식했다. 그러면서 인정 욕구란 수동적인 욕구로, 에리히 프롬의 말처럼 '사랑한다는 것'은 '스스로 들어서는' 능동적인 행위이며 '능동적인 행위야말로 자율의 증거'라고 스즈키에게 호소한다.

개인적으로 흥미로웠던 점은 우에노가 "남자가 주는 인정에 의존하며 살지 마라"라고 하자 스즈키가 아래와 같이 대답한 대목이었다.

사랑을 대체하는 인정 욕구의 정점이 인스타그램의 '좋아요!'라고 한다면, 이는 성매매 이상으로 인스턴트이며 성매매 이상으로 타인과 비교하기 쉬운 만큼 의존성이 높다는 생각이 듭니다.

심퍼시는 기다리지 않는다

SNS의 '좋아요!'는 심퍼시(혹은 감정적 엠퍼시)를 표현하기 위한 장치이며, 나에게 심퍼시를 느낀 사람이 몇 명이나 있는지 순식간에 측정할 수 있는 도구다. 나와 공명·공감해줄 사람('그래 그래', '맞아 맞아') 혹은 호감을 느낀 사람('예뻐', '젊어' 같은 말도 이에 해당한다)이 얼마나 많은지 알고, "아아, 나도 아직 살아 있구나"하고 스스로의 존재 가치를 실감하는 것이다. 스즈키는 이런 실감을 손쉽게 얻을 수 있기에 의존성이 높으리라고 말한 것이다.

실제로 인터넷에서 무언가를 발신하는 방법도 점점 간편하게 바뀌고 있다. 트위터든 어떤 SNS든 존재하지 않았던 시절, 인터넷을 사용한 발신 수단은 (손수 태그를 붙여가며 만든) 홈페이지였다. 그다음은 (태그를 붙일 필요가 없는) 블로그였고, 다들 1,000자가 넘는 장문을 쓰며 조회 수를 경쟁했다. 시간이 흘러 SNS가 등장하고 페이스북에서 트위터로 글자 수가 점점 줄어들더니 어느새 글자조차 필요 없이 비주얼로 승부를 보는 인스타그램이 유행하기 시작했다. 제작에 시간을 들이지 않고 순식간에 '좋아요!'를 모을 수 있는 포맷으로 변화해온 것이다.

공명·공감을 의미하는 심퍼시는 감정적이고 정서적인 움직임인 이상 인스턴트 같은 반응으로 나타난다. '짧고 빠른' 인터넷의 방향성이 심퍼시와 어울린다는 것은 말할 것도 없다. 앞서 말한 텔레비전 프로그램으로 돌아가서(거의 대부분의 일본 토크·버라이어티 프로그램이 그럴 텐데), 언젠가부터 일본 텔레비전 프로그램에 일본어 자막이 붙는 게 대단히 이상했다. 외국어 자막을 다는 것이라면 이해하겠지만, 어째서 들으면 아는 말에 자막을 붙여 이중으로 같은 정보를 전달할 필요가 있는지 이해하기 어려웠다. 고령화가 진행되고 있으니까 소리가 잘 안 들리는 사람을 배려하거나 주의력과 집중력을 높이기 위한 것인가 하는 생각도 해봤다. 그러나 텔레비전을 주의 깊게 볼수록 그런 의도는 아니라는 생각이 들었다.

일본 텔레비전 프로의 화면은 (영국에서 일본으로 온 여행객들이 자주 하는 말이지만) 너무 'BUSY(번잡)'하다. 화면의 정보량이 너무 많다. 영상 아래 일본어 자막이 나오고 좌측 상단에는 시간과 기온과 일기예보 마크가 찍힌다. 우측 상단에는 프로그램 제목 로고와 현재 나오는 코너의 타이틀이 있고, 그 아래의 작은 사각형 상자에는 스튜디오에서 영상을 보고 있는 사회자와 패널의 얼굴까지 나온다. 하나의 스크린 속에 밀치락달치락 수많은 정보가 들어 있는 것이다. 이러면 주의력과 집중력을 뺏기고 정신이 산만해진다.

어째서 어떤 이슈에 대해 사람들이 말하는 영상에 기온과 꽃가루 정보를 달 필요가 있는가. 카메라를 돌리면 스튜디오에 있는 다른 사람의 반응을 비출 수 있는데, 어째서 화면의 일부를 잘라 동시에 내보낼 필요가 있는가. 이에 나는 한 가지 가설을 세웠다.

기다릴 수 없는 게 아닐까.

화면에 비춰진 사람이 말을 마칠 때까지 기다릴 수 없어서 아직 말을 다 하지 않았지만 하단에 자막을 내보낸다. 지금 하는 코너가 끝나면 일기예보가 시작하더라도 그때까지 기다릴 수 없어서 흐림 마크나 기온이나 세탁 지수를 나타내는 숫자가 늘 화면에 나온다. 내가 호감을 갖고 있는 연예인이 나올 때까지 기다릴 수 없어서 다른 사람을 비추고 있을 때에도 동시에 작게 비춘다.

그런데 이 가설을 쓰면서 문장의 주어가 점차 바뀌었다. 누군가가 말을 마치거나 일기예보가 시작할 때까지 기다릴 수 없는 것은 시청자지만, 자막을 달고 일기예보나 세탁 지수를 화면 구석에 내보내는 사람은 제작자다.

시청자가 '기다릴 수 없기' 때문에 제작자가 그렇게 하는 것일까, 제작자가 '시청자는 기다릴 수 없을 거야'라고 생각해서 이런 화면을 만드는 것일까. 이 많은 정보량은 원하는 정보가 있다면 언제든지 자유롭게 다른 사이트로 날아갈 수 있는 인터넷의 '빠른 속도'에 대항하는 것처럼 보인다. 텔레비전은 자유롭게 변화를 주기 어렵기 때문에, 우선은 정보를 가득 비춰주고 누군가가 끌려오기를 바라는 것이 아닐까.

'기다리지 않고 당장 어떤 정보를 얻을 수 있다'는 것은 '좋아요!'에 품이 들지 않는다는 스즈키의 지적과도 이어진다. 심퍼시는 인스턴트다. 그것은 정서와 감정이므로 순식간에 떠오른다. 그렇게 생각하면 연애 감정(다자이 오사무에 따르면 '색욕의 워밍업')도 끓어오르는 것이므로 심퍼시를 베이스로 한다.

한편 타인의 신발을 신는다면 나는 어떻게 느끼고 생각할지 상상하는 능력(엠퍼시)은 사고라는 쿠션이 개입하는 만큼 발휘하는 데 시간이 걸린다. 심퍼시는 빠르고, 엠퍼시는 느리다.

외모지상주의와 심퍼시

한 인간으로부터 '기다리지 않고 곧장 얻을 수 있는 정보'란 우에노가 적절히 지적했듯이 '알기 쉬운 외견'이다. 알기 쉽다는 것은 속도가 빠르다는 뜻도 된다. 슬쩍 보고 '좋아요!'를 누르고 곧장 '좋아요!'의 수를 알 수 있는 인정 욕구가 충족되는 방식이 유행할수록, 그것에 의존하는 사람이 늘어날수록 외모지상주의가 심해지는 것은 당연한 일이다.

나는 아이가 태어날 때까지 거의 일본으로 돌아가지 않았기 때문에 7년 동안 한 번도 일본에 가지 않은 시기가 있었다. 그 긴 세월이 지나 일본에 갔을 때 텔레비전을 보면서 깜짝 놀란 것이 있었다. 낮 시간 동안 흘러나오는 광고(특히 오전)가 대부분 실제 나이보다 열 살 스무 살 어려 보이게 된다는 상품의 광고였기 때문이다. "늘 젊어 보인다는 소리를 들어요" 같은 말을 하는 중년·노년의 모델들이 나오고 이어서 '지금이 특별 찬스. 이리로 전화주세요'라는 말과 전화번호가 나왔다. 전부 같은 영상으로 보일 만큼 획일적인 포맷으로 제작되어 있었다.

정말로 일본은 고령화 사회로 들어섰구나 하고 진심으로 느꼈는데, 생각해보면 영국도 대낮에 텔레비전을 보는 나이든 연금생활자가 많다. 영국에서 그 시간대에 자주 흘러나오는 광고는 '월 20파운드(약 3만 원)로 개발도상국 어린이들의 양부모가 되지 않겠습니까?', '주에 1파운드(약 1,600원)씩 기부하면 아프리카 마을에 깨끗한 물을 제공할 수 있습니다'와 같은 자선단체의 선전이다.

이런 글을 쓰면 또 서양을 본받자는 이야기냐, 영국 사람들의 의식이 높다는 말을 하고 싶은 거냐고 하겠지만 그건 아니다. 캄보디아나 네팔의 아이를 지원하는 사람들이 국내의 빈곤한 어린이에게는 냉담하여, "부모가 게을러서 문제"라거나 "영국은 스스로 책임 지는 문화를 되찾아야 한다"라고 말하는 사람들이 있음을 잘 알고, 자선단체의 광고 모델이 되어 더러운 옷을 입고 굶주린 듯한 모습으로 이쪽을 노려보는 흑인 아이가 실은 유복한 의사 아버지를 둔 우리 아이의 반 친구였다는 사실도 기억한다.

영국의 고령자가 지갑을 여는 대상은 멀리 있는 존재인 데 반해, 일본의 고령자의 경우는 가장 가까운 곳에 있는 자신(의 외모)이라는 데 큰 차이를 느낀다. '의식의 높고 낮음'이 아니라 '의식의 멀고 가까움'이라고 해도 좋다. 실제로 볼 수 없는 멀리 있는 것(게다가 시간을 들여 키우고 달성하는 것)을 상상하는 기술이 엠퍼시라고 한다면, 영국의 고령자들은 그 능력을 쓰는 것을 즐거워하기 때문에 자선단체에 돈을 기부하는 것이리라.

이에 반해 자신에게 집중하는 것은 내면을 향하면서도 즉각적이다. '상상하기'보다는 '리얼하게 눈에 보이는 상태', 면 나라에 있는 아이가 성장한 10년, 20년 후의 모습이 아니라 지금 내 피부와 머릿결과 체형에서 드러나는 결과를 원하는 것이다. 게다가 그 결과란 내가 사는 방식보다 내가 어떻게 보일지에 치중되어 있다. '젊어 보임', '늙어 보임'과 같이 '○○로 보임'이라는 새로운 일본어가 유행하는 것을 보더라도 타인이 나를 어떻게 보고 있는지가 일본에서는 이상할 정도로 중대한 문제가 되어 있음을 알 수 있다. 가장 가까운 존재인 '나'를 향한 관심은 내면까지 파고들지 못하고 피부의 표면에서 난반사되어 자신의 외모에 멈추고 마는 것이다.

앞서 말한 '아줌마 문제'에서도 외모지상주의가 문제의 원인 중 하나인 것은 틀림없다. 텔레비전에서 '실제 나이보다 젊어 보인다는 소리를 들어요'라고 말하며 자랑스럽게 웃는 '61세 ○○○○ 씨', '54세 ○○○○ 씨'라는 (가공의 이름을 부여받은) 모델들이 '젊어 보이는' 화장품이나 보조 제품을 선전하는 오전 시간대에 '아줌마 문제'를 들고 나온 프로그램이 방영된 것은 동전의 양면이다.

우에노는 앞서 말한 서간문에서 "남자가 평가하는 것은 여성의 지성이 아닙니다. 알기 쉬운 외모입니다"라고 썼지만, 남자만 그런 것은 아니리라. 인간이 타인을 평가하는 것은 그 사람의 지성과 내면이 아니라 알기 쉬운 외모이기에, 조금이라도 젊게(아름답게) 보이고자 지갑을 열어 투자하는 사람이 많은 것(그렇기에 그런 제품 광고만 흘러나온다)이며, '아줌마'라고 불린다고 상처받는 것도 실제로 나이가 들어서도 있겠지만 그보다는 '젊어 보이지' 않기 때문이리라.

여기서 문제는 본래 주관적이며 개인적이어야 할 미적 감각이 '젊음=아름다움'이라는 대단히 전체주의적인 척도로 한정되었다는 점이다. 애초에 이런 각인을 반복하지 않으면 인간이 가지는 페티시의 방향은 다양하다. 얼굴의 크기나 형태, 체형부터 피부색과 질감에 이르기까지 아름답다고 느끼는 것은 제각기 다르다. 하지만 '여자아이의 색은 핑크', '남자아이의 색은 블루'라며 키우는 것처럼 어떤 연령이 되면 "어? 저런 얼굴이 좋아?"라거나 "피부는 반들반들한 게 예뻐"라는 말을 듣게 된 아이들은 '아, 내가 이상했구나'라고 느끼며 아름다움과 추함에 대한 판단 기준을 수정하게 된다. 나치가 국민의 미의식을 다양화하지 않고 조종하려 한 것처럼 외모지상주의는 전체주의와 결부되어 있다(일본에는 나치가 존재하지 않기에, 아름다움의 기준을 각인시키고 있는 것은 미디어와 대기업이지만).

일본 사람들이 조금이라도 젊어 보이는 게 좋다는 압박을 받고 있는 배경에는 안티에이징 시장이 일본 경제의 내수 축소를 막는 최후의 수단이라는 정재계의 사정도 있을지 모르겠고, 고가의 안티에이징 상품을 사기 위해 계속해서 일하는 고령자가 늘어나면 연금의 재정지출 증대가 억제된다는 국가재정상의 이유도 있을지 모른다. '아줌마'라는 호칭에 여성이 상처받는 문제에 젠더나 에이지즘의 틀을 넘은, 한 나라의 경제라는 하부구조가 떡하니 기분 나쁘게 관여하고 있는 것이다.

외모지상주의는 빠르고 알기 쉬운 심퍼시가 베이스이므로 전체주의와 잘 맞으며 정치적으로 이용되기도 쉽다. 한편 시간이 걸리고 지적 노력을 필요로 하는 엠퍼시는 개인의 상상력이므로 결속시키기가 어렵다.

타인의 신발을 신어보는 일에 관심을 갖기 전에 자신의 신발을 조금이라도 새것으로 보이도록 끊임없이 가꾸는 사람이 늘면, 자기 발밑만 보며 바깥에서 일어나는 일을 보지 못하는 사람이 늘어나는 세상이 된다. 타인의 신발을 신어보는 행위는 자기 이외의 사람에게, 자신의 바깥(=사회)에서 어떤 일이 일어나고 있는지를 알고자 하는 행위이기도 하다. 심퍼시를 얻는 데만 사로잡혀 엠퍼시를 사용하지 않는 사람이 늘어난다면 어떤 위치의 사람들에게 유리할지는 불 보듯 뻔하다.

제9장

인간을
인간화하자

불경기에는 노인부터 직장을 떠나라고?

록다운이 느슨해져서(이제는 거의 해제된 분위기지만) 오랜만에 거리로 나왔다가 깜짝 놀랐다. 도시 중심가에는 벌써 망한 가게가 많이 있었다. 록다운 이후 다시 열지 못하고 그대로 폐점한 모양이었다.

쇼핑몰 안으로 들어가자 '에이치앤엠H&M'이나 '자라ZARA' 같은 어느 나라에 가도 있을 법한 대형 체인점은 영업을 하고 있었지만 소규모 체인점은 '폐점합니다'라는 종이가 붙고 이미 가게가 비어 있었다. 영국 사람들은 코로나 따위는 잊은 것처럼 즐겁게 거리를 활보하고 있었지만, 분명 코로나 이전의 거리와는 전혀 다른 풍경이었다. '컬러풀한 여름옷을 입고 밝게 웃으며 영국의 짧은 여름을 즐기는 사람들'이라는 사진의 배경화면을 잘못 고른 것처럼 거리의 풍경만 보아도 확연한 불경기다.

그도 그럴 것이 영국의 2020년 이사분기 GDP가 지난 분기 대비 20.4% 하락했다고 인터넷과 텔레비전이 소란스러웠다. EU 탈퇴, 코로나 사태, 블랙 라이브스 매터에 이어 불경기로 기삿거리가 완전히 바뀐 듯했다.

다른 G7 국가와 비교해도 영국의 GDP는 큰 폭으로 떨어져 분기마다 GDP를 발표하기 시작한 1955년 이래 최악의 하락을 기록했다고 한다. 그 이유로는 몇 가지 분석이 있다. 영국은 스페인, 이탈리아, 프랑스에 비해 록다운이 늦어서 록다운이 먼저 끝나 경제회복이 가능했던 나라들과 달리 여전히 경제가 바닥이라는 설. 또 록다운 개시가 너무 늦어서 빨리 시작한 나라보다 코로나바이러스가 확산되어 보다 엄격한 규제를 장기간 도입하기 때문이라는 설. 그런 이유로 휴교가 다른 나라에 비해 굉장히 길어져서(영국 대부분의 초·중학교는 2020년 3월 하순부터 학기가 시작되는 9월까지 약 반년 간 휴교했다) 아이를 돌보기 위해 일할 수 없었던 보호자가 비고용자 인구의 8%를 차지한다는 통계도 있다. 또 영국 경제는 실생활에서 고객을 응대하는 서비스업 의존도가 높기 때문에 사회적 거리두기가 다른 나라보다 큰 타격을 쳤다는 설도 있다.

아무튼 이렇게 많은 점포가 폐점으로 내몰렸으니 실업자가 대량으로 발생했으리라. 〈가디언〉은 여론조사에 따르면 조사 대상인 2,000개 이상의 영국 기업, 자선단체, 공공기관의 약

33%가 가을까지 인원을 삭감할 예정이라고 답했다고 전했다 (2020년 8월 10일).

대실업시대의 발소리 속에서 조심스럽게 들려오는 것이 '젊은이를 돕기 위해 고령자부터 물러나야 한다'는 요구다. 고령자가 코로나에 걸릴 경우 중증화 위험이 높다는 사실도 더해져, 노인은 이제 은퇴하는 게 이런저런 이유로 합리적이지 않은가 하는 의견이 사람들 사이에서 흘러나오고 있다.

놀랍게도 저명한 지식인까지 공적으로 비슷한 말을 하기 시작했다.《제국의 폐허에서: 저항과 재건의 아시아 근대사》의 저자 판카지 미슈라가 영국의 방송사 채널 포Channel 4의 팟캐스트 〈세계를 바꾸는 방법들Ways to Change the World〉에서 "세계를 바꾸기 위해 무엇을 하겠습니까?"라는 질문에 "진짜 변화는 고령 세대가 스스로 은퇴하면서 시작될 거라고 굳게 믿고 있다"면서, 사람들은 50대 후반에 접어들면 "자신의 출구를 찾아 은퇴해서 젊은이들에게 자리를 양보해야 한다. 더 재능 있고 머리가 좋은 사람들에게 기회를 주기 위해 은퇴가 최선이라고 생각한다"고 말했다.

2~3개월 전까지 영국인들에게 고령자는 다 같이 보호하고 지원해야 하는 대상이었다. 전국 방방곡곡에서 고령자를 대신해 장을 보거나 약을 받으러 가는 자원봉사 그룹이 생겼고, 슈퍼마켓 체인점은 개점 직후 1시간 동안 의료 관계 종사자와 고

령자만이 입점할 수 있도록 하는 등 '노인 우선' 분위기였다.

그런데 록다운이 끝나고 사람들이 슬슬 본래 생활로 돌아오자 갑자기 고려장 분위기다.[1] 아무리 그래도 너무 극단적이다.

아마도 조기 은퇴라는 말을 꺼낼 수 있는 사람들은 형편이 넉넉한 사람들이리라. 공적 연금이나 민간 연금, 적금과 투자 이익 등으로 생활할 수 있는 고령자밖에 떠오르지 않는다. 세상에는 일하지 않으면 먹고살 수 없는 고령자도 많다. 자선단체 '에이지 유케이Age UK'의 조사에 따르면 영국 연금수급자의 16%가 빈곤한 상태로 나타났다. 노인 6명 가운데 1명은 빈곤한 것이다. 민간단체에서 거주지를 빌려 살고 있는 연금수급자의 34%, 공영주택을 빌려 살고 있는 연금수급자의 29%가 빈곤하다. 자기 집이 없는 고령자가 생활고를 겪고 있는 상황이 눈에 선하다.

특히 아시아인과 아시아계 영국인 연금수급자 중 33%, 흑인 혹은 블랙 브리티시[2] 중 30%가 빈곤한 것으로 나타났다. 한편 빈곤한 백인 연금수급자의 비율은 15%라고 한다. 게다가 코로나바이러스의 영향으로 해고당하거나 일자리를 잃은 사

---

1 원문에서는 《나라야마 부시코楢山節考》라는 소설을 언급하고 있다. 이 소설에 등장하는 지역에서는 70세가 된 노인을 나라야마 산에 버리는 잔인한 풍습이 있었다.

2 아프리카계 혹은 카리브해 흑인의 혈통을 가진 영국인.

람도 18~24세와 65세 이상에서 가장 많다.

그럼에도 고령자는 '실업자'가 아니라 '비상근인구'로 계산되므로 큰 문제가 되지 않는다. 이는 더욱 중요하게 바라봐야 하는 사태다. 고령자는 일단 한번 일자리를 잃으면 다음 일자리를 찾기 어려워서 장기 실업에 빠질 가능성이 높기 때문이다.

게다가 코로나 사태로 경제가 어려워져 기업이 나이가 많은 노동자를 해고하더라도 대신 젊은이를 고용한다고 보기는 어렵다. 경기가 나쁠 때는 자르기 쉬운 사람부터 해고하는데, 그것이 젊은이와 고령자일 뿐이다.

코로나 사태는 사람들의 아름다운 상호부조를 보여줬지만 '노동'과 '경제' 영역에서는 세대 간 투쟁의 씨앗이 되었다. 고령자가 감염되면 치사율이 높다는 사실이 밝혀져 '고령자만 외출을 자제시키고 젊은 세대는 일하러 나가서 경제를 돌아가게 하면 된다'는 의견이 나왔을 때는, '젊은이는 위험에 내몰려도 좋은가', '어째서 아랫세대는 언제나 윗세대를 위해 희생되어야 하는가'라는 반발의 목소리가 들렸다. 록다운이 끝나 다들 일하러 나갈 수 있게 되었을 때는 불경기로 해고가 시작되어, 이번에는 '고령자는 먼저 그만두고 젊은이를 실업에서 구해야 한다'고 외치는 사람들이 나왔다. 이에 '맞다, 맞다'라고 동의하는 층과 '고령자를 자르고 내버리는 것인가'라고 의문을 품는 층으로 나뉘었다.

'아랫세대는 윗세대의 희생양', '윗세대가 아랫세대에게 양보하라' 같은 말을 듣고 있으면 젊은이와 고령자가 정해진 분량의 파이를 놓고 경쟁해야 하는 숙적처럼 보인다. 늘 한쪽은 살리고 다른 한쪽은 희생하는 시나리오만 있는 건 아니다. 이러한 세대 간 분쟁은 의자 뺏기 게임의 발상에서 나온 것이다.

상호부조도 아나키즘이다

며칠 전 아나키즘 연구자 구리하라 야스시 씨와 대담을 나누었다. 그동안 아나키즘이라고 하면 기성 개념을 깨부수거나 용맹하게 날뛰는 이미지가 부각되었다. 상호부조처럼 '생명은 경쟁하는 것이 아니라 서로 도우며 살아남았다'는 크로포트킨적 측면은 잘 드러나지 않았다. 그러나 코로나 사태를 겪고 있는 지금, 오히려 후자가 더 중요해지는 것이 아닐까 하는 이야기를 나누었다.

엠퍼시와 아나키가 이어져 있다는 생각은 크로포트킨의 주장이 있었기에 가능했다. 그러나 '상호부조가 아나키즘'이라는 말은 일반적으로 잘 와닿지 않으리라. 도덕 선생님이 꺼낼 법한 '서로 돕고 삽시다'라는 말은 아나키즘과는 정반대에 놓인 것처럼 느껴지기까지 한다.

'상호부조가 아나키즘'이라는 말이 와닿으려면 '세상에 이런 일이' 같은 캐치프레이즈가 필요한지도 모른다. 실제로 코로나 사태가 시작된 영국의 풍경은 '세상에 이런 일이'의 연속이었다. 모르는 사람들에게 전화번호나 이메일 주소와 함께 '내가 할 수 있는 일은 뭐든 하겠으니 어려운 상황에 닥친 사람은 연락주세요'라고 쓴 전단지를 자기 집 담벼락에 붙인 사람, '노인과 확진자를 돕는 모임을 만들고 싶습니다'라고 손수 적은 쪽지를 동네 우편함에 넣어둔 사람 등 '서로 돕고 싶은' 인간의 욕망이 거리에 흘러넘쳤다. 이야말로 아나키적 욕망에 근거한 상호부조의 모습이다. 도덕심에서 나온 행동도, 그렇게 하지 않으면 안 된다는 의무감에서 나온 행동도 아니다. 그저 그렇게 하고 싶었던 것이다. 그렇기에(전화번호가 악용되거나 스팸 메일이 대량으로 들어와) 나중에 후회할지도 모르는 수준의 행동까지 하고 마는 것이다.

그러나 록다운이라는 비일상이 끝나고 노동하는 일상으로 돌아오자 아나키즘은 완전히 사라졌다. 리베카 솔닛이 《이 폐허를 응시하라》에 쓴 것처럼 아나키한 상호부조는 재해시나 비상시에, 통상적인 사회경제 시스템이 제대로 작동하지 않을 때만 나타난다. 다시 시스템이 돌아가기 시작하면 상호부조는 금세 모습을 감추고 세대 간 분쟁 같은 격렬한 의자 뺏기 게임으로 돌아온다.

사랑의 디플레이션

에리히 프롬은 《사랑의 기술》에서 '현대인은 사회·경제적 역할의 부록으로 전락한 게 아닐까'라고 썼다. 무언가의 부록으로 존재하게 되면 인간은 자주성과 함께 인간성도 상실하고 만다. 살아남기 위해 '서로 돕고 싶다'는 본능이 인간에게 갖춰져 있다면 이타성의 상실은 인간성의 상실이기도 하다.

프롬은 이 책에서 타인을 사랑하는 것은 미덕이지만 자신을 사랑하는 것은 죄라는 서양 사상에 있을 법한 사고방식은 잘못되었다고 주장한다.

프로이트에게 자기애는 나르시시즘과 같다. 즉, 리비도를 자기 자신에게 돌리는 것이다. 나르시시즘은 인간 발달에서 가장 첫 단계이며, 나중에 나르시시즘 단계로 되돌아간 인간은 사랑을 할 수 없게 되고 극단적인 경우 정신이상이 된다. 프로이트에 따르면 사랑은 리비도의 발현이며, 리비도는 타인을 향하기도 하지만(사랑) 자기 자신을 향하기도 한다(자기애). 이처럼 사랑과 자기애는 한쪽이 커지면 다른 한쪽이 작아진다는 의미에서 상호배타적이다.

'사랑의 디플레이션'이라는 말이 떠오른다. 프로이트의 개념에서도 타인을 향한 '사랑'과 자신을 향한 '사랑'이 대립 관계가 되어 의자 뺏기 게임이 전개된다. 의자 뺏기 게임은 게임이 진행될수록 의자가 하나씩 줄어든다. 이 상호배타적 게임을 계속해나가면 리비도가 점점 줄어들어 결국에는 아무것도 남지 않을지도 모른다.

그러나 프롬은 애초에 '사랑'을 대상에 따라 분류하고 어떤 특정한 분량을 서로 빼앗고 있다는 생각 자체가 잘못됐다고 반론한다. 프롬은 타인에 대한 사랑과 자기애는 배타적이지 않고 말한다.

이웃을 한 사람의 인간으로서 사랑하는 일이 미덕이라고 한다면, 자기 자신을 사랑하는 일도 미덕이리라. 적어도 악은 아닐 것이다. 나 자신도 한 사람의 인간이므로. 그 안에 자기 자신을 포함시키지 않는 인간 개념은 없다.

프롬은 인간 자체를 사랑하는 일은 특정한 인간을 사랑하는 일의 전제이며, 인간 개념 안에 자기 자신도 포함되어 있다고 주장한다. 따라서 프롬은 말한다. '타인에 대한 태도와 자신에 대한 태도는 모순되기는커녕 기본적으로 연결되어 있다'고.

그러나 이런 주장을 하는 프롬도 자기애와 이기주의는 다른 문제라고 선을 긋는다. '이기적인 사람은 바깥세계를, 자기가 거기서 무엇을 얻을 수 있는가 하는 관점에서만 바라본다.

타인의 욕구에 대한 관심도, 타인의 존엄과 개성에 대한 존경심도 없다. 이기적인 사람에게는 자기밖에 보이지 않는다.' 따라서 근본적으로 이기적인 사람은 '사랑하는 일이 불가능하다'고 주장한다. 이기적인 인간을 거의 사이코패스로 취급하고 있다. 그러나 데이비드 그레이버는 이기주의를 절대악으로 간주하는 풍조 역시 이상하다고 지적했다.

그레이버는《불씻 잡》에서 순수한 이기주의라는 발상과 순수하게 사심 없는 이타주의라는 발상 모두 인류 역사에서 대부분 기괴한 것으로 받아들여졌다고 주장한다. 이런 이분법적 사고가 출현한 것은 비인격적인 시장이 부흥하고 현금시장이 등장한 이후이며, '물질적인 것은 무가치하고 경건한 자는 욕심을 버려 자기 재산을 남에게 베풀어야 한다'고 설교하는 세계 종교가 탄생하면서부터 물질적인 이기주의와 이타적인 이상주의 사이에 벽을 세우는 시도가 시작되었다고 말한다.

하지만 이 시도는 실패로 끝났다고 그레이버는 단언한다. 이 둘은 언제나 뒤섞여 있기 때문이다. 예술가나 사제나 이상주의자나 정치 지도자가 남몰래 자기 욕심을 탐하기도 하고, 노동자가 나는 과연 세상 사람들에게 도움을 주고 있을까 하고 고민하기도 한다(아마도 이런 사람들이《불씻 잡》을 읽을 것이다). 이 둘을 완전히 나누는 일은 탁상공론일 뿐 진흙탕 같은 인간의 삶에서는 불가능하다.

이처럼 그레이버는 프롬의 '자기애'와 타인을 향한 '사랑'이 이어져 있다는 주장을 발전시켜, 이기적인 것과 이타적인 것이 뒤섞여 있다고 말한다.

이러한 혼재의 이론, 뒤섞여 있는 것이 당연하며 순수하게 만드는 것은 불가능하다는 생각은 '반드시 그래야 한다'라는 이상보다 현실적인 통찰이다. '아나키 인 더 유케이Anarchy In The U.K.'라는 펑크록의 경전과도 같은 곡의 가사를 쓴 존 라이든은 "카오스는 나의 철학이었다"라고 말했다. 카오스가 되라는 것이 아니라 인간은 애초에 카오스라고 인정하는 철학이다. 카오스라도 괜찮다는 적극적인 체념이라 해도 좋다. 인간은 다양한 모순을 안고 살아가는, 생각과 욕망에 가득 찬 생명체이므로.

'혼합'을 인정하고 그래도 괜찮다는 카오스의 철학. '벽을 세우려 해도 섞이고 만다'는 인식은 이분법적인 의자 뺏기 게임으로 사랑의 디플레이션을 겪고 있는 지금, 절실한 인간성의 진실이다.

《파국》과 불쉿 소사이어티

그런데 《사랑의 기술》에서 에리히 프롬은 사랑이란 능력이며 기술이라고 썼다. '빠져드는' 감정적 행위가 아니라 의지적이며 능동적으로 '들어서는' 행위라고 말이다.

《사랑의 기술》의 원제는 'The Art of Loving'인데, 'art'에는 '미술, 예술'이라는 뜻 외에 '기술, 기능, 인위'라는 뜻도 있다. 이 정의 역시 영영사전에서 뜻을 찾아보는 편이 이해하기 쉽다.《옥스퍼드 영영사전》사이트에는 '특히 회화나 조각에서 아이디어나 감정을 표현하기 위한 상상력의 쓰임'이라는 정의가 가장 먼저 나온다. 아울러 '훈련과 실전으로 발전시킬 수 있는 능력과 기술'이라는 뜻도 적혀 있다.

'상상력의 쓰임', '발전시킬 수 있는 능력과 기술'이라는 점에서 art의 정의는 인지적 엠퍼시와 흡사하다. 프롬이 말하는 사랑은 심퍼시나 감정적 엠퍼시처럼 자연스럽게 우러나오는 감정이 아니라 부단한 노력이 필요한 감정이다. 자기 신발을 벗고 타인의 신발을 신어보는, '스스로 들어서는' 사랑이다.

도노 하루카의 소설《파국》은 사랑으로 들어설 필요가 없었던 청년의 이야기다. 주인공 요스케는 스스로 움직이지 않아도 늘 여자가 먼저 다가온다. 여자친구와의 관계가 소원해질 무렵 나타난 나이 어린 새 여자친구는 처음부터 그를 집으로 불러 오늘은 자고 가라고 명령할 정도로 주인공을 강하게 밀어붙이고, 새 여자친구와의 관계를 질투하는 이전 여자친구도 그의 방으로 밀고 들어와 관계를 강요한다. 그는 항상 여자가 시키는 대로, 말하는 대로 따른다. 그는 '여성이 원하지 않는 섹스를 하는 것은 죄악'이라는 정의감은 갖고 있다. 그렇다고 해서

원한다고 할 때는 항상 들어줘야 하는 것인가? 새 여자친구의 성욕이 너무 강해서 힘에 부치는 상황에서도 헬스로 근육을 키우고 조깅을 하면서, 충분한 수면을 취하고 영양가 있는 식사를 연구하고 건강보조제도 쓰면서 그녀의 요구에 맞춰주고자 한다. 섹스는 기분이 좋아지니까 좋아한다던 주인공이지만, 결국 발기도 안 되고 하복부에 통증이 생겨 섹스를 할 수 없는 지경에 이르는데도 애를 쓴다. 주인공은 무척 성실하면서도, 타인에게 휘둘리기 쉬운 사람이리라.

주인공은 매일 운동을 하면서 갑옷 같은 근육을 단련하고, 공무원 시험을 위해 공부하고, 모교 럭비부의 코치를 역임해 후배들이 승리할 수 있도록(지나친 욕심인 줄도 모르고) 열심히 지도한다. 하지만 가끔씩 비뚤어진 생각을 한다. 여자친구가 최고의 생일을 보내길 바라면서도 그녀가 호텔에서 샤워를 하는 동안 다른 여성을 상상하며 자위를 하거나 럭비부 부원들이 자기를 욕하는 것을 듣고 모르는 남성에게 무턱대고 분풀이를 한다. 아무렇게나 들어간 패스트푸드점에서 기분 전환을 할 다른 상대가 있는지 살피기도 한다.

인간은 모순으로 가득한 생명체이므로 딱히 이상한 이야기도 아니다. 하지만 요스케의 경우 성실함과 일탈의 변화가 기묘할 정도로 뚝뚝 끊겨 있고 어딘가 허술하다. 이 둘이 적절히 섞이는 때가 없다. 그레이버의 말처럼 인간은 본디 이상주의적

부분과 이기주의적 부분이 뒤섞여 있는 생명체라고 한다면, 주인공의 사고와 언동에서 그 두 가지가 부드럽게 섞여들지 않는 이유는 무엇일까.

아마도 주인공이 성실한 상태로 있을 때 지닌 정의감이 '인간이라면 본디 이래야지'라고 하는 차원에서의 정의감이며, 스스로 그렇게 생각하는 건 아니기 때문이다. '여성은 상냥하게 대해라'라고 아버지가 말했기 때문에 자신도 그렇게 하는 것이고, 여성이 맡긴 가방 속을 보려다가 그만둔 이유도 '공무원을 지망하기 때문'이다. 아버지가 한 말이나 공무원이 되는 일 같은 '정의'는 언제나 그의 바깥쪽에 있고 그 자신에게서 나온 것이 아니다. 그의 생각은 늘 주변 사람들과 세상으로부터 나온다. 자기 체험이나 실감을 통해 본인이 '옳다'고 생각한 것이 아니다. 그러니 그는 권력에 대단히 순종적이다. 마지막에 경찰에 체포되는 장면에서도, 그들에게 자신을 맡기며 더는 쓸데없는 생각을 하지 않아도 된다는 사실에 안도한다.

그런 요스케가 정의(일반적으로 세상 사람들이 옳다고 말하는 일)에서 '일탈'하고 싶은 순간은 자신의 욕망(성욕, 식욕, 폭력욕 등)을 추구할 때다. 이 욕망을 이루는 것이 그에게는 '비뚤어진' 이기주의라고 할 수 있다. 이에 대립하는 그의 이타주의란 세상 일반의 정의에 스스로를 '맡기는' 일이다.

이것은 대단히 수동적이며 완결될 수 없는 이타주의라고

할 수 있다. 자기 신발을 벗고 세상의 신발을 신고자 하는 것인데, 세상은 추상적인 대상이지 인간이 아니므로 신발 따위 신고 있지 않기 때문이다.

결코 완결되지 않는 이기주의는 허무하다. 요스케는 돌연 눈물을 흘리며 자신이 왜 우는지 알 수 없어서, 어쩌면 자신은 예전부터 쭉 슬펐던 것이 아닐까 생각한다. 하지만 여자, 돈, 학력, 건강 모든 것이 풍족했던 자신이 슬퍼할 이유가 없다고, 여기서도 세간의 척도로 자신을 객체화한다. 그러면서 '슬퍼할 이유가 없다는 건 다시 말해 내게 슬픔 따위 없다는 것이다'라고 결론 짓고, '슬프지 않다는 이유가 확실하므로 오히려 눈물을 흘리기 전보다 후련한 기분'이 되어 자신의 느낌을 하찮게 여기고 세상에 자신을 내맡기기로 결정한다.

재미있었던 것은 주인공이 선배와 술을 마시는 장면이었다. 이 선배는 공무원 시험에 합격해서 일하고 있었는데, 직장에서 하는 일이 그레이버가 말한 불쉿 잡이었다.

선배는 병원에서 의료 안전을 담당하고 있었다. 일어날 법한 사고를 가정하여 관련 사례를 수집하고 분석한 후, 사고가 나기 전에 대책을 마련하거나 필요한 연수를 하는 일이었다. 그러나 실제로 대책을 마련하는 것은 직급이 높은 의료 관계자이고 연수 강의도 관리직이 도맡는다. 그럼 선배는 도대체 무엇을 하고 있는 걸까. 그렇게 수수께끼에 휩싸인 업무인데, 무얼 하는지 바쁘게 뛰어다니는 선배는 요스케에게 공무원 시험에 합격하면 지망하는 근무지를 병원이라 답하라고 한다. 간호사 여자친구를 만들 찬스라고.

그레이버가 불싯 잡에 대립하는 정의로 내세운 것이 케어 계급이었다. 케어하는 일이란 간호사가 하듯이 타인을 능동적으로 돕는 일이다. 선배는 요스케에게 케어 계급의 여자친구를 만들기 위해 불싯 잡을 선택하라고 추천한 것이다.

생각해보면 불싯 잡은 요스케처럼 너무도 수동적이며 요스케의 방식으로 이타주의적인 것인지도 모른다. 불싯 잡은 스스로 해야 한다고 생각하지 않을 뿐만 아니라 의미가 있다고도 여기지지 않지만 어째서인지 그렇게 하도록 되어버린 시스템에 몸을(자신의 시간과 인생을) 맡기는 일이기 때문이다.

《파국》을 읽으며 불싯 잡의 증가가 정신병의 증가와 관계가 있다는 그레이버의 주장을 떠올렸다. 불싯 잡에 의한 불싯 이코노미를 기반으로 한 불싯 소사이어티가 인간의 신발 따위는 신지 않은 채 무의미한 것을 무감하게 받아들이게 하고 항상 자신을 객체화하도록 만드는, 쓸데없는 것을 생각하지 않으며 살아가는 장소라고 한다면 그것은 너무나 반反인간주의적이 아닌가. 오래전 마거릿 대처는 "사회 따위 존재하지 않습니다"라고 말했지만 이제 신자유주의는 "인간 따위 존재하지 않습니다"의 영역에 들어온 것인지도 모른다.

엘리트와 엠퍼시

역사적으로 영국의 총리와 왕족이 다닌 곳으로 유명한 명문사립 이튼 칼리지에서는 학생들에게 "고맙습니다"라는 말을 가르치기 시작했다고 한다.

버크셔 주에 있으며 연간 수업료가 약 4만 파운드(약 6,500만 원)에 달하는 이튼 칼리지에서는 학생들의 올바른 인격 형성을 위해 커리큘럼에 친절함과 엠퍼시에 관한 수업을 넣었다고 한다. "고맙습니다"라는 말을 하게 하는 것도 그 일환이다.

이 학교의 교무주임이 한 말이 〈인디펜던트〉 영문판(2019년 5월 11일)에 게재되었다.

'엠퍼시는 가르칠 수 있습니다. 그것은 인간이 본래 가진 특성이 아닙니다.'

'엠퍼시는 상상의 힘으로 다른 사람들을 동일시하는 것입니다. 이를 이용해 성질로서의 소심함과 불신감을 뛰어넘는 기술은 가르칠 수 있습니다.'

이튼 칼리지 학생들은 매일 일정 시간 다른 사람들이 어떻게 자신을 돕고 있는지 상상하고 자신이 고맙다고 느끼는 일에 감사하는 방법을 지도받고 있다고 한다. 일례로 학생들은 누군가에게 '땡큐 카드'를 쓰고 있다는 것이다.

앞서 말한 교무주임은 '고맙다고 느끼기 위해 크게 혜택받은 위치에 있을 필요는 없습니다. 우리 모두가 고맙다고 느끼는 일이 가능합니다. 고맙다고 느끼기 위해 이트니언(이튼 칼리지 학생과 졸업생)일 필요는 없는 것입니다'라고 했지만, 정계·재계·학계의 최고 주자 자리를 약속받은 기성 권력의 자녀들은 다른 아이들보다 감사할 상황에서 자란 것은 분명하다. 이 계급의 아이들이 엠퍼시에 대해 배우기 시작했다는 소식에 말도 안 되는 위선이라며 혐오감을 드러내는 사람도 많고, 유치원에서나 배울 법한 '고맙다고 말합시다' 같은 걸 왜 10대가 되어서 배우느냐고 농담 삼아 말하는 사람도 있다. 그러나 위정자들이 세상을 너무 몰라 다양한 문제가 일어나고 있는 지금, 기성 권력에서 이런 움직임이 나오고 있다는 사실은 일종의 위기감을 드러내는 현상이다.

엘리트층 자녀의 인격에 신경 쓰는 움직임은 대학에서도 엿보인다. 러셀 그룹(연구형 공립대학 24교로 구성된 단체. 영국 상위 대학 그룹이며 영국판 아이비리그라고도 불린다)에 속한 브리스톨대학은 '사이언스 오브 해피니스'(직역하면 오해를 불러올 듯하여 그만두겠다) 수업을 개설하여 영국의 대학 가운데 처음으로 '행복'을 가르친다고 한다.

2018년 '세계 정신 건강의 날Mental Health Day'(10월 10일)에 시작한 이 10주간의 수업은 행복이란 무엇인가, 어떻게 행복을 손에 넣을 수 있는가, 그리고 이에 대한 심리학적·신경과학적 분석(행복은 유전적인가, 후천적으로 변할 수 있는가, 인간의 정신이 얼마나 행복을 일그러뜨리고 있는가, 행복에 관련한 문화의 역할 등)을 가르치며, 나아가 이런 지식을 일상생활에 적용하는 방법까지 배운다고 한다. 브리스톨대학에서는 2016년 10월부터 18개월 동안 세상을 뜬 12명의 학생이 자살했다는 의혹이 있었어서 이 수업이 더욱 큰 화제가 되었다.

2017년 9월 IPPRInstitute for Public Policy Research이 발표한 조사 결과에 따르면 영국 대학의 94%에서 정신 건강 문제로 카운슬링 서비스를 받으려는 학생 수가 과거 5년 동안 증가해왔다.

엘리트층 젊은이들은 좋은 성적을 거두어 우수한 대학에 들어가는 것을 목표로, 어떤 의미에서는 그 목표를 향해 '자신을 떠밀며' 살아왔다고 할 수 있다. 그 끝에 있는 것이 불엿 잡이라 해도 그들은 그곳에 도달하기까지의 과정을 무사히 지나야만 한다. 그러기 위해서는 어쩌면 누구의 신발이든 신지 않는 것이 편할지도 모른다.

신발이란 한 사람의 인생이며 생활이자 환경이고, 이로 인해 만들어진 독특한 개성과 마음과 사고방식이다. 타인의 신발을 신는다는 것은 그 사람이 되어 상상력을 펼쳐보는 일이므로, 엠퍼시를 사용하지 못하는 것이 출생이나 교육 환경과는 관계 없이 단순히 '현대인은 엠퍼시를 작동시키는 정신적 부담을 싫어하기 때문'이라는 조사 결과도 있다. 많은 사람들이 엠퍼시 능력이 부족한 것이 아니라, 엠퍼시를 쓰는 데 정신적 노력이 필요하기 때문에 타인의 신발을 신어보는 일을 가능하면 피하고 싶어 한다는 것이다.

미국의 펜실베이니아주립대학과 토론토대학이 공동으로 수행한 엠퍼시에 대한 연구가 있다. 연구팀은 난민 아이들, 웃고 있는 사람 얼굴, 슬퍼 보이는 사람 얼굴 등의 사진과 두 종류의 카드를 가지고 1,200명을 대상으로 실험을 실시했다. 실험 대상자는 '느끼다'와 '설명하다'라는 두 카드 가운데 하나를 고를 수 있다. 예를 들어 난민 아이들 사진이 나오면 '느끼다' 카드를 고른 사람은 그 아이들의 마음을 상상하여 말하고, '설명하다' 카드를 고른 사람은 그 아이들의 연령이나 성별, 입고 있는 옷 등 외견의 특징을 말한다. 이 실험에서 '느끼다' 카드를 고른 사람은 35%밖에 되지 않았다고 한다.

실험 후 설문에서는 많은 참가자들이 '겉모습을 설명하는 일'보다 '감정을 느끼는 일'이 더 어렵고 노력이 필요하다고 생각하며, 자신은 이를 잘 못한다고 응답했다. 엠퍼시를 쓰는 게 성가시고 불안감을 준다고 대답한 사람일수록 '느끼다' 카드를 피하는 경향이 있었으며, 슬픈 사람처럼 부정적인 사진이 아니라 웃는 사람처럼 긍정적인 사진에 대해서도 그러한 경향이 드러났다.

사람들이 엠퍼시를 사용하길 꺼리는 것은 가여운 사람들을 보면 자기까지 우울한 기분이 들거나 자선단체에 기부하게 만들기 때문이라는 통설이 있다. 하지만 이 실험 결과를 보면 긍정적인 감정이라도 타인의 마음을 상상하는 것은 정신적 노력이 필요하기 때문에 엠퍼시를 사용하길 꺼린다는 것이 현실에 가까운 듯하다.

이 연구에 참여한 펜실베이니아주립대학 주임연구원은 〈인디펜던트〉(2019년 4월 23일)에서 이렇게 말했다.

"사람들이 엠퍼시를 쓰도록 동기부여를 해준다면 사회 전체에 좋은 일이 될 것입니다."

이 '동기부여'의 힌트는 그레이버의 강연에서 찾을 수 있다. 콜레주 드 프랑스[3]의 강연에서 그는 '케어 계급caring classes'의 불어 번역어 후보로 '엠퍼시 계급classes empathiques'을 제시했다(〈미래를 열다-데이비드 그레이버를 읽다〉, 가타오카 다이스케,《군조群像》2020년 9월호).

인간은 서로를 케어하며 살아남았다. 그것이 우리의 본성이라고 한다면 타인을 케어하는 일은 인간으로 돌아가는 일이다. 불쉿(엉터리)에서 엠퍼시(케어)로 말이다. 이는 인간을 인간화하는 일이며 경제와 사회도 이 슬로건을 뿌리에 두고 구축해야 한다고 그레이버는 주장한다.

---

3 1530년에 세워진 프랑스의 고등교육기관. 세계적으로 유명한 학자들의 강의를 사람들에게 무료로 제공한다.

2020년 9월에 타계한 그레이버라면, 타인의 신발을 신기 위한 동기부여(인센티브)는 '인류가 살아남는 일'이라고 했으리라. 영국 주간지 〈뉴스테이츠먼New Statesman〉이 부고 기사에서 '희망에 가득 찬 아나키스트The hopeful anarchist'라고 칭한 그레이버에게 본고를 바치고 싶다.

제10장

엠퍼시의 '흑화'를
막기 위하여

니체가 엠퍼시를 비판했다?

폴 블룸의 《공감의 배신》은 지금까지 여러 번 인용했다. 그러나 엠퍼시에 회의적인 견해를 가진 지식인은 그밖에도 많다. 2019년에 출판된 《나도 그렇게 생각한다: 공감의 두 얼굴》의 저자 프리츠 브라이트하우프트도 그중 한 사람이다. 그는 블룸과 전혀 다른 관점에서 엠퍼시의 함정을 제시한다. 독일 저자답게 니체가 엠퍼시의 위험성을 논했다는 것이다.

블룸은 '누군가의 신발을 신어보는' 인지적 엠퍼시가 스포트라이트를 비추듯 특정 사람에게 초점을 맞추게 하여 전체적인 상황, 특히 통계의 숫자로 나타나는 광범위하고 객관적인 현실을 올바르게 인식하지 못하게 만드는 결함이 있다고 주장했다. 그는 결함이 있는 백신으로 중병을 얻은 단 한 명의 어린이를 예로 들었다. 그 어린이와 가족의 신발만 신어보고 백신

접종을 중단하라고 외친다면, 백신으로 살릴 수 있었던 수많은 다른 어린이를 죽이는 꼴이 된다고 경고했다.

대조적으로 브라이트하우프트는 엠퍼시의 대상이 아니라 엠퍼시를 사용하는 당사자가 입을 수 있는 피해에 대해 경고한다. 엠퍼시를 사용하는 것이 '자기 상실'과 이어진다는 것이다. 브라이트하우프트는 니체의《선악의 저편》중 〈207절 내면 없는 인간〉을 근거로 든다.

니체가 지난 세기에 처음으로 'empathy'라는 단어로 번역된 'Einfühlung'이라는 단어를 사용한 것은 아니다. 하지만 브라이트하우프트는 이 장에서 니체가 타인에 대한 지적 이해를 논한 것은 분명하며, 그것은 우리가 오늘날 엠퍼시라고 부르는 것과 동등하다고 말한다.

니체는 타인의 사고나 감정을 지적으로 이해할 수 있는 사람, 즉 타인을 관찰하는 능력을 갖춘 사람을 '객관적인 인간'이라고 불렀다. 또한 니체는 '객관적인 인간'은 '내면 없는 인간'이될 가능성이 있다고 덧붙였다. 〈207절 내면 없는 인간〉의 일부를 읽어보자.

인간이 객관적인 정신을 마주했을 때 얼마나 감사한 기분이들든지 간에(누구나 한 번은 주관적인 정신, 그 끔찍한 나르시시즘에 몸서리친 적이 있으리라!) 우선은 그 '감사의 기분'을 조심할 필요가 있다. 정신을 개인적이지 않은 것으로 삼으며, 정신이 자기 것이 아님을 목적이자 구제이자 정화인 양 축복하는 최근의 지나친 경향은 피해야 한다.(…)

객관적인 인간, 욕을 퍼붓지 않는 인간, 비관주의자와 같은 인간, 이상을 따르는 학자와 같은 인간은 세상에 존재하는 가장 중요한 '도구' 가운데 하나다. (…) 그러나 이것은 다른 인간에게 사용하는 '도구로서의' 인간에 불과하다. 확실히 해두자. 그 사람은 하나의 도구다.

니체는 이어서 객관적인 인간을 '거울'에 비유한다. 인간이 엠퍼시라는 능력을 갖췄다는 근거로 뇌과학 분야에서 발견한 거울 뉴런을 들었다는 사실을 상기하면, 이 '거울'이라는 표현은 매우 흥미롭다. 니체는 이렇게 말한다.

그는 거울이며 '자기 목적'이 아니다. 객관적인 인간이란 하나의 거울이다. 이 거울은 인식되기를 바라며 복종에 익숙하다. 그리고 인식이 주는 기쁨, 즉 '거울이 비춘 것'으로 인한 기쁨 말고는 기쁨을 모른다.

'도구'든 '거울'이든 니체는 거기에 본인의 인격이 존재하지 않는다는 사실을 강조한다. 그보다 자기 자신의 농도를 옅어지게 만드는 일이 객관적으로 타인을 지각하는(객관적인 정신을 갖는) 조건처럼 읽힌다. 일본에도 '플랫한 시각'[1]이라는 표현이 있는데, 자기 생각이나 경험에 의한 주관을 잊고 중립적인 자세를 취해야 타인을 제대로 이해할 수 있다는 긍정적인 뜻으로 쓰인다. 그러나 니체는 이 플랫함 자체에 경종을 울린다. 인간이 엠퍼시를 써서 가능한 한 정확하게 타인을 이해하고자 할 때에는 '자기를 잃는(=평평해지는)' 준비 과정이 필요하며, 거기에는 커다란 폐해가 따른다는 것이다.

> 항상 자신을 갈고닦으며 거울과 같이 사물을 비추는 학자의 정신은 긍정도 부정도 알지 못한다. 명령도 파괴도 없다. (…) 그들은 선에 가담하든 악에 가담하든 그것을 결정하는 근거를 갖기에 너무도 먼 곳에 서 있기 때문이다.

니체의 논설을 이어받아 브라이트하우프트는 객관적 지각 능력이 있는 엠퍼시 사용자는 자신의 견해를 강하게 주장하지 못하고 타인의 행위를 판단하기도 어렵다고 말한다. 타인의 기분을 정확하게 꿰뚫어보고 이해하는 사람은 타인을 쉽게 재단하지 못하기 때문이다. 거꾸로 타인을 단호하게 판단할 수 있

1 '평평하다'라는 뜻의 영어 단어 'flat'에서 온 말.

는 사람은 자기 생각이 명확하며, 강력한(어떤 의미에서는 독단적인) 힘을 드러낼 수 있는 사람이다. 객관적인 사람은 그렇게 할 수 없기에 강한 열정을 드러내면서 타인을 이끌고 나가기가 어렵다고 한다.

폴 블룸은 엠퍼시가 시야를 좁혀 객관적으로 사물을 볼 수 없게 만든다고 비판했다. 그러나 니체는 객관적인 인간이야말로 문제라고 말한다. 엠퍼시에 능한 사람은 편견 없이 사물을 보기 위해 자신을 버리므로 자아가 사라진다는 것이다. 지금도 '양비론은 그만두자', '어느 쪽이든 마찬가지라고 말하는 인간은 결국 아무것도 말하지 않는 비겁한 사람'이라는 견해가 있는데, 이것도 니체가 한 주장의 연장선상에 있는지도 모른다. 니체의 말을 조금 더 살펴보자.

객관적인 인간이란 하나의 '도구'다. 귀중하고 망가지기 쉬우며 감정기복이 심한 측량 장치이면서 거울 공예품이기에 소중히 다루고 경의를 표해야 한다. 그러나 이것은 '목적'이 아니며 출구나 입구도 아니다. (…) 단서나 창조나 제1원인도 아니다. 지배자가 되길 바라는 완강한 사람이나 기운찬 사람이나 자립한 사람도 아니다.

엠퍼시 착취와 자기 상실

객관적인 인간은 자립한 사람이 아니라는 말도 강렬하지만, 타인을 이해하지 못하고 애초에 그러려는 노력조차 기울이지 않는 사람도 있다. 이런 사람들은 타인을 객관적으로 관찰하는 것을 어려워한다. 편견 없이 지각하기 전에 먼저 타인을 자기 척도로 분류·평가하고 지배하려 들기 쉽다. 자기 척도가 있다는 것은 곧 강한 자아와 자기 의견을 갖고 있다는 뜻이지만, 이런 사람들은 '암묵적인 선입관'에 의해 편견이 가득한 판단을 내릴 수 있다. '굳센 지배자'라는 인상을 주는 강력한 영웅에게는 객관성과 관찰력은 필요 없을지도 모른다.

니체의 이론에 따르면 엠퍼시에 능한 사람들은 공허한 '도구'나 상대를 비추기만 하는 수동적인 '거울'이 되어 자기를 상실한다. 브라이트하우프트는 그런 개인이 강렬한 자아를 가진 타인을 만나면 마치 자기가 엠퍼시의 대상이 된 것처럼 감정이입하여 자신을 다 내어줄 수 있다고 지적한다. 이는 궁극의 '지원'이 가능한 상태이리라(트럼프 지지자 중에 사람 좋은 캐릭터가 많은 것도 이러한 관점으로 설명할 수 있을지도 모른다).

이런 주장을 보면 데이비드 그레이버가 노동자계급의 이해심에 대해 한탄한 기사를 떠올리게 된다. 〈가디언〉에 기고한 「지나치게 케어하는 것이 노동자계급이 걸린 저주다」(2014년 3월 26일)에서 그레이버는 노동자계급이 지배계급에 비해 자기중심적이지 않기에 타인을 케어하고 서로 돕는 정신이 강하다고 지적했다. 노동자계급이라고 하면 철강노동자나 탄광노동자 등 남성스러운 이미지가 떠오르기 쉽지만, 긴 역사를 돌아보면 노동자계급은 유복한 가정을 돌보는 일을 하는 계급이었다. 실제로 마르크스나 디킨스 시대의 노동자계급은 하녀, 청소부, 요리사, 구두장이 등 유복한 저택에 사는 사람들에게 고용되어 그들의 다양한 요구를 만족시키며 케어하는 일로 생계를 유지하는 사람이 많았다.

현대에도 마찬가지다. 제조업이 쇠퇴하고 노동자계급의 중심은 간병인, 보육사, 간호사 등의 케어 노동자거나 서비스업 종사자다. 현대에도 중상류계급 사람들은 케어 노동을 하는 사람들을 고용한다. 간병을 대행하는 사람, 아이를 돌봐주는 사람, 집을 청소해주는 사람, 음식을 만들어주는 사람, 그걸 운반해주는 사람 등등이다. 사회의 구조가 마르크스나 디킨스 시대로 돌아갔다고 말할 수 있을지도 모르겠다.

케어 노동을 하는 사람들은 고용주(케어의 대상)의 기분을 가늠하고자 한다. 케어 노동의 기본이기 때문이다. 이 사람은 내가 무엇을 하길 원하는가, 무엇을 하면 기뻐할까, 무엇을 하면 싫어할까. 이처럼 '상대방 신발을 신고 생각하는' 일 없이 케어 노동은 성립하지 않는다. 그레이버는 타인을 케어하는(돕는) 성질이 노동자계급 특유의 특징이 된 것은 이러한 이유라고 설명한다. 부와 권력을 가진 사람들은 거꾸로 하층민이 무슨 생각을 하건 신경 쓰지 않는다. 남의 눈치를 보며 살 필요가 없는 계급이기 때문이다.

케어 계급에 대해 이야기할 때 반드시 다뤄야 할 것이 '감정노동' 문제다. 이 단어는 미국의 사회학자 앨리 러셀 혹실드가 1983년 발표한 《감정노동: 노동은 우리의 감정을 어떻게 상품으로 만드는가》라는 책에서 사용한 것으로, 감정노동이란 감정을 억제하거나 둔감하게 만들며 긴장과 인내를 강요하는 일을 말한다. 즉, 자기 업무를 위해 늘 감정 관리가 요구되는 직업에서 수행하는 것으로, 그는 육체노동과 두뇌노동이 있다면 감정노동도 존재한다고 말한다.

혹실드는 여객기의 객실 승무원을 예로 든다. 상대(손님)의 어떤 실례나 무례한 요구에도 자신의 감정을 억누르며 항상 예의 바르고 정성스럽게 미소로 응대해야 한다. 서비스업 종사자는 대부분 이와 비슷한 일을 하고 있다. 콜센터, 안내데스크, 비서, 접수, 민원 처리 담당, 호스트, 호스티스, 성노동자, 기업의 영업 담당자 등 다양한 직업의 사람들이 감정노동을 수행한다. 간병인, 간호사, 보육사, 교원 등도 마찬가지다.

2010년대 후반 미국의 저널리스트 제마 하틀리가 '감정노동은 여전히 남성들은 이해하지 못하는 무보수의 일이다'라는 내용의 기사를 발표해 감정노동을 젠더 문제로 거론하여 다시금 감정노동이라는 말이 각광받게 되었다. 막상 혹실드는 2018년 〈디 애틀랜틱〉 인터뷰에서 '감정노동'이 가사를 가리키는 말로 쓰이는 것은 지나치게 의미를 확대한 것이라 생각한다고 말했지만, 세계 여성들의 분노를 모르는 것은 아니다.

영어권 나라에서는 오래전부터 '해피 와이프, 해피 라이프 happy wife, happy life'라는 표현을 썼는데, 남녀평등을 말하는 현대에는 시대착오적으로 간주되고 있다. '아내 기분을 맞춰주면 행복해진다'는 관점은 남성 입장에서 여성을 내려다본 성차별적 시선이며, 실제로 결혼의 성공은 쌍방의 행복에서 온다는 입장이다.

그런데 어째서 '해피 허즈번드, 해피 라이프 happy husband, happy life'라는 말은 없었을까. 그것은 여성이 항상 가정에서 남성을 행복하게 만들기 위해 그늘에서 다양한 무보수 노동을 했기 때문이며(남성이 주름투성이 셔츠를 입고 출근하지 않도록 다림질을 하거나 직장에서 돌아오면 마실 수 있도록 냉장고에 늘 맥주를 채워두는), 이제 와서 그런 말을 쓰는 의미나 필요성도 없기 때문이다. 오히려 여성의 경우 허즈번드가 해피해도 자기 자신의 라이프는 해피하기는커녕 너무 지쳐 있는 경우가 많다.

이는 앞서 지적했듯 사회 불평등이 존재하는 곳에서는 아래쪽에 있는 사람이 위쪽에 있는 사람을 신경 쓰며, 위쪽에 있는 사람은 아래쪽에 있는 사람을 생각하지 않기 때문이다. 오래전부터 이어져온 페미니스트의 주장이기도 하다. 상대적으로 약자인 여성은 남성을 생각해서 상대를 위해 이런저런 걱정을 하지만, 남성은 여성을 별다르게 케어하지 않는다. 이는 흑인과 백인, 피고용자와 고용주, 빈곤층과 부유층의 관계에도 대입할 수 있다.

흥미롭게도 혹실드가 '너무 확대해석했다'고 말한 '감정노동'의 정의에 요즘은 '감정노동'으로 분류되지 않는 직종에서 직장 내 '자각 없는 차별'(레이시즘, 섹시즘, 호모포비아(동성애 혐오), 트랜스포비아(트랜스젠더 혐오) 등)로 고통받는 마이너리티의 '감정 관리'도 포함되어 있다. 이처럼 동료와 상사의 '자각 없는 차별'이 신경 쓰이지만 아무렇지도 않은 얼굴로 일하거나 어떤 인종이나 젠더 스테레오 타입에 일치하는 인물이 되지 않기 위해 일부러 자기와 다른 성격을 연기하는 경우도 감정노동에 해당한다.

어찌되었든 감정노동은 (손님이나 동료나 남성 배우자와 같은) 타인의 기분과 리액션을 늘 신경 쓰는 일이며, 그것이 실제 업무에 더해지는 형태로 이를 수행하는 사람들에게 압박이 가해진다. '타인의 신발을 신어보는 일'과 '타인의 눈치를 보는 일'은 종이 한 장 차이이며 실은 뒤섞여 있는 것이다. 이때 오히려 '아래'의 인간이 '위'의 사람들을 배려하고 동정심을 품게 되어 상대에게 심한 말을 들어도 상대의 사정을 생각하게 된다. 정부가 긴축재정으로 엄격하게 재정지출을 삭감하여 복지, 의료, 교육 등의 서비스가 눈에 보일 정도로 악화돼 자기 삶이 고통 스러워져도 노동자계급은 윗사람 사정을 생각하게 된다.

노동자계급에게 배어 있는 '서로 돕는 정신'을 자극하는 슬로건('이대로 가면 우리나라는 파산합니다', '미래 세대를 위해 다 같이 인내하고 빚을 줄입시다' 등)을 써서 정부가 복지나 의료를 향한 투자를 삭감하는 이유를 설명하면, 실제로 괴로움을 겪고 있는 서민들이 "자, 다 같이 최선을 다해 참고 인내합시다"라고 정부를 지지하게 되는 것이다.

지배자들은 서민의 생활이 얼마나 힘든지 생각도 하지 않고(대체로 성공하는 사람들은 '강한 자아'를 갖고 있기에), 그저 자기가 출세하고 싶어서 재정 규율을 지켰다는 실적을 남기려고 복지·의료·교육 지출을 삭감했을지도 모르는데, 아래 사람들이 위정자를 위해 쓸데없이 엠퍼시를 발휘하고 마는 것이다. '정부에도 괴로운 재정 사정이 있을 테니'라고 말이다. 노동자계급 출신인 그레이버는 이런 서민의 배려에 양가감정을 느끼며 '우리의 상냥함이 무기가 되어 우리를 공격해온다' 라고 썼다.

이러한 상황에서 서민은 위정자가 교묘하게 만들어놓은 작전('정부에는 돈이 없으니 모든 사람들이 서로 의지하며 평등하게 참가·공헌할 수 있는 사회를 실현하기 위해 빈곤층부터 부유층까지 같은 세율을 적용하는 소비세를 늘립니다'와 같은)에 말려들어 경제적 착취뿐만 아니라 엠퍼시 착취까지 당한다.

엠퍼시를 완전히 착취당한 상태가 되면 인간은 정권에 순종하게 되고 그 결정에 대항하는 사람들이 타인을 향한 배려가 없는 '사악한 인간'으로 보이게 된다. 그것이 보다 심각해지면 자경단 같은 것을 조직하여 '사악한 인간'을 공격하게 되는지도 모른다. 그들은 이제 자기를 상실하고 정권을 잡은 사람들을 비추는 거울이 되는 것이다.

엠퍼시가 억압적인 사회를 만든다?

'거울'이 된 사람은 항상 자신이 비출 대상을 필요로 한다. 이에 대해 브라이트하우프트는 이렇게 썼다.

니체가 논한 바에 따르면, 엠퍼시는 사심 없는 상태가 되어 외부에서 오는 자극을 기다리는 것을 필요로 한다.

이런 사람(말하자면 '거울'이나 '도구')이 늘어나면 어떤 사회가 될지 상상해보자. 사심 없는 상태로 외부에서 오는 자극을 기다리는 사람은 강렬한 자아를 가진 사람을 '거울'로 비추게 되었을 때, 그 대상에 쉽게 지배당하지 않을까.

브라이트하우프트는 현대의 엠퍼시 신앙(엠퍼시란 절대적으로 좋은 것이며 결코 나쁜 것이 될 수 없다는 견해)에 대한 반론으로 니체의 '초인' 개념을 가져온다.

엠퍼시를 작동시키는 사람은 동경의 함정에 빠진다. 존경해 마땅한 강하고 자유로운 자아를 만들어낸다(폭군, 거친 남성, 혹은 무엇이든 원하는 바를 스스로 행하는 정열적인 존재). 이렇게 만들어진 자아가 바로 니체가《차라투스트라는 이렇게 말했다》에서 그린 유명한 초인이다. 이에 비하면 엠퍼시를 작동시키는 사람은 편견이 없고 수수하며 무심하다.

이처럼 브라이트하우프트는 엠퍼시를 작동시키기 위해 자아를 잃어버린 사람은 본래 갖고 있던 자아를 잃어버리는 게 아니라, 엠퍼시의 대상인 강렬한 자아와 비교하며 자신의 자아가 없다고 느껴 점차 무심한 상태가 되어간다고 주장한다. 그렇게 되면 공허하고 희박하게 느끼는 자기 자신을 강렬한 자아를 가진 타인에게 넘겨주는 일이 발생한다. 그 예가 바로 스톡홀름증후군이라고 주장한다.

1973년 스웨덴의 수도 스톡홀름 은행에서 강도들이 5일간 농성을 벌인 사건이 있었다. 당시 4명의 인질들은 처음에는 강도를 두려워했지만 점차 마음에 변화가 생겨 강도에게 협력하고, 나중에는 경찰에게 총을 쏘며 그들을 감싸는 지경에 이른다. 이후 범죄자와 피해자 사이에 기묘한 심리적 결속이 생겨 피해자가 범죄자에게 동조하는 현상을 스톡홀름증후군이라 부르게 되었다.

일반적으로 스톡홀름증후군을 엠퍼시와 연결시켜 이야기하는 사람은 없다. 이런 현상이 일어나는 것은 유괴사건이나 감금사건처럼 대단히 한정적이고 특이한 케이스이며, 이처럼 긴 시간을 함께 보내는 경우 범죄자와 피해자 사이에 기묘한 심리적 결속이 생길 수 있다고 알려져 있다. 이런 심리적 결속은 피해자가 살아남기 위해 무의식중에 생존 전략을 세우다가 발생한다는 해석도 있다. 하지만 브라이트하우프트는 스톡홀름증후군도 니체가 말한 엠퍼시의 위험성에 노출된 사례라고 한다. 관찰 대상이 관찰자보다 육체적·정신적으로 강인하고 파워풀한 경우, 관찰하던 쪽이 스스로를 점차 공허하게 느끼면서 상대에게 자신을 넘겨준다는 것이다.

브라이트하우프트는 인간의 이런 심리 작용을 일부 기업이나 군대에서 실시하는 훈련에서도 볼 수 있다고 말한다. 결혼도 부분적이기는 하지만 강제로 자기를 넘겨준다는 의미에서는 일맥상통한다고.

물론 강도나 유괴사건을 기업의 훈련이나 결혼 등에 비유하는 것은 비약이 심하다. 그러나 여성이 남성에게, 아이가 아버지에게 자신을 내맡기는 일이 법적으로 요구되어왔다는 것은 역사를 돌아봐도 사실이다. 이렇듯 분명한 비대칭성이 역사 속에서 긴 세월(특히 여성이나 어린아이 쪽에서) 받아들여져 온 배경을 생각해보면 스톡홀름증후군과 부부·가족이 전혀 관계가 없지는 않다는 생각이 든다.

브라이트하우프트는 스톡홀름증후군이 극단적인 결혼 생활에도 존재한다고 썼다. 이와 관련해서 가장 먼저 떠오르는 것은 가정폭력이다. 가정폭력은 언제나 점차 심해진다. 그 사실을 알고 있고 심해지는 배우자의 폭력을 두려워하면서도 "그래, 이 사람도 괴롭겠지"라거나 "그 사람이 이런 짓을 하게 만든 내 태도도 나빴어"라고 하며 피해자가 끊임없이 가해자의 신발을 신음으로써 돌이킬 수 없는 결과를 초래하는 경우도 많다. 자기를 상대방에게 넘겨주지 않았다면 자기 신체나 생명을 위협하는 징조를 느꼈을 때 곧장 도망쳤을 것이다. 제3자가 보면 어째서 도망치지 않았느냐고 물을 법한 가정폭력 피해자와 가해자의 관계, 일반적으로 '공의존'이라고 불리는 관계에서도 흑화된 엠퍼시의 그림자가 아물대는 것이 아닐까.

또한 브라이트하우프트는 어떤 대기업이나 정부나 국제기관이라 해도 조직의 수장은 인간의 모습을 하고 인간의 얼굴을 가져야 한다고 분석했다. 조직 구성원이 관계성을 갖고 공감하며 구성원들과 감정을 나눌 대표자가 필요하다는 것이다. 이 역시 조직 운영에 어떤 종류의 엠퍼시 착취가 필요조건으로 들어가 있기 때문은 아닐까. 조직이 거대해지면 말단 구성원이 수장을 만날 가능성은 없어지는데, 기업이 창립자나 CEO에 관한 일화나 전설을 만들어내는 것은 이런 이유다. 사람들이 기업의 창립자나 CEO에게 얼마나 높은 엠퍼시를 갖느냐는 오늘날 구성원들의 충성심을 가늠하는 중요한 요소이기 때문이다.

이처럼 엠퍼시는 개인을 조직에 종속시키는 수단이 되기도 한다. 폴 블룸은 인간은 언제나 어느 한 사람의 신발밖에 신을 수 없다며 '엠퍼시 스포트라이트 효과'를 지적했지만, 거꾸로 한 사람의 신발을 수많은 사람이 신는 것은 가능하다. 이를 이용해 어떤 조직을 정상에 있는 대표로 상징화한다면, 대규모 조직이라 해도 구성원의 충성심을 얻을 수 있는 정치적 시스템이 완성된다. 그 대표가 죽으면 구성원들에게서 엠퍼시에 의한 충성심을 끌어내는 역할은 두 번째, 세 번째 대표에게 이어진다. 그렇다면 아무리 AI가 진화해 인간보다 적절한 판단을 내릴 수 있게 되더라도 기업의 대표를 대신하는 일은 불가능하리라. 인간이 AI의 신발을 신을 수는 없기 때문이다(물론 그런 날이 오지 않으리라고는 아무도 장담할 수 없다).

브라이트하우프트의 주장을 읽으며 서구 문화에 의한 오래된 하향식 지배 구조에는 노예가 주인을 위하는 상향식 엠퍼시 요소가 포함되어 있다는 생각이 든다. 요즘 하향식·상향식 논의가 활발히 이루어지고 있지만 하향식 지배를 가능하게 하는 것이 상향식 엠퍼시라면 무척 슬픈 일이다.

만약 그렇다면 엠퍼시는 하향식 지배의 필수 요소로, 위에서부터 지배를 유지·강화해 억압적인 사회를 만드는 데 없어서는 안 될 중요한 요소가 된다.

엠퍼시와 아나키는 하나로 움직인다

이렇게 생각하면 현대 미국 젊은이들이 엠퍼시를 상실했다고 해도 그리 우울할 일은 아니라고 브라이트하우프트는 주장한다. 약 10년 전 〈시기별 미국 대학생의 엠퍼시 능력 변화에 대한 메타 연구〉라는 조사 보고서가 큰 화제가 되었다. 미시간 대학 연구자 사라 콘래스가 진행한 이 조사에서 당시와 30년 전을 비교했을 때 대학생의 40%가 엠퍼시를 상실한 것으로 판명되었고, 2000년 이후에는 엠퍼시 능력이 현저히 감소했음을 알 수 있었다.

당시 이 조사에 사용된 엠퍼시의 정의에 대한 격렬한 논쟁이 있었다. 그것은 인지적 엠퍼시(자신이 타인의 입장이라면 어떨지 생각해보는 상상력)인가, 아니면 심퍼시와 비슷한 감정적 엠퍼시(공명, 공감, 동정)인가? 사람들이 타인에게 공감하는 것은 자신의 스트레스 수준을 낮추기 위함인가?

그 논쟁은 현재까지 이어지고 있는데, 이 조사에서 콘래스는 '대인반응성Interpersonal Reactivity'의 네 가지 분야를 사용했다. '타인의 불행에 대한 공감적 배려 혹은 심퍼시', '타자시점 취득(타인의 시점을 상상해보는 지적 능력)', '환상 혹은 책이나 영화 속 캐릭터를 상상하여 자신에게 대입하는 경향', '타인의 불행으로 느끼는 고뇌와 개인적 고통(누가 긴급 상황에서 필사적으로 도움을 요청하면 자신까지 불안에 떠는 일 등)'이다.

현대의 대학생들은 30년 전 학생들에 비해 '타인의 불행에 대한 공감적 배려, 혹은 심퍼시'가 40%나 떨어졌다고 한다. '타자시점 취득'도 34% 낮았다.

30년이라는 시간의 차이가 있으니 당연히 미국의 사회상과 인구통계(인종, 종교 등)는 변했다. 그러니 똑같은 질문을 던져 단순 비교하는 것이 유효한가라는 의문은 남는다. 그러나 이 보고서가 발표되자 미디어는 일제히 '현대의 젊은이들은 타인을 대한 배려를 잃고 자기중심적이 되었다'고 소란을 피웠다.

그러나 브라이트하우프트는 묻는다. 자기중심적이고 나르시시즘 성향을 지닌 젊은이가 늘어났다는 것이 정말로 그렇게 나쁜 일인가.

니체 식으로 말하면 엠퍼시에 능한 사람은 자아를 잃어버리고 강렬한 대상에게 자신의 의견과 아이덴티티를 넘겨주기 쉽다. 즉, 파워풀한 대상에게 지배당하기 쉬운 것이다. 그렇다면 젊은 세대에서 엠퍼시가 감소하고 있는 것은 자아를 가진 새로운 세대의 등장한 것으로 해석할 수도 있다. 자기 일에만 얽매여 이기적이 되기 쉬운 사람들이 늘어나면, 거꾸로 강렬하고 카리스마 넘치는 타인이 나타났을 때 자신을 넘겨주고 그 대상에게 자신의 아이덴티티를 동화시키는 사람은 줄어든다는 말이 된다.

'이기적이고 자기중심적이고 자기애가 강하며 제멋대로다'라는 말은 일반적으로 나쁘게 인식되어왔다. 하지만 이것들을 '정의롭지 않다'고 치부하여 사회에서 몰아낸다면 스톡홀름증후군에 걸리기 쉬운 사람들의 무리도 늘어나게 되리라.

스톡홀름증후군이나 가정폭력의 구도에서 범인이 위정자로, 피해자가 민중으로 치환되어 악랄한 정치가 이루어지는 상황에서 엠퍼시 체질의 사람들은 권위에 지배될 수 있다. 그렇게 되면 권력에 반기를 들려는 사람들을 '제멋대로'라고 규탄하는 일까지 생기게 된다.

이때 엠퍼시로 가득한 사회는 대단히 억압적인 곳이 된다. 분명 이는 엠퍼시의 어두운 면이라 할 수 있으리라. 거꾸로 자기중심적이고 제멋대로인 사람이 많은 사회가 보다 자유롭고 해방적인 곳처럼 여겨지기까지 한다.

이 책의 앞머리에서 나는 아나키와 엠퍼시가 이어져 있다는 기분이 든다고 대단히 주관적인 직감을 말하며 아나키적 엠퍼시라는 새로운 엠퍼시의 종류를 만들겠다는 포부를 밝혔는데, 사실 그 둘이 이어져 있다기보다 잇지 않으면 안 되는 것은 아닐까. 아나키(각종 지배를 거부함)라는 뼈대가 없는 엠퍼시는 자기도 모르는 사이에 독성을 품은 것으로 변모할지도 모르기 때문이다. 아나키와 엠퍼시는 하나로 존재해야 한다. 엠퍼시만으로는 흑화할 가능성이 있다.

엠퍼시의 독성에 대하여

《나도 그렇게 생각한다: 공감의 두 얼굴》에는 그 외에도 엠퍼시의 어두운 부분이 나와 있다. 그중 '엠퍼시적 사디즘'은 타인을 상처 주기 위해 엠퍼시를 이용하는 경우다. 폴 블룸도《공감의 배신》에서 사기 같은 범죄를 저지르는 사람은 누군가의 입장에 서서 생각하는 능력이 있기 때문에 타인의 마음을 읽을 수 있으며, 특히 사이코패스는 엠퍼시가 결여되어 있기는커녕 그 능력이 뛰어나기 때문에 사람들을 자기 마음대로 조종할 수 있다고 지적했다. 이와 달리 브라이트하우프트는 타인을 조종하는 것이 아니라 타인에게 상처 주는 일에 주목한다. 집단 괴롭힘을 당하거나 수치심을 느끼거나 지배당하는 위치에 있는 사람들의 감정을 상상하며 즐긴다는 것이다. 사이코패스와 같이 특별한 자질을 가진 사람들이 아니라 평범한 사람들 대부분에게서 이러한 성향이 발견된다고 한다. 타인의 신발을 신어보고 그 대상의 고통을 생생하게 상상할 수 있을수록 타인의 고통을 즐길 수 있다는 말이다.

이런 종류의 가학적인 엠퍼시는 SNS에서 일상적으로 볼 수 있다. 무슨 말을 쓰면 타인을 깎아내릴 수 있을까. 어떤 사진을 퍼뜨리면 치명적인 수치심을 안겨줄 수 있을까. 공격당하는 사람의 신발을 신어보고 가학적인 상상을 하면서 스마트폰이나 컴퓨터로 글을 쓰며 히죽대는 사람은 지금 이 순간에도 무수히 존재하리라.

집단 괴롭힘이나 폭행 등의 실제 행위에 국한하지 않고 가상의 타인의 신발을 신어보는 일까지 포함한다면, 우리는 비슷한 일을 독서나 영화 등에서 일상적으로 체험하고 있다고 말할 수 있으리라. 오래전부터 비극이 사랑받은 이유는 독자나 시청자가 등장인물들의 신발을 신어보며 정신적인 카타르시스를 얻기 때문일 것이다.

'뱀파이어적 엠퍼시'라는 것도 있다. 놀랄 만한 명명인데, 타인의 경험을 너무 강하게 자기 경험처럼 느낀 나머지 자신과 타인의 벽이 사라져서 불건전하게 밀착된 관계를 형성하는 상태를 말한다. 이와 같은 상태로 누군가와 너무 오래, 지속적으로 경험을 공유하다 보면 그것이 타인의 체험이라는 사실을 잊고 자신의 의지대로 타인을 움직이고 싶어진다고 한다. 그 예가 바로 '헬리콥터 부모(상공에서 항상 감시하며 무슨 일이 생기면 내려오는 헬리콥터처럼 아이를 과잉보호하고 아이의 모든 일에 간섭하려는 부모)'다.

그런 부모는 아이를 자기 뜻대로 만들려는 지배욕이 강한 성격이라며 인간성 문제로 치부돼왔다. 그러나 브라이트하우프트는 헬리콥터 부모 현상도 엠퍼시와 연관되어 있다고 본다. 부모는 오랜 세월 아이를 키우며 아이가 성공에서 얻는 기쁨과 실패로 겪는 슬픔을 가까이에서 목격하고 이를 공유한다. 그렇게 아이의 신발을 지속적으로 신어보면서 아이의 기쁨과 분노를 마치 자신의 것처럼 느끼게 된다. 이런 부모는 아이가 혹여 실패하지는 않을까, 이렇게 하면 잘되지 않을까 하고 아이의 일을 자기의 일처럼 여긴다. 아이의 성공은 부모의 성공이 되고 아이의 실패도 부모의 실패가 되는 것이다. 결국 부모는 아이에 관한 모든 결정을 직접 내려 아이를 자기에게 종속시키고자 한다. 아이에게 실패를 경험할 권리가 있음을 인정하지 않는다. 이는 타인의 신발을 너무 오랜 기간 꾸준히 신다 보니 원래 주인에게 신발을 돌려주지 않으려는 상태다.

흥미롭게도 브라이트하우프트는 친구와 적을 나누어 싸우는 오늘날 엠퍼시가 갈등의 융화제가 되리라는 일반적인 견해를 부정한다. 엠퍼시는 오히려 '친구와 적'의 양극화를 가속시킨다는 것이다. 브라이트하우프트는 분쟁과 갈등이 발생하면 엠퍼시를 사용해 해결할 수 있다고 믿기 쉽지만, 오히려 엠퍼시가 대립을 악화시킨다고 본다. 집안싸움부터 내전에 이르기까지, 두 세력이 대립하기 시작되면 인간은 어느 쪽의 편을 들기 마련이다. 양자의 신발을 신어보고 역시 한쪽의 말이 옳다는 생각이 들면 그쪽으로 마음이 기우는 것이다. 자신이 옳다고 믿는 진영의 감정이나 상황을 이해할수록, 그에 반하는 쪽은 필요 이상으로 사악하고 잘못된 존재처럼 보이게 된다.

니체의 관점에서 보면 엠퍼시에 능한 사람은 '자기 상실'에 의해 두 세력 어느 쪽에도 가담하지 못할 듯하다. 하지만 브라이트하우프트는 자아가 없어진 공백 속으로 타인(혹은 진영)이 들어와 그들의 적을 자신의 적처럼 느끼게 된다고 말한다.

그는 엠퍼시의 이런 역학을 제대로 이용한 정치인으로 도널드 트럼프를 꼽는다. 그는 트럼프를 '엠퍼시의 달인'이라고까지 부른다. 트럼프가 엠퍼시에 능하다는 것이 아니다. 반대로 그는 타인으로 하여금 자신에게 엠퍼시를 쓰게 만드는 일에 탁월했다는 것이다.

트럼프는 '나 vs 미디어', '나 vs 엘리트 지식인', '나 vs 음모론자들'과 같은 구도로 세계 전체를 적으로 돌리고 싸워나가는 내러티브를 이용했다. 앞서 브라이트하우프트는 타인에게 엠퍼시를 작동시키기 쉬운 사심 없는 사람이 강렬한 자아를 가진 인간에게 약하다는 점을 지적했다. 자신만만하고 이례적이며 정치적 올바름 따위는 손톱만큼도 신경 쓰지 않고 자신의 감정을 폭발시키는 트럼프는 사방에서 공격받는 '고독한 전사'를 연기하며 사람들에게 엠퍼시를 사용할 것을 꾸준히 호소했다. 이 같은 지적은 타인을 배려할 줄 아는 사람이 트럼프를 지지하고, 트럼프의 대통령 선거 패배를 인정하지 못하는 일본인들이 거리에서 데모까지 벌이는 기묘한 현상을 설명해준다. 그들을 움직이게 만드는 것은 음모론이 아닌지도 모른다. 애초에 트럼프는 언더독underdog[2]을 내세우며 나타난 사람이기에 그가 패배했을 때 지지자들의 감정이입이 최대로 높아진 건 당연한 일이리라.

브라이트하우프트는 이 논의를 한층 과격하게 발전시켜 엠퍼시의 독성을 보여주는 일례로 테러리즘을 든다. 테러리스트는 흔히 생각하는 것처럼 엠퍼시가 부족하기 때문에 잔혹한 사건을 벌이는 것이 아니라, 분쟁 상황에서 어느 한쪽 진영에 과도하게 마음을 쏟은 것이다. 그 마음이 지나친 나머지 우리 진영이 상대 진영으로부터 부당하게 고통받는다고 굳게 믿고 상대를 자신의 적으로 여겨 테러리스트가 된다는 것이다. 이와 같은 이유로 한쪽 진영의 편에 서거나 과도하게 몰입하는 일이

---

2 객관적으로 전력이나 능력이 열세여서 경기, 싸움, 선거 등에서 질 것 같은 사람이나 팀을 동정하는 현상.

분쟁의 피해자나 그에 영향을 받은 사람들이 아니라 경제적으로 어렵지 않은 중산층에서 나타나는 경우를 종종 볼 수 있다.

'친구 vs 적' 구도의 강화(트럼프만이 아니라 포퓰리즘은 통상 이런 방법으로 지지를 확대한다)에서 테러리즘까지, 이러한 엠퍼시의 흑화는 타인의 신발을 신었다가 오히려 대상에게 자신이 지배당한 예다. 타인의 신발을 신다가 자기 신발을 잃어버리면 결국 모든 것을 잃게 된다.

좋지도 나쁘지도 않다는 견해

엠퍼시는 억압적인 사회를 만들거나 타인을 가학적으로 괴롭히는 연료가 되고, 아이를 마음대로 통제하는 부모나 테러리스트가 나타나는 원인을 제공하기도 한다. 엠퍼시에 능한 몇몇 사람은 도널드 트럼프와 같은 지도자에게 약하다. 이같은 극단적인 주장들을 펼치는 책이 등장했으니, 격한 반론이 나오는 것도 당연하다.

《사회적 공감》의 저자이자 애리조나주립대학에서 사회사업 social work을 가르치는 엘리자베스 시걸 교수는 〈사이콜로지 투데이Psychology Today〉에 게재한 「엠퍼시에 어두운 면 따위는 없으며 사람들에게 어두운 면이 있을 뿐」이라는 기사(2019년 4월 14일)에서 브라이트하우프트의 책을 비판했다.

시걸 교수는 엠퍼시에 관한 논쟁이 깊어지는 것은 환영할 만한 일이지만, "엠퍼시가 무엇인지에 대해 부정확한 기술로 논점을 흐린 비방은 엠퍼시에는 어두운 면이 있기 때문에 타인의 기분을 생각해볼 필요가 없다는 사회 분위기를 조장하는 것이 아닌가 걱정스럽다"고 썼다. 그는 엠퍼시는 복잡한 기술로, 타인의 경험을 상상할 때 타인의 감정은 어디까지나 타인에게 속한 것이라는 사실을 알고 타인에게 자신의 해석을 강압하지 않아야 한다고 주장했다. 아울러 타인의 생활을 그들이 속한 집단의 역사적 배경 등을 포함하여 맥락적으로 이해해야 하며, 이 모든 것을 몇 분 혹은 몇 초 안에 수행해야 하기에 엠퍼시란 대단히 고도의 작업이다. 이러한 작업을 수행할 능력을 갖추려면 오랜 시간 훈련이 필요하므로, 엠퍼시 습득은 평생이 걸리는 긴 프로세스라고 말한다. 시대가 변하면 사회상도 변하므로 엠퍼시에 필요한 지식도 언제나 업데이트되어야 하므로, 엠퍼시에는 '이제 완벽해졌다'라는 습득 완료 지점이 없다. 따라서 엠퍼시는 하나의 기술이므로 그 자체에는 빛도 그림자도 없으며, 빛이든 어둠이든 그 기술을 사용하는 사람에 따른 것이라고 시걸 교수는 주장한다.

시걸 교수는 집단 괴롭힘이라는 행위에 타인의 감정을 상상하는 힘이 개입한다 해도, 그때 사용되는 것은 엠퍼시가 아니라고 반론한다. 상대의 심정을 상상하며 보다 효과적으로 상처를 주려는 사람들은 다른 사람의 신발을 신고 '자신이 이 사람이라면 이런 식으로 대우받고 싶다'라고 생각하지 않을 것이므로, 그런 사람에게 엠퍼시가 있다고 말할 수 없다는 것이다. 시걸 교수가 정의하는 엠퍼시란 '남이 너희에게 해주기를 바라는 그대로 너희도 남에게 해주어라'(《누가복음》 6장 31절)라는 신약성서에 근거하는 것처럼 보인다. 이렇게 보면 엠퍼시 자체는 좋은 것도 나쁜 것도 아니라는 시걸 교수의 주장도 모순된 지점이 있는 듯하다. 여기에는 '선'이라는 대전제가 있다. '남이 해주기를 바라는 대로 남에게 해줄 것'을 포함해 엠퍼시를 정의하고 있기 때문이다.

시걸 교수는 엠퍼시의 어두운 면에 대한 논의가 '엠퍼시는 오염되기 쉬우므로 이를 버리자'는 방식이기 때문에 문제라고 본다. 인종주의·성차별주의·반유대주의·호모포비아를 경험하고 있는 사람들 내지는 집단 괴롭힘을 겪거나 능력과 성격이 다른 탓에 비웃음을 산 적이 있는 사람들에게 엠퍼시는 나쁜 행위를 체크하기 위한 가드레일 같은 것이며, 한편으로는 타인의 경험을 이해하여 "앗" 하고 자신의 행동이 지닌 의미를 깨닫는 순간을 가져다준다고 주장한다. 따라서 엠퍼시의 몇 가지 특징을 이용해 악행을 저지르는 경우들은 '엠퍼시를 사용한 행위가 아닌' 것이다. 이처럼 타인의 신발을 신어 타인의 약점을 알고자 하는 일이 엠퍼시라는 주장은 엠퍼시를 깎아내리는 것이며, 엠퍼시를 이용해 보다 좋은 인간관계를 구축할 가능성을 방해한다고 결론 내린다.

결국 시걸 교수의 정의는 역시 빛의 방향으로 기운 긍정의 엠퍼시다. 엠퍼시 그 자체는 빛도 어둠도 아니라는 자신의 말과 모순된다.

이곳이 아닌 세계의 존재를 믿는 힘

브라이트하우프트는 엠퍼시의 필요성을 논리로 이해하지 않는 편이 좋다는 입장이다. 그는 《나도 그렇게 생각한다: 공감의 두 얼굴》에서 엠퍼시가 흑화하는 모습을 그리면서도, 엠퍼시는 인간에게 필요불가결하다고 말한다. 그도 인간이 서로 돕고 살아가는 데 엠퍼시가 필요하다는 점은 인정한다.

그러나 그는 지금까지 엠퍼시가 그걸 받는 사람에게 '좋은 것'이라고 지나치게 강조되어왔다고 말한다. 그는 오히려 엠퍼시가 그 능력을 받는 대상이 아니라 그 능력을 쓰는 본인에게 '좋은 것'이라 주장한다. 엠퍼시는 그것을 사용하는 본인의 심미안이나 통찰력을 높이는 데 도움을 줄 수 있으므로 엠퍼시를 사용하는 이유는 누군가를 위해서라기보다 자기 자신을 위해서라는 관점이다. 이러한 주장의 근거를 아래와 같이 세 가지로 정리한다.

1. 엠퍼시는 우리가 여러 세계에 사는 일을 가능하게 한다. 엠퍼시를 통해 타인의 경험을 상상하고, 심적으로 함께 체험하고, 주변 세계를 향한 타인의 감정적·지각적 리액션을 경험한다. 이는 인간의 내러티브 능력과 밀접하게 연관되며, 독자와 관객을 작품이 아니라면 접근할 수 없는 새로운 세계로 데려간다. (…)

2. 엠퍼시는 우리가 한 가지 상황을 나와 다른 시점을 통해 보게 함으로써 복합적으로 행동할 수 있게 만든다. 우리가 여러 시점 사이를 오가는 것(같은 상황을 나의 시점과 타인의 시점으로 보는)을 가능하게 한다. (…) 우리의 시점을 복합적으로 만드는 엠퍼시의 힘은 우리가 사회생활을 하는 데 있어서 필요불가결한 것이다.

3. 엠퍼시는 순수한 존재를 느끼는 순간(중요성의 감각)의 미적 강도를 높인다. 이런 순간은 독특한 시간 구조를 갖는다. 우리가 강렬한 순간에 빨려들 때, 우리는 그 순간의 미래와 과거를 상상하고 경험하며 그것의 대체가능한 버전을 생각한다. 이는 반反사실적 버전을 포함하고 있으며, 정신적으로 그 순간을 겪고 원래로 돌아가거나 나아가는 등 시간적 추이의 매듭을 짓는다. (…)

브라이트하우프트는 엠퍼시 능력이 낮은 사람은 엠퍼시

능력이 높은 사람에 비해 세계를 보는 관점이 좁고 얕아진다고 말한다. 또한 엠퍼시 교육은 윤리적 효용보다는 개인의 시야에 넓이와 깊이를 가져다주기 때문에 도움이 된다고 주장한다. 엠퍼시 교육의 필요성을 주장한다는 점은 엠퍼시의 윤리적(혹은 기독교적) 측면을 강조하는 사람들과 일치한다. 타인의 시점에 서는 것으로 어떤 상황을 복합적으로 볼 수 있다는 두 번째 지적은 폴 블룸이 엠퍼시에는 사물을 한정적으로밖에 보지 못하게 만드는 '스포트라이트 효과'가 있다고 말한 것과 대조적이다.

브라이트하우프트의 지적에서 또 하나 재미있는 점은 엠퍼시가 타인을 이해하는 것보다 자기 자신을 이해하는 데 유익한 능력이라는 견해다. 그는 자기 기분이나 생각을 이해하는 것은 의외로 어려운데, 타인과 함께 경험·생각·감정을 나누며 내가 느끼는 것도 이런 것이 아닐까 하고 깨닫는 경우가 있다고 한다. 이는 독서나 영화 감상이 인간에게 주는 '깨달음'이며, 타인을 연기하면서 자신의 감정을 이해할 수 있다는 연극 교육 개념과도 이어진다. 엠퍼시는 이타적이라고 생각하기 쉽지만 역시 이기적인 것이다. 타인을 위해서라기보다 자신을 위해 필요한 능력이다.

자신을 위한 엠퍼시라는 말을 들으면 다시 가네코 후미코가 떠오른다. 그녀는 자서전《무엇이 나를 이렇게 만들었는가》

에 유년시절에 대해 썼는데, (그것이 모두 진실이라면) 그녀는 부모로부터 육아 방치와 학대를 당했고 무국적자여서 학교에서도 차별을 받았으며 선생님도 그녀를 따돌렸다. 용케 살아남았다 싶을 정도로 잔혹한 유년시절을 보내는 와중에 형세가 뒤집히는 일이 일어난다. 조선에 사는 유복한 할머니가 아이를 못 낳는 숙모의 양녀로 데려가겠다며 그녀를 찾아온 것이다. 여기서 끝이라면 신데렐라 이야기 같겠지만 조선으로 건너간 후미코는 이전보다 심한 학대를 당한다. 친할머니와 숙모는 후미코를 발로 차고 때리며 폭력을 행사했고 며칠씩 굶기기도 했다. 후미코는 차라리 죽는 게 낫겠다고 자살할 마음까지 먹는다.

'금강'이라는 강가에 서서 투신하려는 순간, 후미코의 머리 위에서 매미가 울기 시작했다. 그 소리에 정신이 번쩍 든 후미코는 주위를 둘러보며, 아까까지와는 주변 풍경이 다르게 보인다는 것을 깨달았다. 그 풍경은 상상을 뛰어넘을 정도로 아름답게 다가왔다.

'무정하고 냉혹한 할머니와 숙모한테서는 도망칠 수 있다. 하지만, 하지만 세상에는 아직 사랑할 것이 무수히 많다. 아름다운 것이 이토록 많다. 내가 사는 세계도 할머니와 숙모의 집이 전부인 것은 아니다. 세상은 넓다.'

가네코 후미코는 열세 살 때 자살 시도를 멈추었던 심경을 이렇게 묘사했다.

이 '세상은 넓다'라는 자각은 갑자기 어디서 나온 것일까.

그녀가 들었던 매미 울음소리가 타자시점을 깨닫게 해준 것은 아닐까. 죽자, 죽어서 편안해지자, 그런 절박한 심정으로 검게 일렁이는 수면을 바라보던 후미코에게 세계는 늘 추악하고 잔혹한 것이었다. 그러나 그녀와 다른 존재가 머리 위에서 강력하게 울기 시작했다. 궁지에 몰린 후미코의 심경은 아랑곳하지 않고 담담하게 살아가는 매미, 산과 나무와 돌과 꽃. 그것은 아름답고 조용하며 평화로웠다. 그 존재들이 좁아진 그녀의 시야를 한순간에 넓혀준 것은 아닐까.

나의 세계와는 다른 세계가 있다. 세계는 넓다. 분명, 여기와는 다른 세계가 어딘가에 존재하는 것이다.

지금의 어두운 현실을 대체할 수 있는 다른 세계가 있다는 확신이 지금 상황이 아무리 가혹하더라도 벗어날 수 있다고 믿게 만들었으리라. 후미코의 이 확신을 쓰루미 슌스케는 '그녀의 사상적 뿌리에 있는 낙천성'(《사상을 짓는 사람들: 쓰루미 슌스케 컬렉션1 思想をつむぐ人たち 鶴見俊輔コレクション 1 》중 〈가네코 후미코-무국적자로 살다金子ふみ子-無籍者として生きる〉)이라고 불렀다.

'엠퍼시는 우리가 여러 세계에 사는 것을 가능하게 한다'는 브라이트하우프트의 말처럼 후미코는 엠퍼시 능력을 갖고 있었기에 '이곳과 다른 세계'가 있다는 사실을 깨달았다고 말할 수 있으리라.

엠퍼시 교육 같은 걸 받지 않은 후미코에게 어째서 이런 능력이 풍부하게 갖춰져 있었는지를 생각해보는 것도 흥미롭다. 후미코는 학교를 제대로 다닐 수 없어서 꽤 오랫동안 글을 읽지 못했다. 그래서 어린 시절 어머니가 사온 채소를 감싼 헌 신문을 보며 거기 적혀 있을 말을 상상하며 놀았다고 한다. 신문 기사의 내용을 마음대로 지어냈던 것이다.

슈타이너 교육[3]의 창시자 루돌프 슈타이너는 일곱 살까지 아이에게 읽고 쓰는 방법을 가르쳐서는 안 된다고 주장한 것으로 유명하다. 그 나이까지는 이야기를 읽어주거나 시 암송, 노래 부르기 등 구두로 언어를 가르치는 데 시간을 들여야 아이의 상상력과 창의력이 높아진다고 주장했다. 후미코는 그런 특별한 교육을 받은 것도 아니지만, 어쩌다 무국적자로 태어나 국가가 만든 학교를 제대로 다닐 수 없었기에 기묘하게도 슈타이너의 언어 교육과 비슷한 방법을 따랐다고 말할 수 있지 않을까.

상상력이 '다른 세계'(서툰 표현이지만 '대체가능한 세계'라고 해도 좋겠다)의 존재를 확신하게 하고 그것을 인간의 '근원에

---

3 아이들이 타고난 성품을 자유롭게 발전시키고 함양하기 위한 교육방법론으로, 예술을 중시하는 자유로운 교육 방식이다. 발도르프 교육이라고도 한다.

있는 낙천성'이라 한다면, 엠퍼시는 역시 개인이 자신을 위해 몸에 익혀야 하는 능력이며 살아남기 위한 기술이다. 이곳이 아닌 세계가 존재한다고 믿지 않으면 인간은 지금 자신이 살고 있는 좁은 세계가 전부라고 믿어버려 세계 따위는 이런 거라고 자포자기하고 만다. 그렇게 되면 인간은 지배를 거부하고 자립하는 일이 불가능해진다.

아나키가 없으면 엠퍼시가 흑화하는 것과 마찬가지로, 엠퍼시가 없으면 아나키도 성립하지 않는다.

있는 그대로의 나로 살기 위하여

아나키스트 가네코 후미코는 세상을 떠나기 전 우츠노미야 교도소 도치기 지소에서 슈티르너를 읽었다. 엠퍼시의 흑화가 니체의 말처럼 '자아 상실'에 의해 일어나며 이를 막기 위해 아나키즘의 주입이 필요하다고 한다면, 슈티르너의 '에고이스트' 개념을 생각하지 않을 수 없다.

마르크스와 앵겔스에게도 막대한 영향을 미친 철학자 슈티르너는 사람은 '자유로운 인간'이면서 '소유자'가 되어야 한다고 썼다. 사람은 '자기 자신을 소유하지 않으면 안 된다'는 것이다. 니체의 '자아 상실'과 연관되는 개념이다. 슈티르너는 정의, 진리, 법, 대의, 공공의 선, 조국, 신, 종교 등을 '신성한 것'

이라고 부르며, 이를 따르면 자신도 신성한 사람이 될 수 있다고 믿는 통속적인 구조를 철저히 비판했다.

슈티르너가 주장한 에고이스트는 타인이 불이익을 입건 말건 자기 이익만 쫓는 인간이라는 오늘날의 의미와는 다르다. 슈티르너에게 에고이스트란 갖가지 '성스러운 것'(그것은 망령과 같이 실체 없는 추상적인 관념에 불과하다고 딱 잘라 말한다)을 철저하게 부정하고, 누구도(어떤 관념도) 구현·경험·체험하는 자신의 자아를 소유하지 못하게 하며 살아가는 사람을 말한다. 슈티르너는《유일자와 그 소유: 권위에 저항하는 개인의 경우The Ego and His Own: The Case of the Individual Against Authority》[4]에 이렇게 썼다.

인간이여, 그대들은 머리에 무언가가 씌었다. (…) 그대는 위대한 것을 상상하고 그대들을 위해 존재하는 신들의 세계, 그대들을 부르는 정신세계, 그대들을 유혹하는 이상을 마음에 그린다. 그대들은 고정관념에 사로잡혀 있는 것이다!

슈티르너는 이런 고정관념들을 '망령'이라고 불렀다. 에고

---

4 저자가 참고한 책은 영어 번역본으로, 독일어 원제는 'Der Einzige und sein Eigentum'이다.

이스트는 이 망령이 자신을 지배하는 것을 거부한다.

망령과 함께 슈티르너는 '자기부정'을 비판한다. 어떤 숭고한 관념(자유라든가)을 목적으로 자기를 부정하면, 생을 구현하는 인간으로서의 자기는 소멸한다. 정신과 욕망은 인간이 소유해야 하는 것이지 인간이 그것들에 소유되어서는 안 된다. 슈티르너에게 자아성自我性이란, 자기소유자를 말한다.《유일자와 그 소유》를《자아경自我経》으로 번역한 쓰지 준은 〈자기만의 세계〉(《쓰지 준 저작집3辻潤著作集 3》)라는 글에서 슈티르너에 대해 이렇게 썼다.

> 니체는 '초인'을 말했다. 그러나 슈티르너에게 '초인'은 없었다. '초인'은 '인간다운 인간', '신선'과 마찬가지로 슈티르너에게는 무용한 환영이다. 나는 '살과 피로 이루어진 나'로 충분하다(불교의 '즉신즉불' 참조). 인간은 태어나면서부터 그 사람으로 완전하며, 그 사람으로 성장하여 그 사람으로 죽으면 그걸로 족하다. '신선'도 '초인'도 '개'도 '부처'도 될 필요가 없으며, 바깥으로부터 '그것이 되어라'라는 명령을 듣는 일도 무용하다.

자본주의도 사회주의도 공산주의도 비판한 슈티르너가 그린 비전은 '에고이스트 연합Union of Egoists'이었다. 그는 도덕적으로 이타적인 사회주의는 반드시 몰락한다고 주장하며, 에고이즘에 기반한 사회주의를 지향한다. 슈티르너는 구성원에게 자기를 부정하고 자기를 넘겨주도록 만드는 국가 대신, 자유로운 합의 아래 구성원에게 '상호이익'이 되는 자발적인 연합을 그린 듯하다. 쓰지 준은 그 비전에 대해 이렇게 썼다.

슈티르너의 철학과 그가 암시하는 개인의 자유로운 결합 상태가 이 세계에서 실현될 수 있는지도 대단히 의심스럽다. 그러나 그의 철학으로 인간은 각자의 자아를 의식할 수 있다. 적어도 나에게는 가능했다고 믿는다. 만약 이런 자각을 가지고 모인 사람들이 서로 자각한 입장을 이해할 수 있다면, 그가 예상한 '소유인'의 가장 자유로운 결합도 가능하리라. 즉, 서로의 '제멋대로'를 인정하고 허락하는 '결합'의 상태다. 이 결합이 서로에게 유리하다고 생각하는 사람들이 모이면 된다. 만약 그 필요를 인정하지 않는다면 무리하게 그 사람들 사이에 들어올 필요는 없는 것이다. 어떠한 통치 권력도 없고 구분도 없는 개인의 결합이다.

이 글에서도 알 수 있듯이 에고이스트는 이기적인 사람들이다. 자기에게 이익이라고 생각하는 일이 행동 기준이 된다. 타인을 사랑하는 것도 자기 기분이 좋기 때문이며, 사랑받는 대상도 그로 인해 기분이 좋아진다. 이기적인 일과 이타적인 일은 상반된 개념이 아니라 거의 필연적으로 일체를 이룬다. 나나 타인이나 결국은 인간이고 두 개념 모두 시스템, 입장, 조직, 권위 같은 것보다 인간을 이롭게 하고자 하는 태도이기 때문이다.

슈티르너는 에고이스트가 늘어날수록 사회에 대립과 논쟁이 줄어든다고 생각했다. 자기 자신을 사물의 중심에 두는 사람들이 '제멋대로를 인정하며 서로 양보하기' 때문이다. 에고이스트이기를 그만두고 무언가에 자신을 넘겨주지 않도록, 무언가에 지배되는 사람이 나오지 않도록 에고이즘은 상호부조(하향식 지배 관계와는 다른 수평의 도움)로 나가야 한다고 믿었다.

아울러 타인의 신발을 신어보는 일이 복합적으로 사물을 보는 훈련이라고 한다면, 이 또한 '에고이스트 연합'의 실현을 위해 없어서는 안 된다. 지금 여기 있는 시스템·생각·이상·상식('집단의 선을 위해 개인의 에고는 억제해라', '나의 이익은 당신의 손실이다', '이기적과 이타적은 상반되는 개념이다' 등)과는 다른 세계가 가능하다는 상상력이 없다면, 누가 무슨 비전을 제시하든 '불가능'이라는 생각밖에 들지 않으리라.

개인은 심장, 사회는 폐

슈티르너와 니체에게서 깊은 영감을 받은 아나키스트로 엠마 골드만이 있다. 주로 미국에서 활동한 그녀는 20세기 초 아나키즘 운동과 여성해방 운동으로 전 세계에 영향을 미쳤다. 일본의 이토 노에도 그녀에게서 큰 영향을 받았다. 엠마는《저주받은 아나키즘》서문에서 사람들이 니체와 슈티르너를 잘못 해석하고 있다고 지적했다. 니체는 '초인'이라는 개념을 믿었기에 약자를 싫어했다고 생각하기 쉽지만, 니체는 오히려 '최후의 인간'[5]이나 노예가 사라진 사회를 원했으며 사람들은 얕은 독서로 이를 깨닫지 못한다고 썼다. 아울러 슈티르너도 제 잇속만 차리는 자기중심주의를 장려한 사람처럼 알려졌지만, 그의 개인주의에는 위대한 사회의 가능성이 담겨 있었다고 평가하면서 개인의 해방과 개인의 자유로운 노력이야말로 자유로운 사회를 가능하게 만든다고 주장했다.

엠마 골드만은 상호부조를 주창한 크로포트킨을 '나의 사랑하는 선생이자 동지'라고 불렀다(《러시아에 대한 환멸My Disillusionment in Russia》). 그러나《저주받은 아나키즘》에 수록된 〈아나키즘: 그것은 진정으로 무엇을 옹호하는가〉를 읽어보면 슈티르너의 개인주의에서 받은 영향도 명백하다. 그녀는 슈티

---

5 니체가 주창한 초인에 반대되는 개념으로 사회에서 경멸당하는 존재를 이른다.

르너의 개인주의와 크로포트킨의 상호부조를 접합하여 양립시키고자 한 듯하다.

아나키즘은 인간에게 자기의식을 가져다주는 유일한 철학으로, 신, 국가, 사회는 존재하지 않고 이것들의 계약은 무효하다고 주장한다. 인간의 복종을 통해서만 달성할 수 있는 것들이기 때문이다. 아나키즘은 자연 안에서뿐만 아니라 인간 안에서 생生을 통일시키는 방법을 가르치는 선생이다. 개인과 사회적 본능은 대립하지 않는다. 마치 심장과 폐가 대립하지 않듯이. 아나키즘은 귀중한 생명의 에센스를 담는 그릇이며, 에센스를 순수하고 농후하게 보존하는 성분을 수납하는 장소다. 개인은 사회의 심장, 즉 사회적 생활의 에센스를 보존하고 있으며, 사회는 생활의 에센스(곧 개인이다)를 순수하고 농후하게 보존하기 위한 성분을 분배하는 폐다.

엠마 골드만은 인간이 심장과 폐가 없으면 살 수 없듯이 개인과 사회도 둘 중 하나를 고를 수 없으며, 어느 하나만으로는 기능할 수 없다고 말한다. 신이나 국가라는 망령에만 기대어 그 권력으로 사람들을 복종시키는 통치는 그것이 무엇이든 제대로 기능하지 않는다. 거기에는 개인이 죽어 있기 때문이다.

아나키즘이야말로 개인과 사회를 화해시킬 수 있는 조정자라고 그녀는 믿었다.

아나키즘은 인간을 사로잡고 있는 망령으로부터 인간을 자유롭게 하는 위대한 해방자이고 개인과 사회라는 두 가지 힘을 조화시키는 조정자다. 아나키즘은 그 통일을 이루기 위해 개인과 사회적 본능, 개인과 사회가 조화롭게 융합하는 일을 막아온 유해한 지배자들에게 선전포고를 한 것이다.

유해한 지배자들은 현대에도 다양한 형태로 존재한다. 그것들은 인간과 조직의 형태만을 띠는 건 아니다. 슈티르너가 말한 망령에는 다양한 관습, 어째서 거기 있는지 의미를 잘 알 수 없는 것(불쉿 잡 등), 누가 제일 먼저 주장했는지 어째서 따라야 하는지 알 수 없는데도 누구나 따라가는 '분위기'라는 것도 있으리라. '불쉿 잡'이든 '분위기'든 실체도 정체도 없기에 이중의 의미로 망령이다. 슈티르너의 시대보다 현대의 망령들이 망령도가 높다. 사람들은 그것들이 망령이란 사실을 확실히 알고 있음에도 지배당하기 때문이다.

이런 망령들에 지배당하는 것을 철저하게 거부하면 개인과 사회가 조화롭게 융합할 수 있다고 엠마 골드만은 확신했다. 망령에게 지배당하지 않으면 '이기'와 '이타'는 본디 그랬던 것처럼 다시 만나고 녹아들어 일체화한다. 그 둘은 함께 인간을 돕기 때문이다.

개인과 사회는 대립하지 않는다. '사회 전체를 생각한다면 개인의 자유는 제한되어야 한다', '개인은 사회에 폐를 끼치지 않아야 한다'와 같이 개인과 사회가 융합되지 않으리라는 생각이야말로, 슈티르너에서 엠마 골드만, 그레이버에 이르기까지 모두가 뛰어넘자고 주장한 '고정관념'이다.

개인과 사회가 대립 개념이 아닌 것처럼, 아나키즘과 엠퍼시도 대립하지 않는다. 오히려 인간의 심장과 폐처럼 조화롭게 융합하는 것이며 아나키적 엠퍼시야말로 사회를 순수하고 농후한 생의 에센스(바로 개인이다)를 죽이지 않는 장소로 변화시킨다. 에고이스트 연합을 현현시키기 위해서는 아나키와 엠퍼시가 필요하다.

엠마 골드만은 앞서 말한 에세이 〈아나키즘: 그것은 진정으로 무엇을 옹호하는가〉에서 아나키즘이 무엇인지에 대해 이렇게 결론지었다.

아나키즘은 개인주권 철학이다. 그것은 사회조화 이론이다. 세계를 바꾸는 위대한 현존의 진실이며, 새벽을 이끄는 힘이다.

새벽을 이끄는 힘. 이는 엠마가 말한 개인주권 철학, 곧 '살아가는 주권은 나에게 있다'고 자각하는 인간의 출현이다. 이런 사람들이 나타나고 점차 늘어가는 한, 세계는 이미 바뀌고 있으리라. 아나키즘은 언제나 진행 중인 사실이다.

제11장

발밑에 초록색
담요를 깔다

두 개의 프리스쿨

영국에는 '프리스쿨free school'이라 불리는 학교가 있다. 2010년에 생긴 보수당과 자유민주당 연립 정권(지금은 기억하지 못하는 사람이 많지만 영국의 악명 높은 긴축 정부에는 자유민주당도 포함되어 있었다)이 만든 프리스쿨 제도에 따라 설립된 학교다. 프리스쿨 제도는 일정 기준만 갖춘다면 누구나 자유롭게 학교를 열 수 있도록 하고, 정부가 직접 자금을 지원하며 다른 공립학교처럼 지방자치단체의 관할 아래 두지 않도록 한다. 이 제도는 보호자나 교원 그룹, 종교 단체, 자선단체, 대학 등이 학교를 설립하는 것을 상정하고 만들어졌다.

그러나 지금은 아카데미 형태의 학교가 복수의 프리스쿨을 운영하여 문제가 되고 있다. 아카데미는 블레어 전 총리가 이끄는 노동당 정권이 만든 학교 제도에 따라 설립된 학교로, 민간에서 쇠퇴하는 공립학교에 자금을 투입해 새로운 학교로 만들기 위해 계획되었다. 하지만 기업도 아카데미의 스폰서가 될 수 있어 공립학교의 민영화라고(표면적으로는 공립학교로 분류되어 있지만) 비판받았다. 민간 스폰서가 존재하므로 교원의 급여나 대우도 독자적으로 결정할 수 있었고, 이는 곧장 교육 격차로 이어졌다. 일부 아카데미가 다수의 아카데미 경영을 시작한 것도 공립학교의 비즈니스화라며 비난받았는데, 지금은 프리스쿨도 아카데미와 거의 동의어가 되었다.

이 같은 21세기 신자유주의적 프리스쿨과는 전혀 다른, 또 하나의 프리스쿨이 존재한다. 20세기 초 아나키스트들이 설립한 학교다. 지난 세기에는 프리스쿨이 국가적 커리큘럼과 히에라르키Hierarchie[1]에 지배되지 않고 아나르코-콜렉티비즘 Anarcho-Collectivism(무정부집산주의) 정신으로 자유롭게 운영하는 학교를 부르는 말이었다.

그중 유명한 곳이 영국 서퍽 주의 '서머힐 스쿨Summerhill School'이다. 학교의 설립자인 알렉산더 서덜랜드 닐은 스코틀랜드에서 교사의 자녀로 태어나 자신도 교사의 길을 걸었지만, 학교 교육에 큰 의문을 갖고 1921년 독일 드레스덴에 학교를 열었다. 그로부터 수년 후 영국으로 돌아와 도싯 주 라임 레지스

---

1 피라미드 모양의 계급 지배 구도.

의 서머힐이라 불리는 저택에 학교를 열었고(최초 학생 수는 5명이었다고 한다), 1927년에 현재의 서퍽 주로 학교를 이전했다.

독일 드레스덴에서 열었던 학교는 '노이에 슐레'라는 국제학교의 일부였는데, 닐은 그 학교의 운영에 불만을 품었다. 서머힐 스쿨 공식 사이트에는 그 이유를 다음과 같이 설명한다.

알렉산더 서덜랜드 닐은 그 학교를 운영하는 사람들이 이상주의자(그들은 담배와 영화와 폭스트롯(당시 유행하던 춤)을 나쁘게 본다)라고 느꼈다. 그는 아이들이 자기 인생을 살기 바랐다.

'내가 춤출 수 없다면 나의 혁명이 아니다'라는 엠마 골드만의 유명한 말이 떠오르는 구절이다. 실제로 닐은 '어린이행복지상주의'라고 부를 법한 이념을 주창한 사람이었다. 지금도급진적이고 진보적인 교육법이며, 그가 영국 교육계에 미친 영향은 막대하다. 나도 보육사 자격을 취득할 때 제출한 에세이에 그의 저서 몇 구절을 인용했는데, 닐의 '어린이행복지상주의'를 요약하면 다음과 같다.

어린이 교육에서 최우선으로 삼아야 할 과제는 어린이의 행복이며, 행복은 어린이 안에 있는 개인적인 자유의 감각에서 자라난다. 어린 시절에 자유로운 감각을 박탈당하고 압

박당함으로써 어린이가 체험하는 불행이, 어른이 되어 겪는 심리장애 대부분의 요인이 된다.

《아이들은 어떻게 배우는가How Children Learn》 2권, 린다 파운드

21세기 영국 정부가 고안한 프리스쿨 제도는 이름만 '자유 free'가 되어 경제적인 자유주의를 의미하는 '자유liberal'에 가까워진 것과 대조적으로, 닐은 어디까지나 '어린이들의 자유'를 교육의 중심에 두고자 했다.

닐이 설립한 서머힐 스쿨은 아이들의 결석마저 자유다. 가고 싶지 않으면 가지 않아도 된다. 교칙은 어린이를 포함한 모두가 논의하여 결정하고, 교원도 아이와 동등하게 한 표씩 투표권을 갖는다. 교원과 학교 측이 규칙을 정해 어린이들에게 하향식으로 명령을 내리지 않는다. 어린이에게 결정권을 주는 이 같은 방식은 '아이가 어른의 지시를 따르게 만드는 훈련'을 축으로 하는 전통적인 학교 교육과는 정반대다. 서머힐 스쿨이 세워졌을 때 어린이를 태만하고 제멋대로 굴게 만든다는 비판을 받으며 유행처럼 사라질 학교로 취급되었다.

그러나 서머힐 스쿨의 어린이들은 반권위주의적인 교육을 받음으로써 자율적이 되어 학습 동기가 올라가는, 비판과는 정반대의 결과를 보여주었고 1970년대 프리스쿨 붐을 주도했다.

1973년 서머힐 스쿨의 모습을 일본에 전한 교육학자 호리

마사 이치로의 〈교육사에서 닐의 위치(3)-서머힐 스쿨의 교육 성과와 약간의 문제점〉(《오사카시립대학 정치학부기요》 제22권)에는 이 학교 출신자가 '기술을 필요로 하지 않는 노동에 종사하는 경우가 적고 프로페셔널한 직업에 종사하는 경우가 많다', '사회적 조건이 풍족하지 않은 사람 가운데 서머힐 재학 중 혹은 서머힐 졸업 후 노력하여 상급학교에 진학한 사례가 적지 않다'고 나와 있다.

물론 서머힐 스쿨처럼 대안 교육을 하는 사립학교에 자녀를 입학시키는 부모는 지적 전문직에 종사하는 비중이 높다고, 호리마사 이치로는 앞선 문헌에서 지적했다. 이와 같은 가정의 자녀와 함께 배운, 사회적 조건이 풍족하지 않은 아이들이 환경의 영향을 받아 상급학교에 진학하는 것은 자연스럽다.

원래는 빈곤층 자녀를 위해 로마에 학교를 설립한 마리아 몬테소리의 교육법이 전 세계 엘리트 아이들이 다니는 학교의 교육법이 되고 있는 것처럼, 아나키스트 교육법도 같은 길을 걷고 있는지도 모른다. 서머힐 스쿨도 1935년까지는 정서 장애가 있는 아동을 많이 받아들여 좋은 교육 성과를 보였다. 그러나 요즘은 아이에게 장애가 있어서가 아니라 부모가 학교의 대안적 교육 방침에 이끌려 입학시키는 경우가 대부분이다. 2008년에는 BBC의 어린이 채널 CBBC가 서머힐 스쿨을 무대로 한 드라마 〈서머힐Summerhill〉을 방영해 화제가 되었다.

민주주의적 교육의 실전

「현대 프리스쿨은 아나키스트의 교육에서 많은 것을 배워야 한다」는 기사가 〈가디언〉(2013년 1월 31일)에 실린 적이 있다. 런던 가스웍스 갤러리에서 개최된 〈무단결석하기Playing Truant〉전을 소개하는 기사다. 영국에서 신자유주의적 공립학교를 가리키는 말이 된 프리스쿨과 아나키스트 교육 이념에 기초해 운영되는 프리스쿨, 이 대비를 영상과 설치미술로 드러내며 공교육의 역할이 무엇인지 묻는 전시였다고 한다. 이 전시의 큐레이터는 아나키즘적 운영에 따른 학교에 대해 이렇게 말했다.

"의견이 충돌하거나 누가 화를 낼 때는 학생들이 곧장 투표를 합니다. 자연스럽게 그렇게 되었어요. 그들은 문제를 두고 서로 이야기를 나눕니다. 싸움이 벌어지거나 의견 대립이 있을 때 그저 조용해지기만을 가만히 기다리지 않습니다. 늘 분쟁을 해결하고자 하는 정신을 갖고 있습니다."

이 글을 읽으며 아나키즘과 민주주의는 거의 동의어라고 말한 데이비드 그레이버가 생각났다. 그는 다른 생각이나 신조를 가진 사람들이 모여 끊임없이 이야기를 나누고 결론을 찾아 문제를 해결해나가는 것이 민주주의의 실전이라고 말했다. 아나키스트의 학교는 이것을 충실히 이행하고 있는 것이다. 앞선 큐레이터는 이렇게 말을 이었다.

"그들은 설거지와 청소를 하고 다른 아이들을 돌봐야 합니다. 살기 위한 훈련이지요. 분쟁이 발생하면 집단이 함께 해결하고 나아가기 위한 공개 토론의 장을 갖습니다. 교원들이 문제를 일방적으로 해결해주지 않고요. 그들이 배우는 것은 시험에서 좋은 점수를 얻는 방법이 아니라 스스로 생각하고 결단을 내리는 행동력입니다."

앞서 말한 서머힐 스쿨의 창시자 닐에게 학교가 성공적으로 교육을 수행하고 있는지 판단하는 기준은 어느 대학에 몇 명이 들어갔는지나 어떤 직업을 갖게 되었는지 따위가 아니다. 학생의 행복, 마음의 균형, 자율성, 살고자 하는 의욕 등이다. 1970년대에 이 학교를 방문한 호리마사 이치로는 나중에 이 학교 졸업자들에게 '닐은 "인생의 성공에 대한 나의 기준은 기쁨을 안고 살아가는 것이라는 의미에서의 행복이다"라고 말했는데, 당신은 이런 의미로 행복한 생활을 영위하고 있습니까?'라는 질문을 던졌다. 그러자 64% 이상이 '행복한 생활을 하고 있으며 그것은 서머힐에 다닌 덕분입니다'라고 대답했다. '지금 내가 행복하지 못한 생활을 하고 있는 것은 서머힐에 다녔기 때문입니다'라고 대답한 사람은 한 명도 없었다.

영국 교육감사국의 〈서머힐 스쿨 감사 보고〉(2011년)에 따르면 '학생들의 정신력과 도덕적·사회적·문화적 발달'과 '학생들의 행복 건강 안전'이라는 두 가지 분야에서 '대단히 훌륭함

OUTSTANDING'이라는 평가를 받았다. 커리큘럼이나 수업 성적 등 아카데믹한 부분은 '좋음GOOD'에 머물렀지만, 아이들의 행복감과 정신적인 성장 부문은 특히 뛰어났다. 보고서에는 '학교가 민주주의적인 방식으로 운영되고 있다', '학생들은 자기 삶의 방식에 대해 명확한 가치관을 기르고 있으며, 학내에는 관용과 조화의 분위기가 확연하다'고 기록되어 있다. 감사원에게 '나는 학교가 너무 좋다. 나 자신으로 있을 수 있으므로'라고 말한 학생까지 있었다고 한다.

학교가 아이들에게 그렇게 행복한 장소가 될 수 있었던 것은 조금 믿기 어렵다. 이와 같은 환경에서 공부하면 졸업하고 사회로 진출할 때 괴롭지 않을까. 학교라는 폐쇄적이고 좁은 환경에서는 유토피아를 만들 수도 있겠지만, 드넓은 현실 세계는 다르기 때문이다.

그러나 앞서 말한 호리마사 이치로가 졸업생을 대상으로 진행한 조사에 따르면, 15~16세(중학교를 졸업할 나이)까지 서머힐에 있었던 사람들 가운데 졸업 후 곤란한 점이 전혀 없다고 말한 사람이 59%였고, 조금 있었지만 곧바로 없어졌다고 말하는 사람들을 포함하면 93%였다. 사회와 다소 거리가 있는 학교를 졸업했음에도 상당히 유연하게 현실에 적응하고 있음을 알 수 있다.

철학자 버트런드 러셀은 1925년 닐의 서머힐 저택에서 일주일 정도 머무르며, 그 교풍에 자극을 받아 아내 도라와 함께 비컨 힐Beacon Hill 스쿨을 창립했다. 이후 닐도 두 번 정도 비컨 힐 스쿨을 견학했다(「버트런드 러셀과 A. S. 닐A. S. Neill on Bertrand Russell」, 테리 필팟).

닐은 자신과 러셀의 차이에 대해 자신이 '실행하는 사람'이라면 러셀은 '사색하는 사람'이었다면서, 자신은 직감으로 움직여 나중에 이론을 붙이지만 러셀은 지성을 중요시했다고 말했다. 그는 인터뷰에서 이렇게 말했다.

별이 가득한 밤, 그와 함께 라임 레지스의 영화관까지 걸어간 적이 있었다. 나는 그에게 이렇게 말했다.
"러셀, 만약 우리가 지금 한 아이와 함께 있다고 해보세. 나는 그 아이를 가만히 두고 스스로 생각하도록 하겠지만, 당신은 별에 대한 강의를 할 거야."

아나키즘은 방치하지 않는다

'아나키스트 교육'이라는 말을 들으면 무질서한 상황에 아이를 방치하는 것이라고 생각하는 사람들이 있다. 애초에 아나키스트가 아이를 '교육한다'는 것 자체가 이상하며, 있는 그대로 자유롭게 살자는 아나키스트들은 교육론을 꺼려한다고 여기는 것이다.

사실 아나키스트는 교육에 매우 진지하다. 슈티르너는《우리 교육의 잘못된 원칙: 또는 휴머니즘과 리얼리즘The False Principle of Our Education: or, Humanism and Realism》[2]에서 '학교의 문제는 인생의 문제다'라고 썼다. 이 책에서 슈티르너는 휴머니즘 교육과 리얼리즘 교육을 논하며 이 둘을 강도 높게 비판했다.

형식적으로 지식을 몸에 익히기 위한 휴머니즘 교육은 너무 낡았고, 앞으로는 지식을 생활 속에서 활용하는 실용적인 배움이 요구되므로 이에 발맞춰 교육도 변화해야 한다는 것이 리얼리즘 교육의 입장이다. 하지만 슈티르너에게는 어느 쪽이나 가장 중요한 것이 빠져 있었다. 둘 다 아이에게 '의지가 없는 지식will-less knowledge'를 지나치게 주입하여 자유로워지기 위한, 진정한 생활을 얻기 위한 교육이 될 수 없다는 것이다. 리얼리즘 교육은 휴머니즘 교육에 활력이 없음을 깨닫고 교육을 개혁하려 했지만, 슈티르너는 교육에 실용성을 주입하는 것만으로는 부족하다고 주장한다.

---

2 저자가 참고한 책은 영어 번역본으로, 독일어 원제는 'Das unwahre Prinzip unserer Erziehung, oder: Humanismus und Realismus'이다.

실용적인 교육 또한 개인과 자유를 중시하는 교육에는 한참 못 미친다. 전자가 인생을 살아가기 위한 기술을 알려준다면, 후자는 자기 안에서 생명의 빛을 내는 힘을 준다. (…) 우리는 사회에 도움을 주는 일원이 되는 것만으로는 불충분하다. 우리가 자유로운 사람들, 자기창조의(스스로 창조하는) 사람들이라면 교육을 더욱 완벽하게 이행할 수 있다.

슈티르너의 '에고이스트 연합' 사상이 교육론 안에서도 하나의 두터운 축이 되어 움직이고 있는 것이다. 슈티르너는 사회 안에서 자기 역할을 찾는 기술 교육만으로는 충분하지 않다고 말한다. 우선 아이에게 자기의 생에 불꽃을 피우는(오스기 사카에 식으로 말하면 '생의 확충'과 같은) 힘을 불어넣어 주어야 한다고 믿기 때문이다.

자기 안에서 생명의 빛을 내는 사람이 늘어나면 조화로운 사회가 실현된다는 슈티르너의 주장은, 엠마 골드만의 '개인은 심장, 사회는 폐' 사상과도 이어진다. 우선 심장(인간)을 살리자. 폐(사회)는 심장(인간)을 생생하게 박동시키는 성분을 분비하는 장소다. 그렇다면 교육은 폐를 위해 심장이 있는 것이 아니라, 심장을 위해 폐가 있다는 기본 원리를 우선 가르쳐야 한다. 인간 집단(국가, 사회, 조직, 기업, 학교 등)은 개인을 살리기 위한 장소여야만 하며, 이와 반대로 개인이 인간 집단을 위해 살아가는 세상이 되면 조화가 사라지고 온갖 비틀림이 생겨나 제대로 기능하지 못하게 된다는 것이다. 구성원을 종속적인 노예로 만들고자 하는 조직과 사회는 창조성이 사라져 점차 쇠퇴하게 된다.

교육은 노동만 하는 노예를 만들어서는 안 된다고 크로포트킨도 강하게 주장했다. 크로포트킨은 〈두뇌노동과 단순노동 Brain Work and Manual Work〉에서 '두뇌노동을 하는 사람'과 '단순노동을 하는 사람'을 완전히 분리하는 교육 방식은 잘못되었다고 주장했다. 이러한 주장의 밑바탕에는 사회에 계급과 분단이 발생하기 때문이라거나 일부 어린이들만 고등교육을 받는 건 공평하지 않다는 인도적 관점이 아니라, 두뇌노동자와 단순노동자를 분리하는 일이 과학기술과 예술의 진보를 막고 침체시킨다는 관점이 깔려 있었다. 〈두뇌노동과 단순노동〉은 아래와 같은 내용으로 시작한다.

아주 오래전, 과학자들, 특히 자연과학을 가장 진보시킨 사람들은 단순노동과 수작업을 마다하지 않았다. 갈릴레오는 직접 망원경을 만들었다. 뉴턴은 소년 시절에 도구를 사용하는 기술을 배우고, 젊은 시절에 독창적인 기계들을 고안하였다. 광학 연구를 시작했을 즈음에는 자신이 만든 기구의 유리를 스스로 연마하는 일이 가능했기에, 예의 유명한

뉴턴식 망원경을 만들 수 있었다. 그것은 그 시대 훌륭한 직
공의 작품이었다.

그런데 크로포트킨은 우리가 이런 과학 진보의 모습을 완
전히 바꾸어버렸다고 한탄한다. 인간은 두뇌노동과 단순노동
을 완전히 분리시켰고, 그로 인해 대부분의 노동자는 할아버지
세대가 받은 과학 교육을 받지 않는다. 소규모 공장에서 이루
어졌던 교육마저 받지 않고 어릴 때부터 탄광이나 공장에서 일
한다. 거꾸로 과학자들은 발명이란 누군가가 만든 기구를 사용
해 이루는 것이라고 생각하게 되었고, 육체노동과 수공을 경멸
하게 되었다. 크로포트킨은 이렇게 쓴다.

과학자들은 이렇게 말한다. "진정한 과학자란 자연의 법칙
을 발견해야만 한다. 기사는 그것을 실전에서 사용한다. 그
렇게 만들어진 설계도를 보고 노동자가 강철, 목재, 철, 석재
로 무언가를 제작한다. 노동자는 발명된 기계를 사용해 일
하지만 그들 자신이 발명한 것이 아니다. 노동자가 기계를
이해하든 말든, 개량이 가능하든 말든 상관없다. 과학과 산
업의 진보는 과학자와 기사에게 맡기라."

노동자에게 주어지는 업무마저 점점 분할되어 '당신은 이

것을 담당하는 사람이니 다른 것은 몰라도 된다'는 식으로 전문화가 진행된다. 그렇게 되면 그 산업계 자체에 발명의 기풍 (현대식으로 말하면 이노베이션의 기풍)이 사라진다. 전문화에 의해 노동자의 시야가 좁아지고 지적 관심과 창의성이 사라지기 때문이다. 한편 서가로 둘러싸인 연구실에서 속세로부터 떨어져 초연하게 연구하는 과학자에게 인간의 생활을 획기적으로 바꾸는 발명이 떠오르기도 어렵다.

크로포트킨은 결합이 필요하다고 말한다. '과학적 지식'과 '수작업의 지식'을 결합시킨 인간을 육성해야 한다며 '합성된 교육'의 필요성을 주장했다. 그것이 '과학과 산업계, 그리고 사회 전체의 이익이 되'므로 '태생의 차이에 따라 구분하지 않고, 모든 인간이 깊은 과학 지식과 수작업 지식을 스스로 결합할 수 있는 교육을 받아야 한다'고 주장했다. 그는 이런 교육을 '완전한 교육'이라고 불렀다. 두뇌와 신체성의 다면적 능력을 겸비한 인간의 전체성이야말로 '완전한' 것이며, 이를 기르지 않으면 학문, 산업, 사회 전체에 손실이 발생한다고 생각했다.

크로포트킨보다 약 30년 먼저 태어난 무정부주의자 미하일 바쿠닌은 〈교육에 대한 평등한 기회Equal Opportunity In Education〉에서 부르주아계급과 노동자계급이 받는 교육에 차이가 있는 한 계급 불평등은 사라지지 않는다면서 당시 교육을 정치 이념적 입장에서 비판했지만, 크로포트킨은 과학기술의 진보와 인류를 위해 계급을 재생산하는 교육을 해서는 안 된다고 말하는 것이다.

엠마 골드만도 저작 〈모던스쿨의 사회적 중요성The Social Importance of the Modern School〉에서 당대 교육의 문제점에 대해 썼다. 그녀는 학교가 '수감자들에게 교도소와 같은, 병사들에게 병영과 같은' 장소가 되고 있다면서, '모든 것이 아이들의 의지를 억누르고 산산조각 내며, 본래의 모습과는 완전히 다른 것으로 바꾸어버리기 위한 장소'가 되었다고 표현했다. 교육은 아이의 내면적인 힘과 개성을 키우는 것이어야 하며, 자유로운 개인을 기르는 일이 이윽고 자유로운 공동체를 만드는 길이라고 말했다.

엠마는 성교육에 대해서도 '성性 주위에 쌓인 '금욕주의적 벽'을 비판했다. '어린 시절에 남녀가 만드는 아름다운 우정관계에 대해 배운다면 남녀 모두 성에 지나친 흥미를 갖는 상황은 완화된다'고 지적했다.

이처럼 아나키스트들은 교육에 열정적이었고 부당한 교육 방식에 항의했다. 자유방임이나 방치가 아니다. 아나키즘은 방치하지 않는다.

아나키즘과 교육에 대한 이러한 시선은 아나키스트와 경제에 대한 일반적인 이미지와도 닮았다고 생각한다. 모든 것을 자유롭게 맡기는 아나키스트의 경제란 자유방임주의라는 오해가 '아나키즘과 신자유주의는 가깝다'는 기묘한 편견을 만들기 때문이다.

그러나 자유방임주의가 표방하는 것은 시장을 위한 자유이지 인간을 위한 자유가 아니다. 슈티르너는 조국, 신, 종교 등 그 시대에 육체를 지닌 인간을 지배하는 것들을 망령이라고 불렀지만, 현대에는 시장과 자본주의 시스템이 무엇보다 강력한 망령이 되어 인간을 지배하고 있다. 아나키즘은 인간을 시스템과 시장 위에 둔다. 인간을 노예로 삼아 괴롭히는 경제는 아무리 번영하든 본말전도다.

엠퍼시를 기르는 수업

아나키스트적인 교육은 현재 서머힐 스쿨처럼 본래 의미를 지키고 있는 프리스쿨에서 이루어지고 있으며, 이를 재평가하는 움직임이 있음을 설명했다. 그렇다면 엠퍼시는 어떨까. 이 책 서두에서 아이가 다니는 영국 공립중학교가 엠퍼시의 중요성을 가르치고, 시험에 '엠퍼시란 무엇인가'라는 논술 문제가 나왔다고 소개했다. 그러나 이는 크로포트킨 식으로 말하자면 '두뇌'로 이해시키는 교육이며, '신체성'을 가진 지식을 전수하는 교육은 아니다.

그 부분을 보강하는 프로그램으로 주목받는 것이 '루트 오브 엠퍼시(ROE, Routes Of Empathy)'다. 캐나다의 교육자이자 사회적 기업가인 메리 고든이 1996년 토론토에서 창시한 이 프로그램은 세계적으로 퍼져 영국에도 수업에 적용하는 학교가 있다. 실제로 런던 루이셤 구에서는 29개 초등학교가 이 프로그램을 실시하고 있다. 루이셤은 잉글랜드에서 빈곤율이 높은 구 상위 20%에 드는 곳으로 실업률도 높다. 살인 사건이나 폭력 범죄가 많아서 잉글랜드 및 웨일스에서 '가장 불안한 구'로 뽑힌 적도 있었다. 루트 오브 엠퍼시는 부유하고 평화로운 곳보다 이 같은 지역에서 적극적으로 수용하고 있는 듯하다. 뉴질랜드, 아일랜드, 미국, 독일, 노르웨이, 스위스, 네덜란드, 코스타리카, 한국 등 많은 나라에서 이 프로젝트가 도입되었으며[3], 이들 학교에서는 집단 괴롭힘이나 폭력이 현저히 줄고 타인을 돌보거나 문제를 먼저 나서서 공유하는 친사회적 태도를 가진 어린이가 늘었다고 한다.

루트 오브 엠퍼시는 아기에게서 엠퍼시를 배우는 프로그램으로 유명하다. 프로그램은 개시 시점에서 생후 2~4개월 된 아기와 부모가 3~4주 간격으로 아홉 차례 교실을 방문하여 이루어진다. 프로그램이 끝난 후에는 아기가 약 1세가 된다. 어

3 우리나라에는 '공감의 뿌리'라는 이름으로 강사를 양성하고 몇몇 학교에서 지원자를 받아 프로그램을 실시한 바 있다.

린이들은 교실을 찾은 아기를 '작은 선생님Tiny Teacher'라 부르고 교류하면서 아기의 반응이나 감정 표현, 성장하는 모습을 보게 된다. 이러한 체험으로 엠퍼시를 기를 수 있다고 한다. 아기와 부모는 학교가 있는 지역의 주민이며, 자원봉사자로 프로그램 참가를 희망한 사람들이다.

고든은 2010년 12월 10일 CNN 인터뷰에서 이렇게 말했다.

"아기와 부모 사이의 사랑에는 사람을 끌어들이는 굉장한 힘이 있습니다. 인간은 부모 자식 간의 애착 관계와 조화로움으로 엠퍼시를 키울 수 있습니다. 그러니 이 '작은 선생님들'을 데리고 오면 되지 않을까 하고 생각했습니다."

"그것은 직감이자 문득 떠오른 접근이었습니다만, 지금까지는 그 영향에 과학적 증거가 있습니다."

그녀가 엠퍼시 교육의 필요성을 깨달은 건 유치원 선생님으로 일하던 시절이었다고 한다. 학대와 육아 방치 등 세대를 넘어 이어지는 불행의 연쇄를 눈앞에서 보며, 그것을 끊기 위해서는 엠퍼시가 인생의 열쇠라는 사실을 학교에서 가르쳐야 한다고 확신했다. 먼저 5~13세 어린이를 대상으로 한 루트 오브 엠퍼시 프로그램을 만들었고, 현재는 그보다 어린 프리스쿨Preschool 어린이들(3~5세)을 대상으로 한 '시드 오브 엠퍼시(SOE, Seeds Of Empathy)'라는 프로그램도 운영하고 있다. 마찬가지로 아기와 부모가 보육 시설을 방문해 유아들과 접촉하는 프로그램이다.

요즘 아무리 자녀수가 줄었다고 해도 동생이 있는 어린이도 많고 친척 아이와 그 부모의 관계를 빈번하게 보는 어린이도 있다. 아기와 부모가 소통하는 모습을 본 적 없는 어린이가 소수이므로, '순진무구한 아기에게 마법과 같은 힘이 있다'는 말이 얼마나 설득력이 있을까 싶기도 하다. 나도 보육사로 일해서 알지만 겨울에 감기가 유행하는 시기에는 아기들이 많이 나오지 않기 때문에 어린이 반과 아기 반을 병합해서 운영하는데, 순진무구한 아기가 옆에서 기어간다고 해서 난폭한 아이가 상냥해지는 일은 없었기 때문이다.

나는 이 프로그램의 핵심이 아기에 대해 다 같이 이야기하는 시간에 있다고 생각한다. 프로그램은 교실 한가운데 초록색 담요를 깔고 그 위에 아기를 앉힌 뒤 어린이들이 담요 주변에 앉으며 시작된다. 지도자가 아기에게 장난감을 쥐여주고 놀다가 어린이들에게 질문한다. "지금 아기는 조바심이 났어요. 장난감에 손이 닿지 않기 때문입니다. 여러분은 어떨 때 조바심을 느끼고 화가 나나요?" 그러면 어린이들은 자기가 조바심을 느끼거나 화가 났을 때를 떠올리며 말 못하는 아기가 느낄 감정을 상상한다. 학교 생활에서 이런 생각을 하며 반 아이들이 서로 이야기를 나누는 시간이 또 있을까?

교원들은 타자시점 취득이 교육 현장에서 굉장히 중요하다고 배운다. 그러나 많은 경우 '네가 이런 짓을 하면 친구가 어떻게 느낄까?'라는 물음은 혼내기 위한 문구로 쓰이기에, 어른에게 혼나서 긴장되고 스트레스를 받고 있는 아이들이 편안한 기분으로 타인의 감정을 상상할 수 있을 리가 없다. 어린이에게(혹은 어른이 되어서도) '누구누구의 입장에 서서 한번 생각해 보세요'라는 타자시점 취득을 위한 물음이 굉장히 짜증나고 설교적인 말로 가슴에 남게 되는 것이다.

만약 스트레스가 없는 조용한 환경에서 타인의 감정을 상상하고 그것을 반 친구들과 자유롭게 이야기할 수 있다면, 아이들은 타자시점 취득을 하나의 기술로서 배울 수 있다. 재미있는 건 이 프로그램으로 아기가 방문한 직후, 가장 어려운 수업을 진행하는 교사가 많다고 한다. 편안한 기분으로 거리낌 없이 이야기를 나누고 난 뒤에는 아이들의 이해력이 올라간다는 것이다.

엠퍼시는 민주주의의 근간

이 프로그램의 창시자 메리 고든은 영국의 정치 웹사이트 〈오픈데모크라시openDemocracy〉 인터뷰(2013년 9월 5일)에서 이렇게 말했다.

신경과학에는 배움에서 생기는 인간의 관계성에 대한 영향력이라는 개념이 있습니다. 루트 오브 엠퍼시에 참여하는 모든 어린이들은 아기와 그 부모, 지도자, 그리고 다른 학생들과 관계를 맺습니다. 이 프로그램 전체가 타인과 관계를 맺는 것이기 때문입니다. 정보를 반복하여 습득하기 위해서도, 책상에 앉아 공부를 하기 위해서도 아닙니다. 관계성을 구축하기 위함입니다.

루트 오브 엠퍼시 비디오를 보면서 사카가미 카오리 감독의 〈프리즌 서클〉이 떠올랐다. 일본 시마네 교도소에서 진행된 TC 프로그램에서 둥글게 놓인 의자에 둘러앉아 이야기하는 수감자들의 모습은, 아기가 뒹구는 초록색 담요 주변에 앉아 있는 어린이들의 모습과 비슷하다.

TC 프로그램에서도 수감자들은 서로 자신의 경험과 생각을 이야기하거나 롤플레잉을 통해 타자시점을 취득하여 자신의 감정을 말로 표현하는 훈련을 한다. 그렇게 타인에게도 감정이 있음을 깨닫고 타인이 느끼는 것을 상상할 수 있게 된다. 초등학교 교실에서 초록색 담요 주변에 앉아 있는 어린이들도 선생님이 "아기가 지금 무슨 생각을 할까?", "어째서 그런 기분이 들었을까?"라고 물으면 자신이 느끼는 것을 주위 학생들과 나눈다. 이 둘은 인간의 감정을 언어로 표현하며, 이를 통해 타인과 소통하는 일을 배운다는 점에서 완전히 똑같다.

아울러 창설자 고든의 다음과 같은 말도 흥미롭다.

어떤 의미에서 루트 오브 엠퍼시는 교실에서 어린이들로 둘러싸인 초록색 담요 위에 참여형 민주주의를 세우고 있는 것입니다.

'민주주의는 지금, 그것이 태어난 곳으로 돌아가고 있는 것처럼 보인다'는 그레이버의 말이 떠오른다(《민주주의의 비서구 기원에 대하여》). 그는 이렇게 말했다.

중요한 것은 보통 사람들이 토론의 장에 모여 앉아 우리의 과제는 우리가 (무력으로 결정을 밀어붙이는 방식으로 대처하는 엘리트들에게 지지 않고) 대처할 수 있다는 것을 진심으로 믿는 일이다. 결과가 좋지 않다 할지라도 우리에게 시도해볼 권리가 있다는 사실을 말이다.

루트 오브 엠퍼시에서는 초록색 담요 주변으로 아이들이 모여들고, 엠퍼시라는 인간의 커다란 과제를 이야기하며 스스로 생각하게 만든다. 아이들에게는 시도해볼 권리가 있다는 사실을 어른들은 진심으로 믿어야 한다.

이 프로그램은 학교뿐만 아니라 시리아 난민 아이들, 가정에 문제가 있는 아이들, 가정폭력 같은 폭력을 경험한 아이들을 대상으로도 진행되었는데, 똑같이 성공적이었다고 한다. 이는 민주주의(또한 아나키즘)가 실현되는 공간이라면 장소에 구애받지 않고 엠퍼시를 키울 수 있음을 보여준다. 또한 타인의 입장이나 감정을 돌아보는 엠퍼시가 없으면 각기 다른 사람들이 공생하는 '경계의 공간'에서 민주주의(또한 아나키즘)를 세우는 일은 불가능하다. 민주주의와 아나키즘과 엠퍼시는 밀접한 관계로 이어져 있다. 아니 하나로 연결된다고 해도 좋다.

메리 고든은 루트 오브 엠퍼시가 이루어지는 장소에서는 서로를 허용하는 분위기가 생겨서 어린이들의 자존감을 키워줄 수 있다고 말한다. 정답을 말하든 오답을 말하든 다들 크게 신경 쓰지 않기 때문이다. 경쟁이 없는 장소에서는 아이들이 창피를 두려워하지 않고 각자의 생각을 말할 수 있으므로 모두 적극적으로 토론에 참여한다. 루트 오브 엠퍼시 후에 어려운 교과 수업을 받으면 아이들의 이해력이 올라가는 것도 스스로 참여하는 자세가 지속되기 때문이리라. 아이들이 스스로 생각하지 않게 되거나 자신의 의견을 말하지 못하게 되기 전에, 우리 어른들은 아이들이 먼저 무언가를 말하고 싶은 기분이 드는 아나키하면서도 엠퍼시가 느껴지는 공간을 제공하고 있는지 생각해보아야 한다.

그러나 지금 학교에서는 시험이나 진학을 위한 지식이 중시되고 엠퍼시 같은 것은 '소프트 스킬soft skill'[4]로 경시된다. 이에 대해 고든은 이렇게 말했다.

교육의 목적이 무엇인지 묻고 싶습니다. 나라의 GDP에 공헌하기 위한 시민을 기르는 것이 목적이라면 '하드 스킬hard skill'[5]에 중점을 두어 달성할 수 있겠지요. 하지만 경제적인 공헌을 넘어, 다른 부분에서의 시민의식이란 무엇을 말하는 것일까요? 사회의 정신은 무엇일까요? 교육의 성공을 판단하는 척도는 무엇일까요? 아이들에게 읽는 법을 가르치는 것이 중요한 것과 마찬가지로, 타인과 어떻게 관계를 맺을지 가르치는 것도 중요합니다.

고든은 인간이 사회에서 책임을 다할 뿐만 아니라 개인으로서도 행복해야 한다고 주장한다. 사회 전체가 제대로 돌아가고 번영하기 위해서는 사람들의 정신건강이 중요하기 때문이다. 만약 자신의 행위가 타인에게 미치는 영향을 상상할 수 없

---

4 소통·협업 능력, 리더십 등 대인관계와 관련된 능력으로, 정량적으로 측정하기 어렵다.

5 회계, 컴퓨터 프로그래밍, 어학 (자격증) 등 구체적인 능력으로, 정량적으로 측정하기 쉽다.

다면, 사람은 아무렇지도 않게 서로를 상처 주고 서로의 정신 건강을 해치게 된다. 나아가 자신의 행위(불공정을 무시하고 인종차별에 항의하지 않고 재활용을 하지 않는 등의 행위)가 타인에게 미치는 영향을 상상할 수 없다면, 아무것도 하지 않음으로써 타인을 상처 주기도 한다. 엠퍼시를 쓸 수 있다면 의도적으로 누군가를 상처 주고 싶다는 욕망이 있는 인간은 차치하고서라도, 대부분의 사람들이 타인을 케어하며 상처 주지 않으려는 방향으로 나아가리라. 엠퍼시 없이는 사회가 책임 있는 공동체로 기능하지 않는다고 고든은 말한다.

우리에게 환경 문제를 해결할 과학이 있다 해도, 본 적 없는 모르는 사람들을 신경 쓰지 않는다면 그 과학을 쓰고자 하는 동기는 사라질 겁니다. 우리가 타인의 필요에 응하지 않게 된다면, 우리의 민주주의는 불건전하고 불공평해지며, 아무도 참여하지 않게 될 겁니다. 교실 차원에서도, 국가 차원에서도.

그녀의 말은 최종적으로 크로포트킨이 주장한 '완전한 교육' 개념과 이어진다. 두뇌와 신체성을 결합한 다면적인 인간의 전체성을, 일부가 아닌 전부가 인간이며 결국 교육이란 한 사람의 '완전한 인간'을 기르는 곳이어야 한다는 당연한 결론에 도달한다. 오늘날 교육은 이 당연한 과제를 실현하고 있을까.

'맞아', '정부의 교육은 틀렸어' 하고 한숨을 쉬기 전에, 우리 어른이 시작해야 하는 일은 우선 자신의 발밑에 초록색 담요를 깔고 민주주의를 세우는 일이다.

Democracy begins at home

"Democracy begins at home(민주주의는 가정에서 시작된다)"이라는 말이 있듯이, 민주주의의 실전은 집 안에서 시작해야 하며 민주주의적인 자세와 이에 필요한 기술을 자녀에게 가르치는 일은 이를수록 좋다고 한다.

오늘 먹을 반찬부터 가족 여행 장소까지 부모가 일방적으로 결정하고 하향식으로 전달하지는 않았는지부터 생각해보자. 가정에서 모든 결정에 아이를 동참시키지는 않는다 해도(은행과 주택금융 지원 기구 중 어디서 융자를 받을지 물을 수는 없으니) 가능한 한 많은 결정을 아이와 함께 이야기하여 내리는 편이 좋다는 것은 내가 오래 일한 무료 탁아소(그곳에는 아나키스트 직원이 많았다) 책임자가 한 말이다. 어느 식당에 갈지 주말에는 어디로 놀러 갈지 가족 구성원 전원이 이야기해서 결정한다. 자신의 요구를 말하고 다른 사람의 주장을 들으며, 납득할수 있는 부분은 자기 의견을 꺾고 하나의 결정으로 나아가도록 협력하며, 논쟁 끝에 타협점을 찾는 것으로 아이들은 민주주의의 실전에 익숙해진다.

내 책상에 있는 《0~5세 영유아 보육 지침서Practice Guidance for Early Years Foundation Stage》라는 영국 교육처가 발행한 보육 지침 책자(2008년 5월 발행)에는 0세 아이부터 가르치는 커리큘럼이 나와 있는데, 3세 4개월부터 5세 아이들의 도달점으로 '자기 권리를 위해 일어설 수 있는 자신감과 능력 갖추기'가 있다. 이를 달성하기 위해 보육사는 '아이들이 불공평을 호소하면 경의를 표하며 들어주는 시간을 만들고 상황에 가장 적합한 해결책을 함께 찾아내'는 것을 일상적으로 행해야 한다고 쓰여 있다. 이것은 가정에서도 할 수 있는 일이다.

'자, 이렇게 하자'라고 어른이 정하는 것이 아니라 '어떻게 하면 더 나아질까'라고 물어보며 반드시 아이에게 해결법을 생각하게 한다. 아이가 아무런 답도 내지 않으면 '자, 이렇게 하는 것과 이렇게 하는 것 중에 어느 쪽이 좋아?' 하고 고르도록 하는 것부터 시작해 인내심 있게 계속 묻는다. 그러면 아무리 어린 아이여도 무언가를 제안하게 된다(제안이 아무리 엉뚱하더라도 웃어서는 안 된다. 반드시 존중하면서 '하지만 그렇게 하면 이런 안 좋은 일이 생길 텐데' 하고 담담히 이야기하고 다시 생각하게 한다).

또한 내가 영국에 와서 놀란 것인데, 영국 사람들은 저녁 식탁에서 정치·사회 문제를 이야기할 때 아이의 의견을 배제하지 않는다. '나는 이렇게 생각해', '그건 잘못된 거 아니야?' 하고 초등학생이라도 부모와 대등하게 의견을 이야기한다. 이때도 너무 이른 나이는 없다. '그런 말은 어린이답지 않다'고 말하는 사람들이 있는데, 이것이야말로 '어린이는 이렇게 해주면 좋겠다'는 어른의 하향식 강요다. 아이들은 상당히 어릴 때부터 세상이 어떻게 돌아가는지 호기심 왕성하게 알고 싶어 한다. 그런 일은 아직 몰라도 된다는 태도로 적당히 대하지 않고 그 시기를 놓치지 말아야 정치와 사회에 대해 자기 머리로 생각하고 의견을 분명히 말할 수 있는 사람으로 자란다. 특별한 일을 할 필요는 없다. 평소에 다 같이 이야기를 나누며 토론하면 되는 것이다. 그것이 민주주의에 참여하는 준비일 테다.

직장에서도 참여형 민주주의의 담요를 펴는 일이 가능하다. 평소에는 저자와 편집자, 영업 담당자, 홍보 담당자가 결정권을 갖고 하향식으로 장정과 홍보 카피 등을 작성하여 말단 관계자들에게 지시할 것이다. 하지만 더욱 폭넓게 사내 사람들을 끌어들이고(접수부터 사장 비서까지) 서적을 판매하는 점원에게도 발언권을 주어 다 같이 생각을 나누고 결정하여 베스트셀러가 된 책을 나는 알고 있다. 이런 '수평' 방향의 비즈니스 수법은 '수직' 방식으로 경직된 업계와 조직에 종종 신선한 활력을 준다. 이것은 상품을 파는 일만이 아니라 조직의 디자인, 일하는 방식, 규칙 등에도 응용할 수 있다. 위에서 결정해서 아래로 전달하는 것이 아니라 아래의 일은 아래에서 결정해 자기들이 운영한다면, 현장을 모르는 사람들이 결정한 것보다도 훨씬 현장에 맞는 아이디어가 나와 좋은 결과로 이어지는 일이 많다. 이토 노에는 이렇게 각각의 부서가 수평적으로 존재하고 자유롭게 운영되는 아나키즘의 비전을 재봉틀에 비유했다.

인간은 복잡한 기계일수록 전체를 지휘하는 중심부가 있다고 생각하기 쉽지만, 사실은 각각의 부분이 개성을 갖고 자신의 일을 한다. 바로 옆 부분과는 같이 일하지만 그것을 뛰어넘어 다른 부분으로 가는 것은 허락되지 않는다. 개개의 정직한 움직임과 연결이 이쪽저쪽에서 따로 이루어지고 그것이 모여 전체로서 완전한 일을 만들어낸다는 사실을, 노에는 재봉틀을 사용하며 깨달았다. "이상적인 인간 집단도 그렇게 이루어진다고 생각합니다"라면서 아나키즘의 본질을 몸으로 느꼈다고 한다(《정본 이토 노에 전집 제3권定本 伊藤野枝全集 第三巻》 중 〈어느 아내로부터 남편에게-얽매인 부부 관계로부터의 해방『或る』妻から良人へ 囚はれた夫婦関係よりの解放〉). 이토 노에의 주장을 보면 가부장제가 얼마나 아나키즘(과 민주주의)에 반하는 일인지 알 수 있다. 중심은 필요 없다.

'아나키'를 폭력과 무법 상태라고 생각하기 쉽다. 그러나 본래 정의는 자유로운 개인들이 자유롭게 협력하고 늘 현재를 의심하며, 보다 좋은 상황으로 나아갈 길을 함께 찾는 일이다.

어떤 규모라 해도 그 구성원들을 위해 기능하지 못하게 된 조직을 밑에서부터 자유롭게 질문을 던져 부스러뜨리고 새로 만들 수 있는 사고방식이 바로 '아나키'다.

기능을 상실한 장소, 즐거움과 활력이 사라진 조직, 쇠퇴하고 있는 나라 등이야말로 '아나키'의 사고가 필요하다. 그런 사고를 가진 사람들이 초록색 담요 주변에 모여 이야기를 나누고 지금과는 다른 세상을 고안할 때 반드시 필요한 기술이 바로 '엠퍼시'라는 상상력일 것이다.

나가며

'타인의 신발을 신어보기' 위해 떠난 여행이 '발밑에 담요를 깔고 민주주의 세우기'로 끝이 났다. 특별히 발에 집착하는 것은 아니지만 내가 자주 사용해온 '밑바닥'이라는 언어를 돌아보면, 나에게는 인간이 버티고 일어서는 발밑으로 돌아가는 습성이 있는 듯하다.

끝으로 한 가지 놓친 문제에 대해 쓰고 싶다. 이 책의 담당 편집자 야마모토 히로키 씨의 질문에 아직 답하지 못했기 때문이다.

그것은 "엠퍼시를 사용하는 '범위'의 윤리적 문제를 어떻게 생각해야 하는가"라는 질문이었다. '유괴 사건의 가해자와 가정폭력의 가해자는 물론 사이코 킬러, 성범죄자와 소아성애자, 인종차별주의자, 여성혐오자… 등에게도 엠퍼시를 쓸 수 있는가'라는 의문에 답해달라는 것이었다. 요즘은 '다양성 시대의 함정'에 대해 경종을 울리는 지식인들이 있어 인종차별주의자와 같은 사람들의 생각을 '존중'하는 것은 잘못되었다는 비판도 있기에, 엠퍼시의 대상에 윤리적 선 긋기를 할 필요가 있는지에 대한 글을 쓰는 게 좋지 않겠느냐는 제안을 받았던 것이다.

우선 생각한 것은 인종차별주의자의 생각을 '존중'하는 것은 엠퍼시가 아니라는 점이다. 타인의 신발을 신어본다고 해도 존중의 마음이 들지 않는 타인의 생각이나 행위는 있다. 엠퍼시를 쓰는 사람이 나는 나이기에 나 자신으로 산다는 아나키한 사고가 서 있다면, 니체가 말한 '자아 상실'은 일어나지 않으므로 어떤 생각이든 모두 존중하고 싶어지진 않으리라. 애초에 감정적 엠퍼시(공감)가 아닌 인지적 엠퍼시(타인의 입장에 서서 상상해보기)는 (이 책의 대부분에 걸쳐 이야기했듯) 그 사람에게 공감·공명하겠다는 목표를 세워서 타인의 신발을 신어보는 것이 아니기에, 그 사람의 입장에서 상상해보면(엠퍼시를 써보면) 상대가 더욱 싫어지는 일도 충분히 있을 수 있다.

그러나 누군가의 신발을 신어본다면, 그 사람이 어째서 자신은 용납할 수 없는 행위를 했는지나 어떤 이유에서 문제적 발언을 하는지를 상상하여 앞으로 그런 행위를 막거나 그 사람의 생각을 조금이라도 바꿀 수 있는 방법을 고안하기 위한 귀중한 재료를 얻을 수 있다. 타인의 신발을 신어보기를 게을리하고 계속 같은 방식으로 비판한다 해도(상대가 틀렸다는 것을 나타내는 데이터를 계속해서 들이민다거나) 그다지 효과를 기대할 수 없다는 것은 요즘 세상을 살아가는 사람이라면 누구나 깨닫지 않았을까.

아울러 인지적 엠퍼시에 윤리적 선 긋기가 필요해지면 작가 같은 직업을 가진 사람은 굉장히 난처해진다. 향후 도스토옙스키와 같은 작가가 등장한다 해도《죄와 벌》을 쓸 수 없게 되며, 논픽션 분야에서도 위험한 사상이나 성향을 가진 사람은 깊이 탐구하여 쓰지 않는 편이 좋으니 단순히 사악한 인물로 그려달라는 요구가 통하게 되어 깊이 있는 작품이 나오지 못할 것이다.

또한 인지적 엠퍼시를 사용하는 대상에게 윤리적인 선을 그어야 한다면, 어째서 형사재판에서는 연쇄살인마나 유아학대범 같은 피고인의 육친이나 고용주 등 정상참작 증인이 법정에 출두해 피고인의 생애나 환경을 상세히 들려주는가. 이러한 일에는 죄는 미워하되 사람은 미워하지 말라거나 인간에게는 원죄와 재생의 가능성이 있다는 종교적·도덕적 출처도 있으리라. 그러나 그것보다 더 중요한 것이 있다.

인간은 자주 잘못을 저지르기 때문이다.

인간이 인간을 판단한다는 것부터가 애초에 엉터리다. 그러나 틈만 나면 잘못을 저지르는 생물이면서도 판단을 내리므로, 가능한 한 타인에 대해 잘 알고 나서 판단하자는 것이다.

재판처럼 어떤 사람의 인생(나라에 따라서는 인간의 생사마저)을 결정하는 커다란 판단이 아니라 해도 우리는 일상적으로 타인을 판단하며 생활한다. 영어에는 'judge(재판관)'라는 단어가 동사로 쓰여서 'Don't judge me(멋대로 나를 판단하지 마)'라는 표현을 일상적으로 쓰고(주로 10대가 어른에게 쓰는 말이다), 좋은 사람이니 나쁜 사람이니 바르니 틀리니 타인을 마음대로 판단하며 살고 있다. 인간인 이상 판단은 멈출 수 없다. 인간은 자주 잘못을 저지르면서 타인을 판단하고 싶어 하는 생명체인 것이다. 그렇다면 잘못하지 않도록 노력 정도는 해야 한다.

누구에게나 엠퍼시를 쓰는 일은 '다양성 시대의 함정'이므로 대상을 제한하기 위해 윤리적 선 긋기를 한다면, 그 생각의 기반에는 세상이 카오스에 빠지는 것을 막는다는 전제가 있다. 그러나 사실 아나키스트란 못 말리는 사람들이어서 카오스를 거부하지 않는다.《혁명인가 개혁인가: 인간 경제 시스템을 둘러싼 대담Revolution oder Evolution: Das Ende des Kapitalismus?》이라는 토마스 세들라체크와의 대담집에서 그레이버는 '카오스는 매우 위험'하며 '종종 아주 위험한 상황을 낳는다'는 세들라체크의 말에 이렇게 대답했다.

저는 카오스에 빠질 때 위협으로 나타나는 해악은 어떤 의미에서 잘못 만든 자동시스템의 해악보다 한정적이라고 말하고 싶습니다. 아나키에 대해 강의를 하면 '사이코패스는 어떻게 하나? 그런 시스템에서 사이코패스가 미칠 위험에 어떻게 대처하나?'라는 질문을 받곤 합니다. 나는 다음과 같이 대답합니다. '적어도 사이코패스는 군대를 이끌지는 않지요'라고. 단도직입적으로 말하면 개인은 한정된 해악밖에 미치지 않습니다.

그레이버가 자동시스템으로 이미 여러 종류의 선을 긋고 있는 사회보다는 카오스가 낫다고 말한 이유는 그가 민주주의(또한 아나키즘)를 믿기 때문이지만, 이는 앞으로의 인간에게 무엇이 필요한가에 대한 고찰과도 밀접한 관련이 있다. 그는 이에 대해 아나키스트의 이미지와는 전혀 다른 말을 했다.

앞으로의 인간에게 중요한 것은 '온당함reasonableness'이라고 발언한 것이다. 영어 단어 'reasonable'에는 '도리를 아는', '분별이 있는', '극단적이지 않은' 등의 의미가 있다. 아나키스트가 가장 꺼내지 않을 법한 말을 그레이버는 당당히 사용했다. 그는 이렇게 설명한다.

온당함이란 무엇일까요? 온당함이란 더 이상 다가갈 수 없는 가치 사이에서 중재하는 능력입니다. 이는 공감(원문은 empathy), 그리고 이해를 포함합니다. 또한 세상에는 이해할 수 없는 일이 있으며, 어차피 그것을 고려하지 않으면 안 된다는 뜻을 포함하고 있습니다.

그레이버는 '합리성이 아닌 온당함'이 중요하다고 말했다. 타인을 'judge'하여 창피를 주는 일은 질서 있는 사회를 만들기 위해 합리적이기는 하리라. 그러나 그것은 그레이버가 말한 '온당함'과는 다르다. 그는 다양성이라는 카오스(혼돈)를 두려워하지 말고, 자신의 신발을 신고 그 안에서 걸으라고 말한다. 때로는 자신의 신발을 벗고 타인의 신발을 신는 일로 자신의 무지를 깨닫고 이제껏 몰랐던 시점을 획득하면서, 발밑에 담요를 펼쳐 타인과 이야기를 나누고 그때그때 마주하는 곤란한 상황에서 중재하며 나아간다. '온당함'은 그런 일상적인 실천 속에서만 자란다고 그레이버는 생각했다. 그것은 거대한 시스템 속에서 일제히 자동적으로 이루어질 수 있는 일이 아니라고.

'이해할 수 없는 일이 있어도, 어차피 그것을 고려하지 않으면 안 된다.'

거기까지가 '온당함'이라고 그레이버는 말했다. 그렇다면 누구에게나 엠퍼시를 쓰는 일은 다양성 시대가 제시하는 함정이 아니리라. 오히려 그것은 이미 눈앞에 펼쳐지고 있는 카오스로부터 눈을 돌리지 않고 앞으로 나아가기 위한 지혜이자 각오라고, 나는 생각한다.

타인의 신발을 신어보다

1판 1쇄 발행 2022년 3월 18일

지은이 · 브래디 미카코
옮긴이 · 정수윤
펴낸이 · 주연선

(주)은행나무
04035 서울특별시 마포구 양화로11길 54
전화 · 02)3143-0651~3 | 팩스 · 02)3143-0654
신고번호 · 제 1997―000168호(1997. 12. 12)
www.ehbook.co.kr
ehbook@ehbook.co.kr

ISBN 979-11-6737-139-3 (03300)